# UMA CONSTITUIÇÃO, DOIS SISTEMAS?

## DIREITOS DE LIBERDADE E DIREITOS SOCIAIS NA CONSTITUIÇÃO PORTUGUESA

# UMA CONSTITUIÇÃO, DOIS SISTEMAS?

## DIREITOS DE LIBERDADE E DIREITOS SOCIAIS NA CONSTITUIÇÃO PORTUGUESA

2020

Jorge Reis Novais

ALMEDINA

UMA CONSTITUIÇÃO, DOIS SISTEMAS?
DIREITOS DE LIBERDADE E DIREITOS SOCIAIS
NA CONSTITUIÇÃO PORTUGUESA
AUTOR
Jorge Reis Novais

EDITOR
EDIÇÕES ALMEDINA, S.A.
Rua Fernandes Tomás, nºs 76-80
3000-167 Coimbra
Tel.: 239 851 904 · Fax: 239 851 901
www.almedina.net · editora@almedina.net

Design de colecção: FBA.
Capa: Edições Almedina

PRÉ-IMPRESSÃO
EDIÇÕES ALMEDINA, SA
IMPRESSÃO E ACABAMENTO

Fevereiro, 2020
DEPÓSITO LEGAL
........



ALMEDINA | GRUPOALMEDINA

BIBLIOTECA NACIONAL DE PORTUGAL – CATALOGAÇÃO NA PUBLICAÇÃO

NOVAIS, Jorge Reis

Uma constituição, dois sistemas? : direitos de liberdade e direitos sociais na constituição portuguesa
ISBN 978-972-40-8339-1

CDU 342

# ÍNDICE

# Introdução

Há na Constituição portuguesa algumas originalidades perturbantes no domínio dos direitos fundamentais. Entre várias outras, destacamos, como principal objecto de análise deste livro, a que, aparentemente, consistiria na existência de diferentes regimes constitucionais aplicáveis aos direitos fundamentais, o que determinaria, mais concretamente, a existência de um sistema constitucional próprio dos direitos de liberdade e um outro dos direitos sociais. Ou seja, no domínio dos direitos fundamentais a Constituição de 1976 teria adoptado precocemente uma versão original do lema chinês que viu a luz também naquela mesma época: *uma Constituição, dois sistemas*.

*a)* Em termos de sistematização, a Constituição distingue formalmente, dentro do elenco de direitos fundamentais, entre direitos, liberdades e garantias, de um lado, e direitos económicos, sociais e culturais, do outro, o que, em si, apesar da designação estranhíssima atribuída aos direitos de liberdade, não é problemático nem é sequer, quanto ao essencial, uma originalidade do constitucionalismo português. Essa classificação, embora com designações mais compatíveis, é oriunda do Direito Internacional dos Direitos Humanos e encontra reflexos noutras Constituições para além da portuguesa.

Todavia, a singularidade no constitucionalismo português surge quando, aparentemente, dessa sistematização formal dos direitos fundamentais no texto constitucional se pretende fazer decorrer a existência de um regime especial próprio e privilegiado dos direitos de liberdade relativamente ao regime, todavia desconhecido, aplicável aos restantes direitos fundamentais. Nesse sentido, haveria na Constituição portuguesa direitos fundamentais *mesmo direitos fundamentais*, direitos fundamentais *assim-assim* e direitos fundamentais *quase direitos fundamentais*, os direitos sociais.

De facto, igualmente original, e também muito estranha, é essa terceira categoria intermédia dentro dos direitos fundamentais constitucionais: os *direitos de natureza análoga* a direitos, liberdades e garantias. Esses outros direitos coabitariam, em termos de sistematização, com os direitos económicos, sociais e culturais ou estariam dispersos por outras partes da Constituição, mas, por uma qualquer razão enigmática e nunca perfeitamente decifrada, embora se mantenham fora do lugar de privilégio, aplicar-se-lhes-ia o regime próprio desse *lugar*, porventura, eventualmente, só parte do regime.

Então, utilizando uma terminologia corrigida, haveria um regime próprio dos direitos de liberdade, um regime equiparado (parcialmente) aplicável aos direitos de natureza análoga aos direitos de liberdade e, finalmente, última surpresa: ainda que os direitos sociais tenham sido acolhidos como direitos fundamentais, e não havendo quaisquer dúvidas a respeito dessa qualificação, nada se diz ou sabe sobre qual seria, afinal, o conteúdo do regime constitucional (diferente) que lhes seria aplicado, embora, supostamente, devesse haver um.

*b)* Perante tais peculiaridades, que não se encontram em qualquer outra Constituição de Estado de Direito[1], seria caso, em primeiro lugar, para perguntar: quem está afinal certo, Portugal, que fez destas diferenciações de regimes, nada simples, o *alfa* e *omega* da dogmática de direitos fundamentais, ou o resto do Mundo, que aparentemente as desconhece e não sente a sua falta?

Para a generalidade dos constitucionalistas portugueses, pelo menos para os alinhados segundo a doutrina tradicional dominante, que assenta nos pressupostos teóricos que acabámos de enunciar, quem está certo é Portugal. Da nossa parte, lamentando o *antipatriotismo*, divergimos: por estranho que pareça, quem marcha com passo trocado no desfile é

[1] Com excepção de adaptações afins em Constituições claramente inspiradas na Constituição portuguesa, como as de Cabo Verde, Guiné-Bissau, Angola, Moçambique e Timor-Leste.

a *doutrina tradicional* portuguesa, não é o resto do Mundo. É dessa divergência que aqui tratamos.

*c)* Em segundo lugar, há um mistério cujo esclarecimento, apesar de não ter sido objecto de atenção da doutrina, poderia ajudar na clarificação daquela divergência: de onde e porquê surgiu toda esta singularidade da Constituição portuguesa?

De facto, não encontramos nada de semelhante em Direito comparado, o que, só por si, já motivaria perplexidade. Mas, para além disso, também não descortinamos nada na história constitucional portuguesa que pudesse ter inspirado esta solução. Nada há nas cinco Constituições anteriores que possa ter estimulado a inovação. De onde surgiu a inspiração para um sistema tão extraordinário?

É certo que estas inovações foram produzidas na feitura da Constituição de 1976, mas, percorrendo todos os projectos de Constituição apresentados pelos diferentes partidos, também nada há nesses projectos que, mesmo muito remotamente, sugira algo semelhante ao resultado a que se chegou. Todos os partidos com representação na Assembleia Constituinte, PS, PPD, PCP, CDS, MDP, UDP, apresentaram projectos de Constituição, mas em nenhum deles constava algo que pudesse sugerir ou se aproximasse minimamente do sistema que veio a ser aprovado. Absolutamente nada.

Dir-se-ia, por exclusão, que a origem estaria em alguma proposta doutrinária. Algum académico mais inventivo teria sonhado e teria depois nascido a obra. Seria um sonho notável, diga-se, mas também não reside aí a explicação. Nenhum Autor, nem mesmo os que, a seguir, perfilharam como dogma inatacável esta construção, alguma vez tinha proposto ou sugerido algo de parecido; não há a mínima sombra de existência ou de formulação de alguma proposta sequer aproximada antes de ela ter visto efectivamente a luz. A Constituição foi elaborada ao longo de muitos meses, mas não há qualquer escrito, qualquer sugestão ou indício, artigo de revista, jornal, nada. Um regime para direitos de liberdade, um outro para direitos sociais e uma terceira categoria de direitos de natureza análoga? Zero, em absoluto.

Por tudo, cabe perguntar, em primeiro lugar, quem, afinal, inventou esta construção e porquê foi ela inventada? Segundo, porquê estas questões, tanto quanto é do nosso conhecimento, não foram colocadas e, logo, porquê o mistério não foi esclarecido?

A exposição que se segue trata daquela divergência –entre a doutrina tradicional portuguesa e o resto do mundo– e deste mistério. O mistério será desvendado na forma de *puzzle*[2]; já a divergência será bem mais resistente.

*d)* Diga-se, porém, que a divergência que mantemos com a doutrina tradicional começa logo na colocação do problema. Para a doutrina tradicional, a forma como o fizemos já seria uma distorção dos dados da questão constitucional. Para a doutrina tradicional, tudo o que referimos não tem de ser estranho porque, simplesmente, se é a Constituição que dita aquelas *originalidades*, então elas são imposições constitucionais que caberia apenas respeitar e cumprir.

Não seria um problema de acertarmos o passo com o resto do Mundo, seria, pretensamente, uma obrigação de seguir o passo ditado pela Constituição. Não seria algo cuja origem desconhecida nos deva impressionar ou perturbar. Se está na Constituição, simplesmente, cumpre-se.

Veremos se é assim e no fim concluiremos se a *culpa* é da Constituição ou é da construção que os constitucionalistas dela fizeram. Em qualquer caso, de alguém será a *culpa*, pois, quando se aprecia a forma como as coisas se passam na prática, resulta evidente que tudo isto *funciona* muito mal.

No resto do Mundo, em Estado de Direito, se há uma questão jurídica envolvendo um direito fundamental constitucional, ela deve ser resolvida como tal, ou seja, qualquer que seja o direito fundamental em causa, deve ser resolvida tendo em conta a natureza específica do problema jurídico em apreciação e a protecção que é devida ao direito fundamental por força da sua natureza constitucional e da vinculatividade pela Constituição a que estão sujeitas todas as entidades públicas.

Em Portugal, de acordo com a doutrina tradicional, tudo seria bem diferente.

Primeiro, seria necessário apurar qual a categoria do direito fundamental em causa: é um direito, liberdade e garantia, é um direito económico, social e cultural ou é um direito de natureza análoga aos enunciados no título II da Parte I da Constituição? Aparentemente, sem dissipar esta dúvida inicial não seria possível resolver adequadamente qualquer questão de direitos fundamentais.

[2] Pode ver-se a solução *infra*, nas págs. 35 e segs.

Ou seja, primeiro, qual a categoria do direito fundamental em causa? É um direito da primeira, da segunda ou da terceira categoria? Depois, consoante a classificação a que se chegasse, qual o regime que lhe deveria ser aplicado? O de *primeira*, de *segunda* ou de *terceira*? É que aos da segunda aplicamos regime de *primeira*, mas eventualmente nem todo esse regime, mas, aos da terceira, nem aplicamos o regime de *terceira*, porque não existe, nem o de *primeira* nem o de *segunda*. Mas, se a terceira categoria não tem regime, como resolvemos um problema que envolva um desses direitos?

Sendo um direito, liberdade e garantia, aparentemente, será uma situação simples: o juiz deve resolver a questão aplicando-lhe o regime próprio dos direitos, liberdades e garantias. Se for um *direito de natureza análoga* já não será tão simples; desde logo, porque ninguém sabe o que é um *direito de natureza análoga*, nem a Constituição o diz, e, a seguir, subsistem dúvidas porque, devendo o juiz aplicar-lhe o regime próprio dos direitos, liberdades e garantias, há quem defenda que lhe deve aplicar todo o regime e quem defenda que só lhe será aplicável uma parte.

E se for um direito económico, social e cultural, qual o regime que se lhe deve aplicar? Aí é o tal *buraco negro*. Não sabemos que regime será esse: a Constituição nada diz sobre a questão e a doutrina tradicional nem se preocupa em esclarecer a dúvida.

Mas, note-se, esse último será um problema da máxima importância porque, para a doutrina tradicional, ser um direito fundamental nada significa até sabermos qual o regime que lhe aplicamos e esse regime há-de ser diverso consoante a categoria de direitos fundamentais onde a Constituição o tenha colocado.

Mas, como pode tal ser possível se a Constituição nada diz sobre tal regime pretensamente aplicável aos direitos sociais? Sobretudo, para a doutrina tradicional, esse regime terá mesmo de ser diferente porque, se o regime dos direitos sociais fosse igual ao regime dos outros direitos fundamentais, então todas aquelas distinções que acabámos de delinear não fariam qualquer sentido e as milhares de páginas escritas pelos constitucionalistas sobre o tema de nada serviriam. Diga-se, sem pretensões nem capacidade para enveredar por uma abordagem interdisciplinar, que, porventura, poderia residir aqui uma das chaves da manutenção da divergência: quando alguém escreve centenas de páginas sustentando uma posição, dificilmente a abandona posteriormente, pois o tempo é um bem escasso e ninguém gosta de reconhecer ter perdido anos a trabalhar sobre nada. Muito menos, a ensinar o nada.

*e)* Mas, mesmo admitindo que aquele outro regime dos direitos sociais há-de ser um regime diferente, qual será, afinal? Não é fácil obter respostas.

Para a doutrina tradicional mais apegada às teorias da norma em voga na doutrina publicista alemã até à primeira metade do século XX, designadamente na vigência da Constituição de Weimar (1919), a *resposta* consistiria na aplicação aos direitos sociais do regime das normas que aquela doutrina qualificava de *programáticas*, ou seja, meras directivas para o legislador.

Portanto, a Constituição diz que todos têm direito à saúde e qualifica este direito como direito fundamental, mas, por razões que desconhecemos, ele não seria um direito ou, pelo menos, não o seria até que houvesse norma ordinária interposta, até que o legislador o concretizasse, pois é isso que caracterizaria as normas *programáticas*. De qualquer forma, o legislador há muito concretizou o direito fundamental à saúde, estabeleceu direitos, garantias e obrigações com ele correlacionadas, mas, ainda assim, ficaria para sempre *programático*. Porque a Constituição o diz? Não, porque o dizia uma teoria que há cem anos, na Alemanha de Weimar, já entrara em crise, ou seja, uma teoria em voga quando a Constituição, na Europa, não era tida como norma jurídica, quando não havia fiscalização da constitucionalidade nem tribunais constitucionais, quando os direitos fundamentais eram à medida da lei...

*f)* Note-se que enquanto o juiz, em qualquer parte do Mundo, já há muito tinha entrado na resolução material do problema que tinha para decidir, em Portugal estaríamos obcecados com essa etérea e eterna controvérsia sobre que regime aplicar aos direitos sociais. O que não deixa de ser estranho porque, mesmo em Portugal, se se tratar de uma qualquer outra norma constitucional, da parte económica, da parte de organização política, da parte da garantia, os juízes simplesmente só têm de as aplicar e fazê-lo atentos à qualidade da sua vinculatividade e da sua supremacia relativamente às normas ordinárias. Porquê não poderia ser também assim no domínio dos direitos fundamentais? Porquê seria aí pretensamente necessário distinguir entre categorias e descobrir regimes diversos para aplicar tais normas na vida jurídica?

E não é apenas um problema de tempo perdido, é bem mais complicado, um verdadeiro imbróglio em que o juiz português se vê metido ou onde foi metido com o contributo desinteressado da doutrina tradicional. É que gerações de estudantes de Direito Constitucional foram formados nestes preciosismos convencidos que eles são o tema mais importante da teoria dos direitos fundamentais e, já na qualidade de magistrados judiciais e de operadores jurídicos, continuam atormentados por eles porque partem do princípio que a Constituição lhes exige que sigam estes procedimentos.

Contudo, estes procedimentos não os levam a lugar algum e em lugar algum permitiriam resolver qualquer problema de direitos fundamentais. Vejamos porquê, imaginando uma situação bem real dos nossos dias.

*g)* Imagine-se que, para proteger a saúde dos fumadores passivos, o legislador impôs restrições de permissão de fumar nos espaços públicos. Quais os direitos fundamentais que estão em causa e qual o regime que se vai aplicar à resolução de um eventual problema jurídico baseado em dúvidas de constitucionalidade que surjam por força daquelas imposições?

Se eu considerar que está em causa o direito à protecção da saúde, e está, então trata-se, à luz da Constituição portuguesa, de um direito social (artigo 64º da Constituição). Nessa altura, qual o regime constitucional que aplico ao caso? Como vimos, a doutrina tradicional não tem resposta para a questão porque a Constituição não diz nada, mas, segundo a convicção generalizada da doutrina dominante, deveria, no mínimo, ser um regime distinto do regime dos direitos, liberdades e garantias.

Porém, em alternativa, se exactamente na mesma situação de facto eu considerar que é o direito à integridade física ou psíquica que pode ser afectado –quer dos fumadores passivos quer dos activos– e não há nada de errado em considerar que, na referida situação concreta, esse direito fundamental está igualmente em causa, então já estaríamos a tratar de um direito, liberdade e garantia (artigo 25º da Constituição) e, nessa altura, já se deveria resolver a mesma questão de modo diverso, ou seja, de acordo com o regime constitucional próprio dos direitos, liberdades e garantias.

Logo, a mesma situação jurídica seria eventualmente decidida de forma materialmente distinta, pretensamente com regimes diferentes, dependendo apenas do direito que fosse invocado e, no caso, é legítimo invocar qualquer deles. Mas, como vimos, nem sequer podemos dizer que os dois regimes são diferentes porque, mesmo de acordo com a doutrina tradicional, nós sabemos qual o regime dos direitos, liberdades e garantias, mas não sabemos qual o dos direitos sociais, porque a Constituição ficou em silêncio sobre ele.

E, note-se, estivemos apenas a considerar a questão da qualificação do direito e do apuramento do respectivo regime atendendo apenas a um dos lados do conflito, o que defende os interesses de saúde. Pois, considerando o *outro lado*, teríamos aí um direito, liberdade e garantia, ou seja, o direito ao desenvolvimento da personalidade do fumador. Assim, teríamos ainda essa outra escolha por fazer: na resolução do caso, damos aplicação ao regime próprio dos direitos fundamentais invocados de um dos lados ou aplicamos o regime próprio do direito invocado do lado oposto?

Mais, pode haver ainda um outro lado e um terceiro direito com diferente natureza no mesmo conflito jurídico. Imagine-se que a lei impunha restrições de funcionamento aos estabelecimentos comerciais, obrigando-os, por exemplo, a delimitar espaços para fumadores. Seria então invocável, contra aquelas medidas, o direito à iniciativa económica privada (artigo 61º da Constituição), logo, um direito que a Constituição colocou no título III dos direitos económicos, sociais e culturais. Abrir-se-ia, então, a discussão sobre saber se este direito é ou não um direito de natureza análoga aos constantes no título II da Parte I da Constituição e, em caso afirmativo, uma nova discussão sobre qual o regime que se lhe deveria aplicar e, consequentemente, ao próprio caso *sub judice*.

*h)* Aqui chegados, das duas uma: ou aplicamos à solução do caso o regime dos direitos fundamentais –como faz o *resto do Mundo*– e toda a elaboração da doutrina tradicional portuguesa é uma inutilidade ou procuramos *salvar* o labor de décadas da doutrina dominante e forçamos, custe o que custar, a determinação de *um* regime especial para cada caso de direitos fundamentais em função da categoria dos direitos envolvidos. Porém, como se viu, a escolha desse regime é totalmente arbitrária, dada a possibilidade de dar prevalência ao regime próprio de cada uma das três referidas categorias de direitos que estão envolvidas naquela situação.

E, note-se, não é apenas um problema de regime material. A controvérsia também alastra ao regime orgânico: quem tinha competência para legislar sobre aquela situação, quem tinha competência para decidir, o Governo ou a Assembleia da República?

Imagine-se que tinha sido o Governo a legislar e estava em causa saber se, na hipótese atrás enunciada, podia ou não o Governo regular aquela matéria caso não dispusesse de autorização legislativa.

Se considerarmos que se trata do direito à saúde, o Governo poderia legislar porque o Governo só não pode é legislar sobre direitos, liberdades e garantias e o direito à protecção da saúde não se integra nessa categoria. Se considerarmos, porém, que é possível e adequado, na mesma situação, invocar a necessidade de protecção do direito à integridade física e psíquica, aí o Governo já não poderia legislar, porque se trata de direito, liberdade e garantia. Se considerarmos, por último, que foi afectada a liberdade de iniciativa económica privada, e foi, pois tratava-se de impor condicionamentos de funcionamento aos estabelecimentos comerciais –e, em princípio, essa liberdade pode ser considerada um direito de natureza análoga a um direito, liberdade e garantia–, então abriríamos uma discussão sobre qual o regime orgânico aplicável.

*i)* Finalmente, um último contributo para inquinar definitivamente qualquer hipótese de discussão racional deste tema: como em qualquer problema que envolva direitos fundamentais podemos sempre dizer que, em última análise, está também sempre em causa o direito ao desenvolvimento da personalidade –que na Constituição portuguesa é um direito, liberdade e garantia (artigo 26º da Constituição)–, então as consequências dogmáticas implícitas parecem pôr em causa tudo o que se disse até aqui. Tudo o que se disse, não apenas desde o início do texto. Desde 1976 ou, pelo menos, desde 1997, quando aquele direito chegou ao texto constitucional.

Ou seja, como se aplica àquele direito o regime dos direitos, liberdades e garantias, então o Governo não poderia legislar neste caso e, mais, nunca poderia legislar sobre direitos fundamentais; e todos os problemas de direitos fundamentais eram, afinal, resolúveis através da aplicação do mesmo regime: o dos direitos, liberdades e garantias.

De facto, se o direito à saúde (ou à habitação, ao ensino, ao trabalho, à segurança social) é afectado, então também é afectado o direito ao desenvolvimento da personalidade do titular do direito à saúde (ou à habitação, ao ensino, ao trabalho, à segurança social). Sobre direito à saúde o Governo poderia legislar, mas sobre direito ao desenvolvimento da personalidade, não. Como deveria, então, o juiz resolver o problema, já que a Constituição portuguesa diz que o Governo não pode, sem autorização, legislar sobre direitos, liberdades e garantias? Problema, como dissemos, só *português* (já que, no resto do Mundo, o regime será sempre o mesmo: ou pode legislar sobre direitos fundamentais ou não pode legislar sobre direitos fundamentais).

Como o que se disse para a questão orgânica relativa ao direito ao desenvolvimento da personalidade é igualmente aplicável ao regime material –ou seja, toda a afectação de um direito social é, concomitantemente, uma afectação do direito ao desenvolvimento da personalidade–, então toda a discussão de regimes subjacente é, com o devido respeito, uma completa inutilidade.

*j)* Note-se ainda que, ao contrário do que se poderia pensar do tom ligeiro que utilizamos, estamos a falar de problemas reais e que, na situação concreta, podem assumir a maior gravidade. No recente conflito laboral que envolveu a greve dos enfermeiros, em 2018/19, os sindicatos, considerando que o direito à greve estava a ser violado por alegado excesso na determinação dos serviços mínimos e na própria requisição civil, recorreram, para garantirem o exercício desse direito, à designada *acção de intimação para protecção de direitos, liberdades e garantias*. E puderam fazê-lo porque o direito à greve é, entre nós, considerado um direito, liberdade e garantia, da tal *primeira categoria*.

Mas, no mesmo conflito, os utentes do SNS, os doentes que, por causa da greve, viram adiadas as intervenções cirúrgicas de que careciam, por vezes repetidamente e com riscos de saúde gravíssimos, se quisessem recorrer ao mesmo meio de protecção para obter uma garantia em tempo útil, já não o poderiam fazer, porque o direito à saúde é um direito social, da tal *terceira categoria*. Ainda se fosse da *segunda categoria*, a dos direitos de natureza análoga, aí poderiam utilizar aquele meio, mas não, é de *terceira*, logo, diz a doutrina tradicional portuguesa, não poderiam, porque a referida acção é só para proteger os direitos fundamentais de *primeira*, os direitos, liberdades e garantias, ou, quando muito, também os de *segunda*, os direitos de natureza análoga a direitos, liberdades e garantias.

E se os utentes do SNS, em vez de invocarem o direito à saúde, em risco, invocassem o direito à integridade física e psíquica ou o direito ao desenvolvimento da personalidade? Aí já estaria tudo bem, aí já poderiam recorrer à intimação para protecção de direitos, liberdades e garantias porque esses outros direitos já são direitos, liberdades e garantias, são de *primeira*.

Faz isto algum sentido? Não é evidente para qualquer pessoa razoável que, no caso concreto, o direito à protecção da saúde deveria prevalecer, era mais importante, deveria poder ser protegido com a máxima eficácia? Não seria assim em todo o mundo?

Pode ser, mas para a doutrina tradicional portuguesa, não. Se é de *terceira* não lhe podemos aplicar o regime de *primeira*, nem o de *segunda*. Mas a Constituição diz isso? Não, mas dizemos nós, doutrina tradicional, porque se a Constituição quisesse que fosse diferente porquê teria dito que há *primeira*, *segunda* e *terceira*? E assim continuando indefinidamente, enrolando e desenrolando...

*k)* A Constituição portuguesa consagrou, em 1976, um vasto elenco de direitos sociais acolhidos na qualidade expressamente assinalada de direitos fundamentais, inaugurando com esse reconhecimento um novo curso na evolução histórica dos direitos fundamentais em Estado de Direito que viria, nas décadas seguintes, a ser adoptado em inúmeras outras Constituições e, de forma impressiva, na Carta dos Direitos Fundamentais da União Europeia.

Foi a primeira Constituição a fazê-lo e tal seria, não apenas uma marca identitária, como uma contribuição de relevo do constitucionalismo português para o constitucionalismo global, não fora o facto de um infeliz enquadramento do tema pela doutrina constitucional portuguesa dominante ter frustrado quase integralmente a importância deste contributo pioneiro.

Também no plano da jurisprudência constitucional seria de esperar, comparando com outros países europeus de Constituições *sem direitos sociais*, que desse carácter pioneiro tivesse resultado uma vida pujante para os direitos sociais na ordem jurídica portuguesa, mas o percurso real seguido pelo Tribunal Constitucional português foi exactamente o inverso: salvo raríssimas excepções, pelo menos ao longo de todo o século XX, nem os direitos sociais se afirmaram juridicamente na qualidade de direitos fundamentais nem desempenharam qualquer papel significativo na jurisprudência do Tribunal Constitucional.

Quando se tentam perceber as razões dessa disparidade tão notória entre texto da Constituição e realidade constitucional no que aos direitos sociais se refere, podemos dizer que as responsabilidades podem ser equitativamente repartidas pela doutrina e pelo próprio Tribunal Constitucional, ainda que, de alguma forma, pelo menos numa primeira fase, se possa dizer que os juízes constitucionais mais não faziam que seguir aquilo que era, e ainda é, entre nós, a doutrina dominante.

De facto, ao longo de mais de quatro décadas de vigência da Constituição, o *tom* geral da caracterização dos direitos sociais por parte da generalidade da doutrina aponta para uma secundarização objectiva deste tipo de direitos, como se aquela afirmação constitucional de qualificação dos direitos sociais como fundamentais, todavia clara, não passasse de retórica política ou de ritual proclamatório dogmaticamente inconsequente.

É verdade, e faremos a devida apreciação ao longo da exposição, que há também algumas ambiguidades e deficiências no texto constitucional que, em alguma medida, contribuíram para dar alento e pretenso apoio à desvalorização e secundarização doutrinárias e jurisprudenciais que referimos. Mas, como vamos demonstrar ao longo da exposição, não há nada no texto constitucional que justifique o sentido que se instalou tradicionalmente entre nós sobre a distinção valorativa entre direitos de liberdade e direitos sociais e, especialmente, sobre o conteúdo normativo desqualificado atribuído aos direitos sociais por essa doutrina tradicional.

*l)* De um lado, há no texto constitucional português uma preocupação exacerbada, sem paralelo em direito comparado, com a sistematização e as divisões classificatórias no domínio dos direitos fundamentais.

Assim, encontramos a Parte I da Constituição, a que trata dos direitos fundamentais, dividida por três *títulos*, por sua vez subdivididos por seis *capítulos*, todos eles acolhendo, classificando e repartindo tipos de direitos fundamentais. Primeiro, *direitos, liberdades e garantias* e *direitos económicos, sociais e culturais*; depois, *direitos, liberdades e garantias pessoais*; *direitos, liberdades e garantias de participação política*; *direitos, liberdades e garantias dos trabalhadores*; *direitos e deveres económicos*; *direitos e deveres sociais*; *direitos e deveres culturais*.

Dir-se-ia ser um exagero, uma obsessão ou um preciosismo classificatórios, mas que, em si mesmos, não suscitariam qualquer dificuldade dogmática. Tanta sistematização e tanta classificação podem ser supérfluas, mas têm pelo menos uma vantagem: tornam muito fácil, num elenco vasto de direitos fundamentais, *encontrar* o que se procura. Em si, não haveria aí qualquer problema.

No entanto, as coisas complicaram-se quando o legislador constituinte se *entusiasmou* com uma classificação e tipologia tão exuberantes e resolveu fazer, a propósito, alguma doutrina –o que sai fora do papel de uma Constituição–, enumerando um conjunto de princípios e de regras disperso ao longo da Constituição que, supõe-se, formariam o "regime dos direitos, liberdades e garantias" e que, disse o legislador constituinte no famigerado artigo 17º na versão originária da Constituição, *se aplicaria aos direitos enunciados no título II* (precisamente, o título que enunciava os direitos, liberdades e garantias), *aos direitos fundamentais dos trabalhadores, às demais liberdades e, ainda, a direitos de natureza análoga previstos na Constituição e na lei.*

E aqui começou o *desastre...*

Ou, se se quiser, numa visão menos apocalíptica e mais romanceada, começou uma interminável *novela* de que o constitucionalismo português nunca mais se libertaria e que vem *massacrando*, sem remorsos aparentes, sucessivas gerações de estudantes de Direito Constitucional e de Direitos Fundamentais. Pior, e como se percebe de decisões judiciais, acórdãos, pareceres, comentários, anotações ou publicações já dos dias de hoje, as *vítimas* dificilmente recuperam ao longo da vida, pois o *mantra* incessante continua a ser repetido com a mesma entoação com que foi aprendido nas faculdades de Direito.

*m)* Como seria inevitável num país que, nos anos setenta do século passado, descobria o constitucionalismo, aquele famigerado artigo 17º abria um campo inesgotável de discussão académica e de possibilidades criativas.

Que regime especial dos direitos, liberdades e garantias era este? Seria decomponível em regime material, regime orgânico e regime de revisão constitucional, mas, que partes deste regime se aplicariam aos direitos que não fossem direitos, liberdades e garantias? Todo o regime ou só parte dele? E quais eram e o que seriam as "demais liberdades"?

O regime aplicar-se-ia a todos os direitos fundamentais dos trabalhadores, sem excepção? E o que seriam os "direitos de natureza análoga"? A analogia tomaria como referência apenas os direitos, liberdades e garantias ou apurar-se-ia também em função dos direitos fundamentais dos trabalhadores e das demais liberdades? E qual seria o regime aplicável aos direitos fundamentais que não fossem direitos, liberdades e garantias, nem direitos fundamentais dos trabalhadores nem fossem *demais liberdades*?

A doutrina da época dedicou-se com afinco à resposta a este sem-número de questões, mas no fim de centenas de páginas entretanto escritas sobre estes temas, as incertezas persistiam e agravavam-se. A tal ponto que, na revisão constitucional seguinte, a de 1982, o legislador constituinte tentou reduzir a extensão dos danos e alterou o artigo 17º para a redacção que tem hoje: "o regime dos direitos, liberdades e garantias aplica-se aos enunciados no título II e aos direitos fundamentais de natureza análoga".

Ficou significativamente mais simples, mas, de novo, as questões controvertidas constituíam campo quase ilimitado de discussão e o mínimo que se pode dizer é que a doutrina constitucional portuguesa não se fez rogada. Milhares de páginas escritas sobre estes temas, teses de doutoramento sobre direitos, liberdades e garantias, teses de doutoramento sobre direitos sociais, mas, no fim (admitindo que a referida *novela* tem um fim), estamos exactamente no mesmo ponto em que estávamos aquando da aprovação da Constituição: sem respostas aceitáveis da parte de quem repete simplesmente o *mantra* oficial.

Se se perguntar a um juiz do Tribunal Constitucional ou a um professor de Direito Constitucional o que é um *direito de natureza análoga aos enunciados no título II*, ele não sabe. Nem poderia saber, pela simples razão de que não é possível delimitar os *direitos de natureza análoga aos enunciados no título II*. Dos direitos enunciados no título II constam, por exemplo, o direito à vida e o direito à greve, o direito a constituir família e o direito de tendência sindical, o direito ao desenvolvimento da personalidade e o direito de antena, o direito de acesso aos dados informáticos do próprio e a liberdade de aprender e de ensinar, a garantia de existência de um serviço público de rádio e de televisão e o direito de criação de escolas particulares e cooperativas. Como seria, então, possível, a partir dessa extrema diversidade de bens, de estrutura e de natureza dos direitos enunciados no título II, saber quando um qualquer outro direito tem ou não natureza análoga aos "enunciados no título II"?

O direito à saúde não tem natureza análoga ao direito à integridade física e psíquica, quando têm tantos pontos de confluência e de sobreposição? Claro que tem.

A garantia de o Estado assegurar um serviço público de educação e ensino não tem natureza análoga à garantia de assegurar um serviço público de rádio e de televisão? Claro que tem.

O direito ao trabalho não tem natureza análoga ao direito à segurança no emprego? O direito à retribuição não tem natureza análoga ao direito à greve? O direito ao ensino não tem natureza análoga à liberdade de aprender e ensinar? O direito de propriedade não tem natureza análoga ao direito de criar escolas particulares? E o direito à pensão não tem natureza análoga ao direito de propriedade? O direito à educação não tem natureza análoga ao direito ao desenvolvimento da personalidade?

*n)* Por fim, mesmo que, por hipótese improvável, viéssemos alguma vez a poder determinar o que é um direito de natureza análoga aos direitos enunciados no título II, que regime constitucional aplicaríamos, então, aos direitos fundamentais que nem fossem direitos, liberdades e garantias nem fossem direitos de natureza análoga?

Em vão procuraríamos na doutrina tradicional que tão porfiadamente investiu na determinação conceptual a que acabámos de aludir qualquer resposta a esta última questão. Que regime? Pois, não sabemos, mas, dirão, seguramente não será o mesmo regime aplicável aos direitos, liberdades e garantias. De outro modo, se o regime fosse, afinal, o mesmo, teríamos andado mais de quarenta anos numa discussão sem qualquer préstimo.

*o)* De tão absorta nesta discussão sobre quais são e como se distinguem o regime dos direitos, liberdades e garantias, o regime dos direitos sociais e o regime dos direitos de natureza análoga, nunca ocorreu à doutrina constitucional portuguesa pensar porquê só os portugueses têm esta dificuldade, porquê estes problemas não existem em qualquer outro Estado de Direito que, como nós, tenha Constituição, direitos fundamentais e fiscalização da constitucionalidade?

É que em todas as outras ordens constitucionais, após a consagração dos direitos fundamentais –e no elenco acolhido em cada Constituição pode, aí sim, haver diferenças–, não mais se discutem diferenças de regime entre eles: se é um direito fundamental, então é tratado como direito fundamental, cabendo à doutrina e à jurisprudência dizer e praticar o que isso significa.

A Constituição americana consagra como direitos fundamentais os chamados direitos de primeira geração e todos eles são tratados como direitos fundamentais. A Constituição alemã consagra os chamados direitos de liberdade e um número muito reduzido de direitos sociais, mas, obviamente, todos considerados como direitos fundamentais, sujeitos ao mesmo regime, como não poderia deixar de ser. A Carta dos Direitos Fundamentais da União Europeia consagra como direitos fundamentais os direitos de liberdade e os direitos sociais, mas, como seria de esperar, a Carta não diferencia regimes, não faz qualquer distinção entre eles[3].

*p)* Imagine-se, no entanto, mais uma vez por absurdo, que concluíamos que estas distinções e diferenças de regime são impostas pela Constituição, pelo que, por mais injustificáveis que nos pareçam, vivendo sob uma Constituição normativa, só teríamos de a aplicar.

Atente-se nesse outro caso, na história da chamada jurisprudência constitucional da crise, que ilustra o absurdo em que a doutrina tradicional e, no seu seguimento, alguma jurisprudência constitucional transformaram a dogmática de direitos fundamentais entre nós.

Na Alemanha, como a Constituição alemã não consagra um direito à segurança social, os cidadãos alemães são *obrigados* a invocar o direito de propriedade quando pretendem garantir os seus direitos relativos às pensões de reforma. Já em Portugal, e bem, para além de garantir o direito de propriedade, a Constituição acolheu também um direito fundamental à segurança social, incluindo o direito à pensão de reforma.

Pois o nosso Tribunal Constitucional chega a esta conclusão absurda. Como entre nós há um direito especial a proteger o direito à pensão,

[3] Demonstrando a insustentabilidade da tentativa de *esvaziamento* desta opção marcante da *Carta* através da consideração dos direitos sociais como meros princípios, cf., por último, Tobias Lock, “Rights and principles in the EU Charter of Fundamental Rights” *in Common Market Law Review* 56, 2019, págs. 1201 e segs.

então é esse direito que deve ser aplicado nos conflitos em questão. Porém, como esse direito fundamental seria um direito social e, nesse sentido, beneficiaria apenas de uma protecção enfraquecida relativamente à que é concedida pelos direitos, liberdades e garantias, então a protecção dos interesses individuais relacionados com as pensões seria juridicamente mais fraca entre nós, comparativamente com o que acontece na Alemanha.

Ou seja, nós temos uma Constituição avançada, que tanto garante o tradicional direito de propriedade, como também os direitos sociais, acolhidos igualmente como direitos fundamentais. Mas, na prática, para o Tribunal Constitucional, na linha da boa doutrina tradicional portuguesa, melhor seria que não o tivesse feito: é que, se não existisse o direito fundamental à pensão, aplicar-se-ia ao caso o direito de propriedade e, como este confere, nessa mesma lógica, uma protecção mais forte, porque é um direito, liberdade e garantia ou é um direito de natureza análoga, o cidadão ficaria mais bem protegido. Donde, ter a nossa Constituição consagrado o direito à saúde, o direito ao ensino, o direito ao trabalho como direitos fundamentais só teria, nessa lógica, deixado os portugueses menos protegidos do que se não o tivesse feito...

*q)* O presente trabalho, partindo da verificação destas contradições, preocupa-se, de um lado, com a evidenciação dos equívocos e debilidades que subjazem à desvalorização constitucional dos direitos sociais por parte da doutrina tradicional, mas, de outro, e sobretudo, assume-se como contributo na prossecução do objectivo da *reabilitação* dogmática dos direitos sociais como direitos fundamentais à luz da Constituição portuguesa.

Dir-se-ia ser este um labor redundante, de tal forma o legislador constituinte português não deixou lugar à mínima dúvida quanto à sua intenção de afirmar juridicamente os direitos sociais como direitos fundamentais, mas, como se viu nos exemplo citados, basta percorrer a jurisprudência constitucional portuguesa, mesmo a mais *avançada* produzida nos anos da chamada *jurisprudência da crise*, para perceber como os preconceitos mais enraizados persistem em não se dissipar e, por isso, exigem que se prossiga num esforço incessante de clarificação.

Os direitos sociais são, na ordem constitucional portuguesa, direitos fundamentais e como tal devem ser considerados, isto é, devem beneficiar integral e directamente do regime e da força normativa que identificam a natureza de um direito fundamental em Estado de Direito: uma garantia jurídica *forte, constitucional*, imposta à observância de todos os poderes constituídos e subtraída da livre disponibilidade do poder político, incluindo do legislador democrático.

Já a postura tradicional da doutrina portuguesa relativamente aos direitos sociais é diferente. Ela assenta numa contraposição originária e irredutível dos direitos sociais aos direitos de liberdade, com a consequente tendência para a desvalorização objectiva dos primeiros, no sentido de que se justificaria dever ser-lhes aplicado um tratamento especial, diferente e objectivamente enfraquecedor dos direitos sociais, derivado, em primeira linha, do facto de eles não beneficiarem, supostamente, do regime de protecção privilegiada que, aparentemente, a Constituição portuguesa reservaria aos direitos, liberdades e garantias.

Sustentamos, em oposição frontal, uma tese radicalmente distinta: a de que os direitos sociais são verdadeiros direitos fundamentais e que o seu regime de protecção constitucional se identifica, no essencial, com a protecção conferida aos direitos, liberdades e garantias e que esse regime deve ser exactamente o mesmo.

Ou seja, entendemos que não há entre nós, diferentemente do que pretende a leitura mais comum da Constituição portuguesa, um regime material específico para os direitos sociais, distinto da protecção material privilegiada e supostamente exclusiva dos direitos, liberdades e garantias. A razão, por surpreendente que surja, é simples: é que todas as notas identificadoras desse pretenso regime material específico dos direitos, liberdades e garantias se aplicam, por definição, a todos os direitos fundamentais enquanto garantias constitucionais, pelo que são, por esse facto, comuns a direitos de liberdade e a direitos sociais.

Nesse sentido, não tem qualquer préstimo o esforço doutrinário para distinguir entre direitos, liberdades e garantias, direitos de natureza análoga e direitos sociais: o regime é o mesmo. Portugal não é diferente dos restantes Estados de Direito com Constituição em sentido formal.

# PARTE I
# ORIGEM E CONSOLIDAÇÃO DO SISTEMA DE DIREITOS FUNDAMENTAIS NA CONSTITUIÇÃO PORTUGUESA

# Capítulo I
# As Opções do Legislador Constituinte de 1976 Sobre Sistematização e Regime dos Direitos Fundamentais

## 1. O sistema constitucional de direitos fundamentais, a *doutrina tradicional* e a *dogmática unitária*

*a)* Num contacto inicial com a Parte I da Constituição portuguesa relativa aos direitos fundamentais, impressiona, em primeiro lugar, a extensão do elenco de direitos fundamentais no texto da Constituição, com a inclusão dos clássicos direitos de liberdade, mas também dos direitos sociais, o que teria justificado o concomitante esforço investido na sistematização, especialmente a partir da revisão constitucional de 1982. E aí reside, em segundo lugar, uma outra nota de destaque da Constituição portuguesa, sobretudo na época em que foi feita: o relevo atribuído aos direitos sociais e o seu indiscutível acolhimento constitucional na qualidade de direitos fundamentais. Ressalta, finalmente, a separação estrita entre direitos, liberdades e garantias e direitos económicos, sociais e culturais, incluindo-se, respectivamente, os primeiros no título II e os segundos no título III da Parte I da Constituição.

A classificação de direitos fundamentais subjacente a essa separação tem razões e história próprias, que analisaremos mais desenvolvidamente, mas, em si mesma, nada teria de problemático. A distinção entre direitos civis e políticos e direitos sociais é uma distinção corrente oriunda do Direito Internacional dos Direitos Humanos, sendo uma de entre muitas outras classificações possíveis de direitos fundamentais; logo, a sistematização adoptada pelo legislador constituinte português não suscita, por si, quaisquer reservas.

De acordo com essa sistematização, encontramos integrados tendencialmente nos direitos, liberdades e garantias os direitos fundamentais que garantem genericamente o acesso individual a bens de liberdade individual, de autonomia pessoal e de igual participação política e, nos direitos económicos, sociais e culturais, os direitos fundamentais que garantem o acesso individual a bens económicos, sociais e culturais ou que se relacionam directamente com o bem-estar e as condições de vida materiais. Por si só, nada há aqui de controverso, nem assumiria também qualquer relevância ou significado especial o facto de alguns documentos de Direito Internacional ou de algumas Constituições, na comparação com a nossa, divergirem na inserção sistemática de alguns direitos num ou no outro daqueles tipos.

A sistematização adoptada pela Constituição portuguesa só se converte em problema quando dela se pretende retirar, com apoio expresso no texto constitucional, a existência de um regime de protecção privilegiada aplicado só a uma parte dos direitos fundamentais, os que estiverem consagrados no título II ("direitos, liberdades e garantias") e os que tiverem natureza análoga a esses. Essa é, afinal, a nota mais estranha e singular da Constituição portuguesa de direitos fundamentais no Direito constitucional comparado.

O já citado artigo 17º –único no constitucionalismo de Estado de Direito– assinalaria precisamente a instituição e a persistência (já na versão definitiva que lhe deu a revisão de 1982) de uma visão *classista* dos direitos fundamentais, uma vez que dele se retira, na sua interpretação mais comum, a da doutrina tradicional[4], a ideia de que, em Portugal, há diferença de regimes dentro dos direitos fundamentais:

> "*O regime dos direitos, liberdades e garantias aplica-se aos enunciados no título II e aos direitos fundamentais de natureza análoga*".

[4] Designamos por *doutrina tradicional* a corrente da doutrina constitucional segundo a qual, em Portugal, no que seria uma singularidade no universo dos Estados de Direito, os direitos fundamentais constitucionais não teriam todos o mesmo regime: os direitos de liberdade teriam um regime próprio e alguns direitos sociais (não todos), apesar de serem igualmente direitos fundamentais, teriam um regime distinto e menos qualificado.

Assim, e em primeiro lugar, os operadores jurídicos passariam a lidar, não apenas com a ideia, o conceito e as normas de direitos fundamentais –como acontece em todas as outras Constituições de Estado de Direito–, mas com diferentes categorias de direitos e de normas constitucionais, com regimes diferenciados, uns mais qualificados que outros, uns beneficiando de uma protecção não extensível aos outros.

Os direitos, liberdades e garantias enunciados no título II da Parte I da Constituição formariam o primeiro conjunto, aquele a que seria aplicada a totalidade do regime de protecção privilegiada, na sua plenitude, e que seria a seguir estendido, eventualmente não na sua totalidade[5], aos direitos que tivessem natureza análoga aos do primeiro conjunto. Nesse sentido, esses chamados *direitos de natureza análoga* formariam uma segunda categoria, já vitimada de alguma incerteza, tanto na delimitação quanto na identificação dos elementos do regime dos direitos, liberdades e garantias que lhes seriam aplicáveis. Viria, por fim, nesta lógica *classista*, a categoria residual dos direitos fundamentais que nem foram enunciados no título II nem lhes são análogos. E tão residual e desvalorizada é essa categoria que a Constituição, apesar de os qualificar de fundamentais, não se teria preocupado sequer com o regime que lhes deve ser aplicado; simplesmente, não seria, aparentemente, nem o regime dos direitos, liberdades e garantias nem o dos direitos de natureza análoga.

Se quisermos, pese a vulgaridade, passaríamos então a ter *classes* de direitos: direitos de *primeira*, de *segunda* e de *terceira* categoria, em função do regime aplicável, o que, em Estado de Direito, é, em si mesmo, essencialmente contraditório a dois títulos. Contraditório com a definição das normas constitucionais como gerando uma genérica e igual vinculação jurídica dos poderes constituídos e das normas ordinárias e contraditório com a ideia de indivisibilidade dos direitos fundamentais que se apoia na comum reconhecida fundamentação de todos eles na dignidade da pessoa humana.

Se tanto o direito à greve quanto o direito ao trabalho decorrem, em última análise, da dignidade da pessoa humana, a que título é que o

[5] Cf. a síntese das dúvidas e crítica à aplicabilidade do chamado *regime orgânico* dos direitos, liberdades e garantias aos *direitos de natureza análoga* em Jorge Miranda/Rui Medeiros, *Constituição Portuguesa Anotada* I, 2ª ed., Coimbra, 2010, págs. 307 e segs.

primeiro deveria ter um regime privilegiado face ao segundo? Se tanto o direito à integridade quanto o direito à saúde decorrem da dignidade da pessoa humana, a que título é que deveríamos distinguir o regime que vai ser aplicado a um ou a outro e privilegiando o direito à integridade relativamente ao direito à saúde?

Em segundo lugar, esta compartimentação normativa é contraditória com a própria ideia de direitos fundamentais. Ou seja, quando numa ordem jurídica se reconhecem e tratam alguns direitos como os mais importantes, os fundamentais, essa maior relevância que lhes é atribuída exprime-se na sua elevação a norma constitucional e, a seguir, decorre normativamente dessa mesma consagração constitucional a vinculatividade de observância por parte de todos os poderes públicos. É porque se consideram especialmente qualificados que foram elevados à categoria de direitos constitucionais e a sua garantia através de normas constitucionais projecta-se, depois, numa força jurídica vinculativa que os impõe à observância de todos os poderes constituídos.

Mas, quando, a seguir, se repartem eles mesmos por diferentes categorias com pretensa diferente força jurídica, com diferentes regimes, subverte-se a própria ideia de supremacia da Constituição relativamente às normas ordinárias e aos poderes constituídos, isto é, haveria um estranho e espúrio escalonamento, também material, dentro das próprias normas constitucionais: umas seriam *mais constitucionais* que outras e a vinculação a que obrigam seria, também ela, gradativa. Mas, se todos aqueles direitos estão igualmente contidos em normas constitucionais, a que título e como é que os poderes constituídos estariam e poderiam estar diferenciadamente vinculados por essas normas?

*b)* De qualquer forma, assim sendo, para a doutrina tradicional portuguesa a categorização prévia de um direito fundamental é um requisito indispensável à resolução de um qualquer problema de direitos fundamentais: se um direito fundamental for qualificado como direito, liberdade e garantia, o problema jurídico será resolvido de uma maneira; se for qualificado como um direito social será resolvido doutra.

O resultado final até poderá ser o mesmo, mas, para a doutrina tradicional, a fundamentação, o reconhecimento de diferentes margens e densidades de controlo, o percurso dogmático, são necessariamente diferenciados. A diferença pode ser mais ou menos radical, mas a classificação prévia é importantíssima e decisiva.

Por exemplo, para a doutrina tradicional portuguesa, um mesmo problema jurídico relacionado com o direito à greve –sendo exactamente as mesmas as circunstâncias e o essencial dos enunciados normativos de acolhimento constitucional– deve ser dogmaticamente tratado de forma diferente em Portugal e no Brasil, apesar de os dois países considerarem o direito à greve como sendo um direito fundamental. Porquê?

Porque a Constituição portuguesa classifica o direito à greve como direito de liberdade e a Constituição brasileira classifica-o como direito social. Então, quando é qualificado de direito de liberdade, aplica-se-lhe um regime; quando é qualificado de direito social, aplica-se-lhe um outro.

Já para a dogmática unitária –que sustentamos[6]– a classificação é irrelevante, o que conta é a natureza da norma em causa e a dimensão particular do direito e do dever estatal em questão no caso concreto, bem como as respectivas circunstâncias. Classificá-lo como direito de liberdade ou como direito social é absolutamente indiferente. De resto, a própria Constituição portuguesa, até 1982, classificava o direito à greve como direito social; só com essa revisão ele passou a integrar os direitos, liberdades e garantias.

Se quisermos sintetizar o que significa uma dogmática unitária, ela é apenas isto: para resolvermos um problema de direitos fundamentais, em Portugal ou em qualquer Estado de Direito, é absolutamente indiferente classificá-lo previamente de direito de liberdade ou de direito social, de direito civil ou de direito político; se é um direito constitucional, o seu regime material é necessariamente o mesmo, é o regime da supremacia das normas constitucionais relativamente aos poderes constituídos e às normas ordinárias.

[6] A designação e a defesa iniciais de uma *dogmática unitária* devem-se a André Salgado Matos, *O Direito ao Ensino, Contributo para uma Dogmática Unitária dos Direitos Fundamentais*, Relatório de Mestrado na FDL, 1997/98, *maxime* págs. 18 e seg. Da nossa parte, começámos por desenvolver as bases de uma dogmática unitária dos direitos fundamentais em Jorge Reis Novais, *Os Princípios Constitucionais Estruturantes da República Portuguesa*, 1ª ed., Coimbra, 2004, págs. 291 e segs, e, já com carácter sistemático, em "O Tribunal Constitucional e os direitos sociais –o direito à segurança social" *in Jurisprudência Constitucional*, 6, Abril-Junho 2005, págs. 3 e segs. Sobre o sentido e a estruturação de uma dogmática unitária, cf., com desenvolvimento, Jorge Reis Novais, *Direitos Sociais –Teoria Jurídica dos Direitos Sociais Enquanto Direitos Fundamentais*, 2ª ed., Lisboa, 2017, págs. 299 e segs.

*c)* Quando a doutrina tradicional portuguesa elabora sobre as distinções introduzidas na Constituição portuguesa em domínio de classificação e regimes de direitos fundamentais, por maior perplexidade que as dúvidas assinaladas suscitem, parte sempre do pressuposto que todas aquelas distinções assentam num programa racional, pensado maduramente pelo legislador constituinte e cujo sentido normativo importaria decifrar, esclarecer e, finalmente, aplicar.

Poderia haver dúvidas de interpretação, mas a racionalidade e a normatividade do sistema construído pela Constituição seriam inatacáveis, ou seja, parte-se sempre do princípio de que há ali um sistema coerente, decifrável e aplicável com maior ou menor dificuldade. Destacado um primeiro conjunto –os direitos, liberdades e garantias enunciados no título II–, haveria, em seguida, que determinar os critérios e o método de delimitação dos *direitos de natureza análoga* aos do primeiro conjunto e a que seria aplicado o mesmo regime que importaria igualmente estabelecer. Nunca se põe a hipótese de um sistema tão singular e inédito criado pelo legislador constituinte ser intrinsecamente incoerente e de aplicação irrealizável.

No entanto, como é típico nas incursões que as assembleias representativas fazem no domínio da doutrina constitucional –e, em grande medida, foi isso que o legislador constituinte fez neste domínio–, o resultado é frequentemente a simples expressão de um conjunto fragmentado de compromissos políticos a que se chega tentativamente no curso dos incidentes conjunturais próprios da elaboração de uma Constituição.

No caso, foi também assim –e basta ter em conta as circunstâncias e o contexto atribulados da aprovação da Constituição de 1976 para se perceber que nem poderia ser de outro modo–, pelo que o produto doutrinário obtido está muito longe da suposta coerência e intencionalidade que são, todavia, pressupostas na elaboração posterior que sobre ele faz a doutrina tradicional. Simplesmente, esse suposto programa ou plano intencionalmente elaborado não existe.

De resto, uma aproximação mais atenta ao próprio processo de elaboração da Parte I, dos direitos fundamentais, na Constituição de 1976, permite perceber, de forma bem nítida, as razões que explicam a construção de um sistema original, único, mas profundamente disfuncional.

Vamos, a seguir, analisar o que se passou a propósito na Assembleia Constituinte, mas com uma nota orientadora da leitura. Aquilo que se diz no ponto seguinte resulta estritamente dos textos constitucionais, das fontes de elaboração da Constituição de 1976 e é objectivamente inegável. Todavia, apesar da evidência das contradições que vamos salientar, nunca a doutrina que elaborou longamente sobre as distinções categoriais entre direitos, liberdades e garantias e direitos sociais e respectiva diferença de regimes notou a sua existência e a teve em conta na interpretação, consequentemente distorcida, que depois faz das normas constitucionais em causa.

Ou seja, mesmo que as contradições objectivas da doutrina tradicional dominante sobre este tema não infirmassem, em si mesmas, as posições defendidas ao longo de décadas, bastaria ter em conta os dados a seguir indicados referentes ao processo de elaboração desta parte da Constituição para se perceber a enorme fragilidade e inconsistência da construção interpretativa sustentada pela doutrina tradicional.

## 2. Os equívocos na origem histórica da *má doutrina* da Constituição portuguesa sobre regimes de direitos fundamentais ou o mistério do *puzzle* com sete peças

Quando se constata a singularidade das soluções que a Constituição portuguesa consagra no sistema de direitos fundamentais, há uma primeira pergunta que deveria ser colocada e nunca foi: *como é que se chegou aqui?* Se não há nada de minimamente parecido em Direito comparado, se não há nada de semelhante na história constitucional portuguesa, se nenhum dos partidos participantes da Assembleia Constituinte propôs algo sequer aproximado, como é que se chegou a este resultado único, inesperado e tão profundamente estranho?

Poder-se-ia pensar ter sido ele o fruto da elaboração *ex novo* de uma Constituição em ruptura com a ordem constitucional anterior. Então, a singularidade, o ineditismo desta solução, seriam uma consequência natural da novidade radical que era a Constituição de 1976 e do contexto revolucionário em que ela surgia. Mas, também esta explicação não serve. É que, tendo os vários partidos parlamentares apresentado projectos de Constituição[7], em nenhum deles se encontra algo que se possa, de algum modo, aparentar com a solução que veio a ser finalmente adoptada. De onde surgiu essa solução?

E tanto admira o resultado quanto o facto, também ele surpreendente, de nunca a doutrina tradicional se ter interrogado sobre estas questões. Simplesmente, procurou aplicar o que, supostamente, resultava do texto constitucional, sem levantar dúvidas e fazer as perguntas que, se tivessem sido colocadas, ajudariam a relativizar a bondade e a pretensa normatividade da solução encontrada.

De facto, no processo constituinte de 1975/76, nenhum partido propôs algo que tivesse alguma coisa a ver com a ideia de um regime específico para uma categoria de direitos fundamentais ou de regimes simplesmente diferenciados entre categorias de direitos fundamentais. Nenhum partido sugeriu, alguma vez, a ideia de *direitos de natureza análoga* ou algo que se assemelhasse. Nenhum partido sugeriu a possibilidade de haver diferentes regimes de direitos fundamentais.

Ao invés, nos diferentes projectos de Constituição apresentados pelos partidos com representação parlamentar, ou se enunciavam os direitos fundamentais sem menção ao respectivo regime (caso do PS e da UDP) ou, em alternativa, quando deles constava um regime e princípios dos direitos fundamentais (PPD, PCP, CDS, MDP), sempre esse regime era explicitamente consagrado como aplicável a todos os direitos fundamentais, sem excepção, incluindo também aí expressamente, note-se, direitos de liberdade e direitos sociais[8]. Todos com o mesmo regime.

Como surgiu então, no fim, toda esta construção verdadeiramente inédita, estranha, desconhecida e nunca posteriormente seguida em Direito comparado? É o *puzzle* que nos propomos resolver.

## 2.1. A origem da designação "direitos, liberdades e garantias"

*a)* Comecemos por uma primeira referência à expressão "direitos, liberdades e garantias" que, no sistema da Constituição portuguesa,

[7] Cf. a reunião desses projectos em Jorge Miranda (org.), *Fontes e Trabalhos Preparatórios da Constituição*, I volume, Lisboa, 1978.

[8] Note-se, porém, que no caso do projecto do CDS a generalidade dos direitos sociais não era reconhecida na qualidade de direitos fundamentais.

define uma categoria de direitos fundamentais contraposta aos direitos sociais, mas que, com esse alcance, é desde logo uma primeira *novidade* da Constituição de 1976 no panorama dos Estados de Direito. Com efeito, a designação não existe sequer em Direito constitucional comparado, não existe no Direito Internacional de Direitos Humanos e surge, correspondendo só parcialmente ao actual carácter, apenas no projecto de Constituição do Partido Socialista em 1975.

Na história constitucional portuguesa, desde a Constituição de 1838 –e, diga-se, até 1959–, a enumeração constitucional dos direitos fundamentais fazia-se sobre a designação abrangente de "direitos e garantias" dos portugueses. Todos os direitos fundamentais constitucionais se abrigavam sob essa designação. Essa expressão, "direitos e garantias", passou depois para a Constituição de 1911 e foi igualmente recebida e continuada na Constituição de 1933.

Só numa revisão constitucional da Constituição de 1933, em 1959, porventura por razões de má consciência no contexto do pós-II Guerra e da candidatura presidencial do General Humberto Delgado do ano anterior, o regime autocrático *sentiu* a falta das *liberdades* e, para não deixar dúvidas sobre o apego que lhes dedicava, alterou a designação tradicional de "direitos e garantias" para "direitos, liberdades e garantias". O regime autocrático não constitucionalizava só "direitos e garantias", mas também se preocupava com as *liberdades* e, daí, "direitos, liberdades e garantias". Eis a primeira peça do *puzzle*.

Foi assim que nasceu a fórmula que hoje utilizamos, mas, note-se, nasceu com um sentido qualitativamente distinto do actual: ela não respeitava, na altura, a uma categoria específica de direitos, mas significava e englobava todo o conjunto dos direitos fundamentais constitucionais, qualquer que fosse a sua natureza, fossem eles direitos clássicos ou direitos sociais. "Direitos, liberdades e garantias", pura e simplesmente, significava "direitos fundamentais". Essa é a segunda peça do *puzzle*.

Foi por essa via que a nova fórmula, entretanto estabilizada e sublinhada na revisão constitucional de 1971, chegou, já no período que se seguiu à queda do regime autocrático, aos projectos de Constituição que diferentes partidos parlamentares viriam a apresentar em 1975, no quadro da elaboração da Constituição de 1976.

Porém, enquanto que nos projectos dos outros partidos (especialmente no caso do Partido Popular Democrático e do Partido Comunista) a designação "direitos, liberdades e garantias" manteve o sentido que provinha da história constitucional portuguesa, ou seja, correspondendo ao que contemporaneamente se designa por "direitos fundamentais", no projecto do Partido Socialista surge com um carácter potencialmente diverso, na medida em que surge como categoria de direitos fundamentais sistematizadamente distinta de outra categoria, a dos direitos económico-sociais, o que de alguma forma se compreendia porque os direitos sociais não eram expressamente qualificados como direitos fundamentais nesse projecto. Por isso se pode dizer que, na lógica interna do projecto do Partido Socialista, a expressão continuava a significar "direitos fundamentais", todos os direitos fundamentais reconhecidos como tal.

Em todo o caso, mantendo embora o sentido original da fórmula, porque, no seu projecto, verdadeiramente qualificados como fundamentais eram apenas os "direitos, liberdades e garantias", o projecto do Partido Socialista abria potencialmente um novo significado à expressão: enquanto categoria específica de direitos, distinta da dos direitos económico-sociais.

No fundo, o Partido Socialista adoptava tendencialmente a sistematização oriunda do Direito Internacional dos Direitos Humanos concretizada na elaboração, em 1966, de dois Pactos sob a égide das Nações Unidas, o Pacto sobre os Direitos Civis e Políticos e o Pacto sobre os Direitos Económicos, Sociais e Culturais. No entanto, e aí a novidade, o Partido Socialista designava o primeiro tipo de direitos, e só eles, por *direitos, liberdades e garantias* e, por isso, ao arrepio do sentido dessa designação na história constitucional portuguesa, distinguia-os sistematicamente, no seu projecto de Constituição, dos direitos sociais, a que não reconhecia formalmente a natureza de direitos fundamentais.

Era já, não apenas a terceira peça do *puzzle*, mas verdadeiramente, sabemo-lo hoje, o início de um *desastre* em formação, tanto mais que a Constituição veio a adoptar, na sistematização, a classificação proposta pelo PS: um título para os direitos, liberdades e garantias e um outro para os direitos económicos, sociais e culturais. Todavia, o legislador constituinte acolhia a distinção, mas com uma diferença capital relativamente ao projecto do Partido Socialista, a de ter indiscutivelmente recebido todos os direitos, sejam os clássicos de liberdade sejam os direitos sociais, na qualidade de direitos fundamentais[9].

[9] Essa proposta de sistematização foi da iniciativa da Comissão de Sistematização, de que faziam parte Jorge Miranda (PPD) e Vital Moreira (PCP), cujos trabalhos decorreram entre

Diversamente, como dissemos, tanto o projecto de Constituição do PPD quanto o do PCP apresentam, na parte dos direitos fundamentais, uma estruturação aproximada entre si e inspirada na história constitucional portuguesa: toda a parte designada por direitos, liberdades e garantias integra todos os direitos fundamentais constitucionais, tanto os direitos de liberdade quanto os direitos sociais. De resto, nos dois projectos, esta parte dos direitos, liberdades e garantias encontrava-se subdividida numa primeira secção respeitante aos princípios gerais, uma segunda sobre direitos pessoais, uma terceira sobre direitos sociais e uma última sobre direitos civis e políticos. Não havia aí qualquer dúvida, portanto, quanto à inclusão, nos *direitos, liberdades e garantias*, dos tradicionais direitos de liberdade, dos direitos civis e políticos e dos direitos sociais; todos eram considerados e designados por *direitos, liberdades e garantias.*

Insistimos nesta questão porque ela vai ter uma importância decisiva e inesperada em toda a futura construção adoptada pelo legislador constituinte de 1976.

É que, como dissemos, a Constituição não acolheu a classificação constante dos projectos destes partidos, PPD e PCP. Adoptou, sim, a classificação do projecto do PS, pelo que passou a haver um título, que viria a ser o título II da Parte I da Constituição, sobre direitos, liberdades e garantias (significando já uma categoria específica de direitos fundamentais) e um título III sobre direitos económicos, sociais e culturais.

Portanto, pela primeira vez na história constitucional portuguesa, sob uma comum referência a direitos fundamentais, os *direitos, liberdades e garantias* surgiam contrapostos a *direitos económicos, sociais e culturais* em termos de sistematização. Foi a quarta peça do *puzzle.*

*b)* Para além disso, há uma outra nota a salientar na sistematização proposta pela Comissão de Sistematização da Assembleia Constituinte e que viria a ser adoptada na Constituição: estes dois títulos da Parte I, deveriam ser antecedidos de um título I sobre princípios gerais, tal como já se fazia, de resto, nos projectos do PPD e do PCP.

26 de Junho e 3 de Julho de 1975. O Parecer e a proposta da Comissão foram apresentados ao Plenário a 5 de Julho (*Diário da Assembleia Constituinte*, nº 13, págs. 271 e segs) e viriam a ser aprovados a 24 de Julho (*Diário da Assembleia Constituinte*, nº 23, de 25 de Julho, págs. 958 e segs).

No fundo, acabava por se juntar, na sistematização da Parte I sobre direitos fundamentais, a contribuição decisiva dos principais partidos que votaram favoravelmente a Constituição: a Constituição deveria ter um título I (princípios gerais), consoante inspiração colhida dos projectos de sistematização do PPD e do PCP –em termos substanciais recolhendo sobretudo o contributo do PPD–, e dois títulos com o próprio elenco dos direitos, como se fazia no projecto do PS, o título II sobre direitos, liberdades e garantias e o título III sobre direitos económicos, sociais e culturais. Voltaremos a este ponto que é capital.

*c)* De qualquer forma, para além da recepção dos *direitos, liberdades e garantias* como categoria específica de direitos fundamentais, faltava ainda o segmento principal da consumação do *desastre*, a *descoberta* de regimes diferentes para diferentes categorias de direitos fundamentais. Aprovada a sistematização naqueles termos, essa outra seria já tarefa, no plano dos trabalhos da Constituinte, da Comissão dos Direitos e Deveres Fundamentais, a 2ª Comissão, a quem incumbia, agora, o preenchimento substancial do título I (*Princípios gerais*) e do título II (*Direitos, liberdades e garantias*)[10]. O título III (Direitos económicos, sociais e culturais) ficaria a cargo da 3ª Comissão[11].

[10] Esta 2ª Comissão, integrada pelo actual Presidente do Tribunal Constitucional, Costa Andrade (PPD), viria a reunir e aprovar o seu Parecer e propostas já em fins de Julho e em Agosto de 1975 (cf. *Diário da Assembleia Constituinte*, nº 30, de 13 de Agosto, págs. 784 e segs), portanto, num período posterior à aprovação da sistematização da Constituição atrás referida, tendo o texto correspondente sido aprovado na especialidade a partir de 19 de Agosto (*Diário da Assembleia Constituinte*, nº 33, de 20 de Agosto).

[11] Embora não seja decisivo, há aqui uma confluência de potenciais elementos dissonantes que conformam a *conjura* que anuncia o *desastre* iminente. Sabe-se, e hoje podemos concluí-lo com certeza, que o trabalho das Comissões acabou por ser decisivo para o conteúdo da Constituição: as suas propostas foram sistematicamente aprovadas. Mas, no caso da parte da Constituição sobre direitos fundamentais, a Parte I, temos três comissões, com composição diversa e trabalhando em tempos diversos, que são incumbidas de dar corpo a um conjunto que se supunha dever ser coerente: a Comissão de Sistematização, a Comissão dos Direitos e Deveres Fundamentais –título II, e a Comissão dos Direitos e Deveres Fundamentais –título III. Não é difícil imaginar que, com três Comissões distintas, com composição diferente e a funcionar em tempos distintos, alguma coisa podia correr mal. E, de facto, correu...

## 2.2. A origem de um regime específico para os direitos, liberdades e garantias

*a)* Como é normal nas Constituições de Estado de Direito, os diferentes projectos de Constituição preocupavam-se com a consagração dos direitos fundamentais e havia aí diferenças substanciais entre eles –no projecto do CDS, por exemplo, os direitos sociais encontravam-se dispersos na organização económica e social sem natureza de jusfundamentalidade e no do PS, como vimos, apesar da sua sistematização autónoma como direitos económico-sociais, também não ficava expressa a sua natureza jusfundamental.

Para além disso, tanto no projecto do PPD como no do PCP, antes da enumeração dos títulos respeitantes aos diferentes tipos de direitos fundamentais (direitos pessoais, direitos sociais, direitos políticos) havia uma primeira secção sobre princípios gerais que correspondia, no fundo, a uma proposta de explicitação daquilo a que chamamos hoje um *regime* dos direitos fundamentais.

Porém, e aqui entramos no ponto decisivo do nosso tema, como a referência geral a direitos fundamentais era feita, nesses dois projectos, sob a designação *direitos, liberdades e garantias* –como ela sempre tinha sido, aliás, utilizada na história constitucional portuguesa–, cada regra que ali integrava o regime dos direitos fundamentais era sempre designada como sendo atributo dos *direitos, liberdades e garantias.*

Logo, de acordo com a terminologia e os conceitos utilizados, há no projecto do PPD e no do PCP três notas comuns e determinantes que vão ser decisivas para o que se vai passar a seguir. Primeira, *regime dos direitos, liberdades e garantias* significava, ali, regime dos direitos fundamentais; reciprocamente, segunda nota, todos os direitos fundamentais constantes desses projectos (direitos pessoais, direitos sociais e direitos civis e políticos) beneficiavam de um regime comum; terceira nota, esse regime comum era ali naturalmente designado como sendo o *regime dos direitos, liberdades e garantias.*

Numa declaração de voto dos deputados que representavam o PPD na Comissão de Sistematização, a que voltaremos, Jorge Miranda deixa-o claríssimo[12]:

[12] Cf. *Diário da Assembleia Constituinte,* nº 13, pág. 276.

*"Na nossa proposta de sistematização indicam-se quatro títulos: 'Princípios gerais', 'Direitos e deveres pessoais', 'Direitos e deveres sociais', 'Direitos e deveres políticos'. A explicação é simples.* ***Após a explicitação das regras comuns a todas as categorias de direitos,*** *são tratados sucessivamente aqueles que são inerentes à pessoa..., os direitos sociais...e os direitos políticos..."*. (sublinhado nosso).

Note-se que aquelas *regras comuns* constantes do projecto do PPD, aplicáveis, portanto, a *todas as categorias de direitos*, o que incluía, naturalmente, os direitos sociais, eram aquelas que vieram efectivamente a ser aprovadas e a figurar nos artigos 18º e 19º da Constituição. Adivinha-se então aí, e não é preciso ser astrólogo, a entrada da quinta peça do *puzzle*.

Ou seja, o problema grave com que nos confrontamos só surgiu quando no decorrer da elaboração da Constituição de 1976 se decidiu integrar substancialmente o contributo do PPD (expresso no tal regime dos *direitos, liberdades e garantias*) na sistematização inspirada no contributo do PS (onde, como vimos, se fazia a distinção entre direitos, liberdades e garantias, de um lado, e direitos económico-sociais, do outro).

Portanto, tendo-se acolhido a sistematização proveniente do PS onde *direitos, liberdades e garantias* significava *uma categoria de direitos*(título II com direitos, liberdades e garantias e título III com direitos económicos, sociais e culturais), fez-se anteceder esse texto de um título I proveniente essencialmente do projecto do PPD, isto é, o título onde, nas suas diferentes normas, se utilizava a expressão "direitos, liberdades e garantias" com um sentido substancialmente diverso, isto é, significando *todos os direitos fundamentais*.

Como se percebe, foi esta vicissitude que determinou o resultado que conhecemos e que constitui o *desastre* reflectido na nossa Constituição desde então: o regime dos direitos, liberdades e garantias (que, na altura, no projecto do PPD, era concebido, como não podia deixar de ser, como abrangendo todos os direitos fundamentais) *transformou-se*, potencialmente, no regime *só* dos direitos, liberdades e garantias de que falava o projecto do PS, ou seja, o regime dos direitos de liberdade, excluindo aparentemente os direitos sociais que ficariam simultaneamente privados de qualquer regime. Era a quinta peça do *puzzle*.

*b)* Pode parecer confuso, mas um exemplo, real, esclarece todas as dúvidas.

No projecto de Constituição do PPD dizia-se (artigo 9º, nº 1): "*As disposições constitucionais respeitantes aos direitos, liberdades e garantias são preceitos jurídicos directamente aplicáveis e vinculam as entidades públicas e os particulares*". No fundo, com pequenas alterações, corresponde quase integralmente ao actual artigo 18º, nº 1, da Constituição ("*Os preceitos constitucionais respeitantes aos direitos, liberdades e garantias são directamente aplicáveis e vinculam as entidades públicas e privadas*").

Porém, quando este enunciado foi recebido na Constituição, quase palavra por palavra, o texto continua o mesmo, mas o seu sentido normativo, aparentemente, muda radicalmente. É que, no projecto do PPD, como frisámos, "direitos, liberdades e garantias" significava *todos os direitos fundamentais* constitucionalmente consagrados (incluindo, portanto, como ali se dizia, *direitos pessoais, direitos sociais* e *direitos políticos*). Não havia qualquer diferença de regimes entre direitos fundamentais. Como acontecia em todos os Estados de Direito com Constituição formal, todos os direitos fundamentais tinham o mesmo regime e um único regime.

Portanto, o que se pretendia significar naquele enunciado era que todos os direitos fundamentais –sem excepção– eram directamente aplicáveis e vinculavam entidades públicas e privadas[13].

Já no texto da Constituição de 1976, como essa mesma expressão "direitos, liberdades e garantias" passara entretanto a significar outra coisa (*só* uma categoria específica de direitos fundamentais, os direitos de liberdade, distinta da categoria dos direitos sociais), aquele enunciado recebido do projecto do PPD passou a ser potencialmente interpretado de forma radicalmente distinta, isto é, como referindo-se, não a todos os direitos fundamentais, como era na origem, mas apenas a uma categoria de direitos fundamentais, os direitos de liberdade.

Logo, quando, finalmente, a doutrina tradicional passou efectivamente a interpretar a norma como significando que os princípios cons-

[13] No fundo, esse mesmo texto havia sido inspirado na Constituição alemã, com a diferença de que, desta, não constava a vinculação dos particulares aos direitos fundamentais. De resto, essa inovação *lusitana* é mais uma incursão do legislador constituinte português numa controvérsia doutrinária que se havia desenvolvido na Alemanha nas décadas anteriores. Cf. Jorge Reis Novais, *Direitos Fundamentais nas Relações entre Particulares*, Coimbra, 2018, págs. 19 e segs.

tantes deste preceito do artigo 18º, nº 1, da Constituição se aplicavam aos direitos, liberdades e garantias e *só* a eles, ou seja, excluindo os direitos fundamentais sociais –e com todos os outros enunciados que se referiam a direitos, liberdades e garantias passou-se exactamente o mesmo–, estava produzido o *desastre* dogmático a que nos vimos referindo, mas o *puzzle* ainda não está integralmente solucionado. Esta era a sua sexta peça, há uma ainda em falta.

Mas, aí está, já, a explicação da criação desse absurdo da singularidade da Constituição portuguesa que permanece até hoje por força da interpretação deficiente que a doutrina tradicional faz daqueles enunciados: os direitos, liberdades e garantias, agora considerados como uma categoria distinta dentro dos direitos fundamentais, teriam um regime e os direitos sociais, considerados embora como direitos fundamentais, teriam um outro, todavia desconhecido, ou não teriam sequer regime...

Foi, portanto, do projecto do PPD que se colheu o dito regime dos direitos, liberdades e garantias. E, assim, fica claro porque não existe regime dos direitos sociais: é que, nesse projecto do PPD, os direitos sociais integravam os *direitos, liberdades e garantias.* O regime era o mesmo para todos, como não pode deixar de ser e como é no *resto do mundo.* Como no texto da Constituição, *direitos, liberdades e garantias* já não incluíam os direitos sociais, então estes direitos, apesar de fundamentais, não só perderam a equivalência aos outros direitos fundamentais, como perderam também qualquer regime constitucional, o que é um absurdo. E, podemos concluir, passou a ser assim com base num equívoco, num erro, numa consequência do processo complexo de aprovação da Constituição, mas, sobretudo e decisivamente, com base na interpretação errónea feita pela doutrina tradicional.

Note-se como elementos circunstanciais permitem explicar deficiências que, objectivamente, já seriam compreensíveis no contexto político de aprovação de uma Constituição no curso de um processo revolucionário. De facto, a Constituição foi elaborada num contexto social e político já de si extremamente conturbado, mas, além disso, toda esta parte da Constituição foi aprovada na especialidade no período mais atribulado da época –o chamado *Verão quente* de 1975–, a sistematização da Constituição foi elaborada por uma Comissão e o texto em causa, por outras, com composições diferentes entre si; finalmente, a sistematização e o texto foram elaborados e aprovados em fases diferentes, sem uma visão de conjunto e sem uma reavaliação reflexiva dos resultados parciais.

A *culpa* do resultado é da Constituição e do legislador constituinte? Não, a nosso ver é da doutrina tradicional que passou a interpretar erroneamente as disposições constitucionais desvalorizando ou desconhecendo totalmente o seu processo de *nascimento*, a sua lógica e, sobretudo, ignorando a natureza constitucional dos direitos que foram acolhidos como direitos fundamentais.

## 2.3. A origem do artigo 17º: a tentativa de última hora de *maquilhagem* do desastre

*a)* É no seguimento deste processo de aprovação que, muito depois, praticamente já em Abril de 1976, a Comissão de Redacção da Assembleia Constituinte encarregada da redacção final, se vem a aperceber do *oxímoro dogmático* que ia entrar em vigor quando ele já estava prestes a ver a luz: pela primeira vez uma Constituição de Estado de Direito aprestava-se a ser aprovada com *dois sistemas* no domínio dos direitos fundamentais, ou seja, com um regime que é próprio dos direitos fundamentais, mas expressamente alocado apenas aos ditos direitos, liberdades e garantias; por sua vez, os restantes direitos fundamentais, apesar de serem reconhecidos como tal, nem beneficiariam do regime dos direitos fundamentais nem tinham qualquer regime atribuído.

Sobretudo, essa distinção absurda de regimes fazia-se com base em razões formais de sistematização e classificação, sem qualquer justificação material, muitas vezes dependendo apenas de escolhas arbitrárias de inserção sistemática ou de decisões simplesmente inadvertidas.

Não fazia qualquer sentido, como é hoje óbvio, nem seria possível descortinar a razão por que direitos fundamentais constitucionais com idêntica natureza, seja no plano global, seja na dimensão concreta e específica com que surjam num determinado caso jurídico, deveriam ser tratados de forma substancialmente distinta só pelo facto de estarem formalmente incluídos num ou noutro título da Constituição. Porém, já não era possível proceder a uma reformulação global, pelo que a solução que a Comissão de Redacção encontrou foi tentar *controlar os danos* através da proposta de um artigo novo, feito *ad hoc*, que nunca anteriormente fora proposto ou sequer pensado e muito menos discutido.

Então, sob proposta da Comissão de Redacção[14], já aquando da aprovação final da Constituição, em Abril de 1976, a Assembleia Constituinte viria a aprovar, sem qualquer discussão, o famigerado artigo 17º que, obviamente, era um artigo novo, não constava do projecto de qualquer partido, nunca tinha sido sugerido por qualquer Autor –quem se atreveria, imagine-se, a sustentar originariamente uma construção semelhante–, mas que, no fundo, constituía uma tentativa de *ultimíssima hora* para *esconder* o mau aspecto do absurdo evidente.

Não fazendo qualquer sentido distinguir regimes entre direitos fundamentais, pelo menos, dizia agora o artigo 17º, numa derradeira tentativa de salvar alguma racionalidade, o dito regime próprio dos direitos, liberdades e garantias não se aplicaria apenas aos enunciados no título II (os designados por direitos, liberdades e garantias). A que outros direitos se deveria, então, também aplicar? E a fórmula escolhida foi também uma *invenção* de momento: aplicar-se-ia, também, *aos direitos fundamentais dos trabalhadores, às demais liberdades e ainda a direitos de natureza análoga, previstos na Constituição e na lei.*

E assim se completou o cenário do *desastre* dogmático: a sétima peça, o *puzzle* solucionado.

*b)* No fundo, a dois equívocos somou-se uma tentativa de *solução* que se revelou rapidamente uma impossibilidade lógica.

Primeiro equívoco: a expressão *direitos, liberdades e garantias* foi recebida na Constituição com dois sentidos originários diversos. Ela significava, na tradição constitucional portuguesa, direitos fundamentais. Foi com esse sentido que foi utilizado no projecto do PPD quando aí se falava em *regime dos direitos, liberdades e garantias*, bem como nos projectos do PCP e do CDS. Porém, no projecto do PS, *direitos, liberdades e garantias* significava algo diverso, ou seja, significava uma categoria de direitos separada de uma outra, a dos direitos económico-sociais. Na Constituição de 1976 foi acolhida com o sentido que lhe dava o PS, mas fazendo-lhe

[14] Esta Comissão, que funcionou a partir de Fevereiro de 1976, foi também integrada por Jorge Miranda e Vital Moreira (que, juntamente com Carlos Lage, do PS, seriam os respectivos relatores). Tanto Jorge Miranda como Vital Moreira reivindicam a autoria material da iniciativa do artigo 17º. Para o primeiro, cf. Jorge Miranda, *Da Revolução à Constituição, Memórias da Assembleia Constituinte* Lisboa, 2015, págs. 376 e segs; para o segundo, ver *https://observador.pt/2015/06/02/afinal-pai-do-artigo-17-da-constituicao/amp/*.

aplicar um regime, recebido directamente do projecto do PPD e que só fazia sentido na acepção que o projecto do PPD dava a *direitos, liberdades e garantias*, isto é, significando *todos os direitos fundamentais*.

Segundo equívoco: quando o projecto do PPD criou um regime dos direitos, liberdades e garantias tal significava um regime aplicado a todos os direitos fundamentais, direitos de liberdade e direitos sociais. Ora, a Constituição acolheu um tal regime, mas quando a referência "direitos, liberdades e garantias" passou a significar só uma categoria especial de direitos fundamentais, então esse regime ficou expressamente alocado apenas a essa categoria de direitos fundamentais, isto é, aos direitos fundamentais na acepção que o projecto do PS dava a *direitos, liberdades e garantias*, o que privou toda a construção de qualquer racionalidade. Assim se criou algo de singular e único numa Constituição de Estado de Direito: direitos fundamentais de *primeira*, com um regime próprio e qualificado, e direitos fundamentais de *segunda* categoria, sem regime explícito e, logo, com um regime potencialmente diferente e desqualificado.

Uma impossibilidade: a tentativa de resolver o imbróglio assim criado através da *invenção* dos *direitos de natureza análoga*, isto é, ainda uma nova categoria, mas de regime incerto, tal como incerta era também a delimitação dos direitos a que se aplicava um ou outro regime e, mais ainda, o regime que seria aplicado à categoria residual (papel reservado ao artigo 17º).

Da *impossibilidade* não podia, por definição, sair qualquer solução e do *oxímoro* que o artigo 17º queria maquilhar saiu o *monstro dogmático* que temos hoje: um sistema com direitos fundamentais de *primeira*, de *segunda* e de *terceira*.

## 2.4. A revisão constitucional de 1982 e o artigo 17º

A revisão constitucional de 1982 tentou, mais uma vez, reduzir os *danos*, procurando, perante as dificuldades intransponíveis que imediatamente se revelaram, simplificar a busca e delimitação dos direitos a que deveria ser aplicado o regime tido como privilegiado dos direitos, liberdades e garantias. Para tanto, limitou a aplicação do dito regime próprio dos direitos, liberdades e garantias *aos enunciados no título II e aos direitos de natureza análoga*. Porém, toda esta construção era definitivamente irracional e irrecuperável.

Desde logo, para operar esta simplificação, o legislador da revisão de 1982 procedeu previamente à transferência para o título II –o que, no contexto hermenêutico já entretanto estabelecido, era considerado uma verdadeira *promoção*– dos direitos fundamentais dos trabalhadores (mas não de todos[15]) e das demais liberdades (mas não de todas[16]).

Porém, quando procede a este tipo de transferência/promoção, o legislador constituinte cria novos e irresolúveis problemas: por um lado, aumentando exponencialmente a diversidade dos direitos fundamentais que agora constam do título II, torna muito mais difícil ou verdadeiramente impossível determinar quais são os direitos de natureza análoga *aos enunciados no título II*; por outro, deixa absurdamente inexplicada a razão por que, tendo procedido à *promoção* de alguns direitos, continua a aplicar o regime dos direitos *promovidos* –pelo menos na interpretação mais comum– a outros que, na mesma altura, expressamente recusou *promover*, como o direito de propriedade ou a liberdade de iniciativa económica privada.

Assim, quando a doutrina dominante da época aceita acriticamente a construção do legislador constituinte fundada em dois equívocos e numa impossibilidade –e que, por isso, pode constituir uma construção doutrinária (má), mas nunca um sistema normativo– e a interpreta à letra nos termos descritos, não fez mais que perpetuar e acentuar os defeitos de uma construção intrinsecamente anómala e sem sustentação,

[15] Por exemplo, o direito à greve foi *promovido* ao título II, mas o direito a assistência quando em situação de desemprego ou o direito à retribuição ou o direito a férias pagas, não.

[16] Por exemplo, a liberdade sindical e o direito de tendência foram *promovidos* ao título II, mas o direito de propriedade não. Por sua vez, a liberdade de iniciativa económica privada foi transferida da organização económica, mas, apesar de nada ter a ver com direitos sociais, foi transferida para o título III, não para o título II. Diga-se que, além do mais, este último caso é verdadeiramente enigmático. Em princípio, sendo uma liberdade, dever-se-lhe-ia aplicar, antes de 1982, o pretenso regime especial dos direitos enunciados no título II, já que o artigo 17º o estendia às "demais liberdades". Porém, em 1982, podendo a livre iniciativa económica ser transferida para o título II, não foi; foi transferida, sim, mas para o título III. Significava isso que deixava de se lhe aplicar aquele regime ou, ao invés, continuaria a beneficiar dele, mas agora já não na qualidade de *demais liberdade*, mas na qualidade de *direito de natureza análoga* aos enunciados no título II? Mas, sendo assim, por que foi transferida para o título III e não para o II, já que, manifestamente, é uma *liberdade*, não um direito social?

sobretudo quando passou a estudá-la e a procurar aplicá-la como se fosse algo de natural quando enferma simplesmente, como procuraremos demonstrar, de uma total falta de sentido normativo coerente e aplicável.

No fundo, aquilo que a doutrina tradicional fez foi dar o *puzzle* (o desastre), isto é, a tripartição de direitos e de regimes, como normalidade e, sem questionar esse absurdo, investir no estudo e na decifração da *maquilhagem* do desastre –o significado do conceito de direitos de natureza análoga a direitos, liberdades e garantias. A Comissão de Redacção da Assembleia Constituinte procurou disfarçar o desastre no último momento; a doutrina tradicional ignorou o desastre e investiu tudo no estudo e na explicação do disfarce. E assim gerações de estudantes e de juristas passaram a ser formados na resolução de um *problema* que só existe em Portugal.

Se se disser a um recém-chegado jurista espanhol, alemão, italiano, sul-africano ou norte-americano que o principal e primeiro problema que os juízes portugueses têm para resolver numa qualquer questão de direitos fundamentais é saber se o direito constitucional em causa é um direito, liberdade e garantia ou é um direito de natureza análoga a direito, liberdade e garantia ele só poderá pensar que o absurdo que está a ouvir é um problema de comunicação, que algo se deve estar a perder na tradução.

# Capítulo II
# A Formação da Doutrina Tradicional Sobre Regime dos Direitos Fundamentais na Constituição Portuguesa

## 1. As opções do poder constituinte e a formação da doutrina tradicional

*a)* Acabámos de verificar como, a partir de projectos de Constituição naturalmente discutíveis, mas coerentes e defensáveis, surgiu historicamente uma construção que, como vamos demonstrar ao longo do trabalho, é essencialmente insustentada, contraditória, irracional e, enquanto tal, simplesmente inaplicável.

De facto, quando faziam parte do projecto de Constituição do PPD, as normas referentes ao regime dos direitos fundamentais –de resto, em grande medida inspiradas na Constituição alemã– tinham, é certo, uma natureza *declarativa*, mas eram justificadas, consistentes e coerentes. Entre outros afins, esses enunciados deixavam claro que os direitos fundamentais vinculam as entidades públicas, são directamente aplicáveis, não podem ser afectados no seu conteúdo essencial pelos poderes constituídos, nem por eles podem ser suspensos e não podem ser retroactivamente restringidos.

No fundo, dizia-se o óbvio de uma Constituição normativa europeia da segunda metade do século XX no que se refere aos direitos fundamentais; em 1950, na Alemanha, era mesmo necessário dizê-lo, não deixar dúvidas a propósito, uma vez que se pretendia inaugurar um novo constitucionalismo na Europa que invertesse um curso com mais de um século de não normatividade dos direitos fundamentais.

Em 1975 já não seria necessário repeti-lo, mas compreende-se, ainda assim, que se insistisse na ideia, até mesmo tendo em conta o lastro deixado entre nós por décadas de Estado autocrático. Não era necessário de um ponto de vista estritamente normativo, mas só haveria vantagem em deixar as coisas claras, em enunciar um regime aplicável às normas constitucionais de direitos fundamentais.

Por exemplo, quando no projecto de Constituição do PPD se dizia (artigo 10º, nº 4) "*é vedado aos órgãos de soberania, conjunta ou separadamente, suspender os direitos, liberdades e garantias constitucionais, salvo em caso de estado de sítio declarado na forma prevista na Constituição*", isso pretendia significar e significava que nenhum direito fundamental (direito de liberdade ou direito social) previsto na Constituição podia ser suspenso, a não ser em estado de sítio.

A norma fazia todo o sentido e, no fundo, a sua utilidade, para além de confirmar o óbvio em Estado constitucional, era apenas a de abrir uma excepção à normalidade que decorria da superioridade das normas constitucionais relativamente aos poderes constituídos; essa excepção era a possibilidade de suspensão em estado de sítio.

Era esta norma necessária? Era relativamente à excepção que introduzia, já que, relativamente à supremacia das normas constitucionais (os órgãos de soberania não poderem suspender os direitos fundamentais), essa decorria da própria existência de uma Constituição em sentido formal. Diga a Constituição o que disser sobre regimes, classificações, sistematizações, desde que estejamos em Estado de Direito com Constituição formal e rígida, os poderes constituídos não podem suspender a vigência das normas constitucionais, não podem, portanto, suspender o exercício dos direitos fundamentais constitucionais, de quaisquer deles. Obviamente, os poderes constituídos não podem suspender a vigência das normas constitucionais.

E, pode-se dizer, algo análogo se passava com todas as restantes normas que compunham o regime dos direitos fundamentais (ou dos "direitos, liberdades e garantias", como ali eram chamados todos os direitos fundamentais): esclareciam algumas dúvidas, reafirmavam a supremacia dos direitos fundamentais, mas, em rigor, mesmo que não tivessem sido consagradas, sempre seriam aplicadas, uma vez que decorriam, por natureza, da existência de um Estado de Direito. Ser direito fundamental, ser norma constitucional, significa precisamente o que ali se dizia.

Portanto, quando os enunciados em causa foram propostos no projecto de Constituição do PPD –e falamos especialmente desse projecto porque foi dele que foram retiradas as normas deste domínio acolhidas no texto constitucional– eles tinham um sentido normativo claro e coerente, quer da perspectiva da intencionalidade que lhes deu origem quer de um ponto de vista objectivo. Tais normas foram queridas para serem aplicadas a todos os direitos fundamentais e para explicitarem a supremacia e efectividade dos direitos fundamentais relativamente aos poderes constituídos e correspondiam à afirmação implícita da supremacia das normas constitucionais de direitos fundamentais numa ordem jurídica de Estado de Direito. Não eram estritamente necessárias, seriam sempre aplicadas mesmo que a Constituição nada dissesse, mas não havia qualquer incoerência na correspondente proposta.

Porém, quando tais enunciados foram recebidos, *ipsis verbis*, no texto da Constituição em 1976, o respectivo sentido normativo mudou potencialmente pois, como vimos, se no texto do projecto do PPD *direitos, liberdades e garantias* significava todos os direitos fundamentais, algo mudou quando no texto da Constituição, em rigor, *direitos, liberdades e garantias* passou a significar apenas uma categoria de direitos fundamentais, os direitos de liberdade.

A origem e as razões desta *viragem* já as localizámos no ponto anterior –tudo resultou de se ter acoplado, neste domínio, o projecto do PPD ao projecto de Constituição do PS–, pelo que a expressão *direitos, liberdades e garantias* foi recebida com dois sentidos potencialmente diversos.

Logo, quando o legislador constituinte, em termos objectivos, restringiu aparentemente o âmbito de aplicação do regime dos *direitos, liberdades e garantias* constante do projecto de Constituição do PPD e passou a dizer, na interpretação que lhe deu a doutrina tradicional dominante, que aquelas normas de natureza declarativa, naturalmente e por definição aplicáveis a todos os direitos fundamentais, só valem, entre nós, para alguns direitos fundamentais e não para todos, para algumas normas constitucionais e não para todas, aí já não está apenas a *declarar* algo que deriva da natureza dos direitos fundamentais em Constituição normativa; aí entraria, na realidade, a fazer doutrina e, a nosso ver, necessariamente má doutrina se os enunciados em causa forem interpretados com o sentido restritivo que lhes deu a doutrina tradicional.

E assim se chegou ao porquê de só a Constituição portuguesa conter algo do género, do porquê de haver entre nós, e só entre nós, três *categorias* de direitos fundamentais, supostamente com um regime especial para cada uma.

*b)* Sabemos como surgiu esta doutrina e porquê, sabemos como dois professores de Direito, na altura deputados e, não por acaso, membros dos partidos de cujos projectos de Constituição constava a existência de um único regime naturalmente aplicável a todos os direitos fundamentais –o PPD e o PCP, respectivamente para Jorge Miranda e Vital Moreira–, procuraram remediar *ad hoc*, e sem qualquer ulterior discussão por parte dos deputados à Constituinte, um absurdo normativo.

Fizeram-no, como vimos, através de uma solução que poderiam perfeitamente sustentar no ensino universitário sobre a Constituição e que, na sua base, partia de algo quase natural: se dois direitos possuem a mesma natureza ou natureza análoga, devem ser tratados da mesma maneira ou de maneira análoga. Todavia, no contexto em que foi adoptada, essa proposta –a *solução* dos *direitos de natureza análoga* plasmada no referido artigo 17º– constituía uma doutrina singular sob forma de norma constitucional e que acabou deformada e, finalmente, *devorada* pela natureza normativa de que foi artificialmente revestida. Com efeito, se numa redacção infeliz desse artigo 17º era a própria Constituição que falava num regime especial dentro da Parte dos direitos fundamentais, o dos direitos, liberdades e garantias, então a doutrina só teria de seguir a Constituição.

Ora, o legislador faz normas; sobre essas normas compete à doutrina elaborar interpretativamente. Quando o legislador se mete a fazer doutrina sob forma normativa, sai necessariamente má norma e, com grande probabilidade, má doutrina. São vários os exemplos na Constituição portuguesa e todos eles de consequências desastrosas que perduram no tempo[17]. Por sua vez, quando a doutrina olha para aque-

[17] Assinalamos alguns constantes do artigo 18º: a ideia da vinculação das entidades privadas pelos direitos fundamentais, em princípio, vista como equiparada à vinculação das entidades

les enunciados e os trata acriticamente como normas replica, simplesmente, a má doutrina, mesmo quando pensa que está a aplicar a Constituição.

Se a Constituição portuguesa não tivesse os artigos 17º e 18º não se teria perdido absolutamente nada e a Constituição seria, neste domínio, perfeitamente equiparável às demais Constituições de Estado de Direito e, na actualidade, à Carta Europeia dos Direitos Fundamentais. Com estes dois artigos, na interpretação que lhes foi conferida pela doutrina tradicional, criou-se um *monstro dogmático*, o que se traduz na existência de *uma Constituição e dois sistemas*.

Por exemplo, na altura, em 1976, o princípio da proibição do excesso ainda não tinha sido expressamente acolhido no artigo 18º, nº 2, da Constituição, segundo o qual, a lei só podia restringir os direitos fundamentais quando tal fosse necessário para prosseguir outros bens constitucionais; essa parte só veio a ser incluída na revisão constitucional de 1982. Mas, em Estado de Direito, esse princípio da proporcionalidade ou da necessidade aplica-se sempre, mesmo que a Constituição nada diga; é uma exigência de Estado de Direito.

Logo, é óbvio que o princípio da proporcionalidade, mesmo não expressamente consagrado na versão originária da Constituição, se aplicou igualmente, com plena vigência, entre 1976 e 1982 e o mesmo teria acontecido com as restantes normas do artigo 18º se, por hipótese, não tivessem sido expressamente consagradas na versão originária da Constituição de 1976. Se não existisse o artigo 18º nada se perdia normativamente. Tais enunciados tinham uma natureza essencialmente declarativa, na medida que são inerentes à própria noção de direitos fundamentais numa Constituição normativa de Estado de Direito.

Mas, perguntar-se-á, qual o problema de as ter consagrado? Nenhum, se entretanto a doutrina tradicional não tivesse invertido toda esta lógica. É que, simplesmente, a sua consagração nos termos em que foi feita, ou seja, como respeitando aos *direitos, liberdades e garantias* –e a origem

públicas; a ideia de que os direitos fundamentais só podem ser restringidos se tal estiver expressamente previsto na Constituição; a ideia de que os direitos fundamentais só podem ser restringidos se tal for necessário para proteger interesses de valor constitucional. Todos eles erros doutrinários sob forma normativa e, por isso mesmo, constantes de normas que, pura e simplesmente, não podem ser aplicadas na prática de uma ordem jurídica de Estado de Direito.

desta *restrição* já a explicámos– serviu à doutrina tradicional para concluir, erroneamente, que tais normas não seriam aplicadas aos direitos sociais, que formariam um regime especial e exclusivo dos *direitos, liberdades e garantias*, o que é um absurdo teórico e prático. Significaria que o legislador poderia restringir excessiva e desproporcionalmente os direitos sociais. Mas, como seria tal admissível em Estado de Direito que acolheu os direitos sociais em normas de valor constitucional?

*c)* Deve-se reconhecer, de qualquer modo, que as opções do legislador constituinte –apesar de terem nascido, na realidade, de dois equívocos e de uma impossibilidade– foram, na altura, efectivamente aceites pelos dois grandes partidos, PS e PPD, e foram o resultado possível dos consensos e disputas político-constitucionais perfeitamente compreensíveis no contexto da época, o que explica em alguma medida a facilidade e a forma acrítica com que a doutrina tradicional os acolheu posteriormente, mas nunca poderia explicar a interpretação restritiva e errónea que lhes conferiu, ou seja, a de que aqueles princípios não seriam aplicáveis aos direitos sociais.

Designadamente, a "superioridade" ou o "privilégio" tacitamente atribuídos aos direitos de liberdade correspondiam a dois tipos de preocupações. A primeira era própria de uma ordem constitucional que sucedia à antiga ordem ditatorial negadora dos direitos fundamentais, especialmente os políticos, e fundamentava-se numa aspiração de garantia efectiva e imediata das liberdades. O peso das décadas de uma ordem jurídica antiliberal não deveria sobrepor-se a essa aspiração de realização imediata, isto é, o vazio ou a eventual inércia do legislador ordinário não deveriam resultar, desde o primeiro momento, em desfavor da liberdade constitucionalmente instituída.

Assim, prescrevia-se, por exemplo, que a liberdade e a sua garantia jurídico-constitucional através dos correspondentes direitos fundamentais eram de aplicação imediata e incondicional: os direitos de liberdade seriam directamente aplicáveis a partir da sua consagração constitucional e vinculavam todas as entidades públicas e privadas[18] independen-

[18] Sobre o alcance e as dificuldades inscritas nesta ideia de vinculação das entidades privadas –também ela singular no panorama do constitucionalismo mundial e não menos problemática– não nos pronunciamos aqui. Desenvolvemos o tema em Jorge Reis Novais, *Direitos Fundamentais nas Relações entre Particulares*, Coimbra, 2018.

temente da eventual e provável ausência transitória da sua conformação jurídica legal no período que imediatamente se seguia à aprovação da Constituição. Além do mais, era natural que numa sociedade em reconstrução política e social o legislador reagisse com atraso às necessidades de regulação legislativa concretizada do exercício das novas liberdades.

A afirmação constitucional da respectiva aplicabilidade directa (artigo 18º, nº 1) respondia, de resto, ao receio de se prolongar ou de se reproduzir a "entrega" dos direitos fundamentais ao legislador ordinário que caracterizara a realidade constitucional no regime anterior, reafirmando o consenso político e constitucional em torno do novo lema que estruturava igualmente a renovação do constitucionalismo europeu a partir da segunda metade do século XX: não mais direitos fundamentais à medida da lei, mas sim lei à medida dos direitos fundamentais.

No entanto, a assunção deste lema apresentava, entre nós, uma dificuldade que não tivera de ser resolvida nas experiências constitucionais em que os constituintes buscaram inspiração e que consistia, precisamente, na presença dos direitos sociais na Constituição portuguesa enquanto direitos fundamentais. É certo que na Lei Fundamental alemã se dizia que os direitos fundamentais vinculavam os poderes públicos enquanto Direito directamente aplicável, mas, dada a ausência da maior parte dos direitos sociais do texto constitucional alemão, aquilo que, no fundo, se impunha à observância directa das entidades públicas eram sobretudo direitos de liberdade.

Já em Portugal, a presença imponente dos direitos sociais como direitos fundamentais no texto constitucional suscitava esse problema especificamente *português*: como impor a vinculatividade directa e imediata dos direitos fundamentais atendendo à especificidade própria de um tipo destes direitos, precisamente, os direitos sociais?

Com efeito, uma vez que a efectividade dos direitos sociais dependia inicialmente de uma intermediação do legislador, a partir do momento em que aos direitos sociais fora também reconhecido o estatuto constitucional de direitos fundamentais, considerou-se adequado distinguir. Podiam o direito à saúde, à habitação, ao ensino, ao trabalho ser directamente aplicáveis mesmo enquanto não houvesse lei que explicitasse as garantias e as prestações em que eles se traduziam?

Naturalmente, no contexto, a aplicabilidade directa dos direitos sociais não se podia traduzir, imediatamente, na invocabilidade directa da sua dimensão prestacional, ou seja, pela sua própria natureza, os direitos sociais eram, na sua plenitude, direitos fundamentais de realização diferida no tempo; logo, uma restrição da aplicabilidade directa aos ditos direitos, liberdades e garantias compreendia-se e, eventualmente, justificava-se nessa aspiração de imediata e efectiva aplicabilidade dos direitos de liberdade.

Portanto, sem questionar a racionalidade e a plausibilidade dogmática da instituição de regimes diferenciados dentro dos direitos fundamentais, uma atitude condescendente face a esta opção servia instrumentalmente a aspiração de aplicação imediata dos direitos de liberdade e reunia o consenso mesmo da parte dos que haviam apostado decisivamente na jusfundamentalização dos direitos sociais.

*d)* Comparando os respectivos projectos de Constituição com o resultado final que acabou por ser plasmado na Constituição, o PS acabou por aceitar a jusfundamentalização expressa dos direitos sociais –já que no seu projecto inicial de Constituição não constava essa natureza– e, por sua vez, o PPD abandonou o tratamento unitário das várias categorias de direitos fundamentais[19].

Em declaração de voto na reunião plenária de 4 de Julho de 1975, sobre a aprovação de uma sistematização baseada na contraposição entre direitos, liberdades e garantias e direitos económicos, sociais e culturais, dizia Jorge Miranda em declaração de voto apresentada em nome do PPD[20]:

> "*Na nossa concepção, a pessoa (ou a liberdade) não se esgota no usufruir dos direitos consagrados pelas revoluções liberais. Temos todo o apreço por estes direitos, e não transigimos na sua defesa, mas entendemos que a liberdade –para ser a de todos e não apenas a de alguns, e para traduzir a dimensão*

[19] Posteriormente, alguns dos deputados do PPD viriam mesmo a aderir e a sustentar a ideia do escalonamento e dos regimes diferenciados dentro dos direitos fundamentais. Cf., assim, Melo Alexandrino, *A Estruturação do Sistema de Direitos, Liberdades e Garantias na Constituição* Portuguesa, I, Coimbra, 2006, págs. 589 e segs.

[20] Cf. a transcrição do *Diário da Assembleia Constituinte*, nº 13, pág. 274-277, em Jorge Miranda (org.), *Fontes e Trabalhos Preparatórios da Constituição*, II volume, Lisboa, 1978, págs. 524 e segs.

*comunitária do homem– exige os direitos sociais, económicos e culturais que as Constituições e as grandes Declarações de Direitos do século XX têm vindo a consagrar, em grau cada vez mais elevado. ...*

***A nossa visão desta parte do texto constitucional não pode, portanto, deixar de ser profundamente unitária e global.*** *Uns preceitos implicam outros preceitos, uns direitos implicam outros direitos e reflectem-se em deveres de prestação activa ou de mero respeito por parte do Estado ou das outras pessoas. Aliás, as normas constitucionais relativas aos direitos fundamentais deverão ter eficácia tanto no respeitante a todas as autoridades públicas –que vincularão, enquanto tais, directamente –como no respeitante aos particulares. ...*

*A Comissão preferiu, todavia, distinguir apenas entre direitos, liberdades e garantias na concepção clássica, por um lado, e os direitos e deveres económicos, sociais e culturais na concepção mais avançada, por outro lado. É uma distinção impressiva e com boas razões histórico-políticas a seu favor; só não a julgamos a mais perfeita dentro da perspectiva que perfilhamos."* (sublinhados nossos[21]).

A necessidade de garantir a aplicabilidade imediata e directa dos direitos de liberdade explicava a consagração específica de um regime constitucional próprio deste tipo de direitos, ao mesmo tempo que, relativamente aos direitos sociais, uma efectividade de realização gradual e diferida no tempo permitia compreender a não inclusão expressa naquele regime e encontrava contrapartida noutro tipo de garantias, precisamente, as que se manifestavam na enunciação mais pormenorizada e detalhada, para cada direito social, de deveres estatais orientados à sua realização, bem como na enunciação de um princípio geral referente às garantias e condições da sua efectivação[22].

[21] O sublinhado que aqui fazemos é importante, de tal forma a doutrina tradicional distorceu profundamente aquilo que era a compreensão dos direitos fundamentais em Estado de Direito e, naturalmente, também entre nós. Hoje, uma dogmática unitária como a que defendemos – na linha directa desta compreensão **profundamente unitária** de que falava Jorge Miranda, em nome dos deputados do PPD, é considerada pela doutrina tradicional um *extremismo* (veja-se, CATARINA S. BOTELHO, *Os Direitos Sociais em Tempos de Crise ou Revisitar as Normas Programáticas*, Coimbra, 2015, *maxime*, págs. 290 e segs, pág. 318).

[22] Cf., assim, o artigo 50º da versão originária da Constituição: "*A apropriação colectiva dos principais meios de produção, a planificação do desenvolvimento económico e a democratização das instituições são garantias e condições para a efectivação dos direitos e deveres económicos, sociais e culturais*".

E aí entra o segundo tipo de preocupação, ainda mais directamente política, embora mais simbólica, subjacente à diferenciação operada pelo legislador constituinte. É que, não obstante o consenso sobre um elenco abrangente de direitos fundamentais sociais derivados igualmente da dignidade da pessoa humana, era latente na sociedade portuguesa da época o conflito, mais ou menos estridente, entre modelos opostos e conflituantes de organização social e política e, particularmente, o conflito entre os defensores do *modelo ocidental* de Estado de Direito, mais *social* ou mais *liberal*, e os que propugnavam, de forma mais ou menos difusa, um Estado de novo tipo, *social* e *anticapitalista*[23].

No *mundo* dos direitos fundamentais, uns e outros tendiam geralmente, de forma quase natural, a colocar a tónica, respectivamente, *mais* nos direitos de liberdade ou *mais* nos direitos sociais. Ora, também aí a Constituição reflectiu –e, considerando a cronologia de aprovação dos textos em causa, antecipou–, de algum modo, a vitória político-militar que o primeiro *bloco* viria a alcançar no 25 de Novembro de 1975: se o conflito tivesse que ser transposto para o campo jurídico-constitucional e, especificamente, para o domínio dos direitos fundamentais, então aquela vitória reflectir-se-ia, como aconteceu, no privilegiar, patente na sistematização e no regime, dos direitos de liberdade face aos direitos sociais.

## 2. A doutrina tradicional e um incómodo: os direitos sociais como direitos fundamentais

*a)* Como temos dito, o problema dogmático que aqui nos ocupa não é a sistematização ou a classificação dos direitos fundamentais; essa é uma questão menor que não chega a constituir um problema. Poderia sê-lo, como vimos atrás, se a Constituinte, tendo adoptado a sistematização constante do projecto de Constituição do Partido Socialista, a

[23] Cf., assim, as diferentes perspectivas de GOMES CANOTILHO/VITAL MOREIRA, *Constituição da República Portuguesa Anotada*, 1ª ed., Coimbra, 1978, págs. 50 e segs; JORGE MIRANDA, *A Constituição de 1976*, Lisboa, 1978, págs. 334 e segs; MARCELO REBELO DE SOUSA, *Direito Constitucional*, Braga, 1979, págs. 159 e seg, pág. 173; VIEIRA DE ANDRADE, *Os Direitos Fundamentais na Constituição Portuguesa de 1976*, 1ª ed., Coimbra, 1983, págs. 66 e segs.

tivesse recebido como ela foi proposta, sem alterações. Assinalámos já que esse projecto assentava numa ambiguidade: distinguia, em termos de sistematização, os "direitos, liberdades e garantias fundamentais do cidadão" dos "direitos e deveres económico-sociais", mas atribuindo expressamente a qualidade de direitos fundamentais apenas aos primeiros. Como vimos, a Constituinte adoptou a divisão sistemática constante do projecto de Constituição do Partido Socialista –direitos, liberdades e garantias e direitos económicos, sociais e culturais, nos títulos II e III da primeira parte da Constituição–, mas com uma diferença significante, ou seja, atribuindo a todos os direitos, sejam de liberdade ou sejam sociais, a natureza de direitos fundamentais.

Assim sendo, o tema da classificação e da sistematização dos direitos fundamentais perdeu relevância directa, enquanto tal. Importante e decisiva foi a questão criada com o *regime* dos direitos fundamentais.

*b)* Porém, também quanto ao regime não é de alguma forma problemática a afirmação constitucional de um conjunto de princípios que são aplicáveis aos direitos de liberdade, os ditos direitos, liberdades e garantias. Não seria, como dissemos, necessário fazê-lo, mas da declaração correspondente não viria qualquer mal. Há Constituições de Estado de Direito que contêm esse tipo de afirmação, outras donde estão ausentes essas referências, mas, num ou noutro caso, é óbvio que os direitos fundamentais, incluindo, portanto, a categoria dos direitos de liberdade, usufruem da protecção do princípio da igualdade, da proporcionalidade, da protecção da confiança, da dignidade da pessoa humana e de outros princípios estruturantes.

O problema só surge na Constituição portuguesa quando algumas opções da Assembleia Constituinte abriram espaço para a implícita adopção do lema *uma Constituição, dois sistemas,* isto é, a interpretação segundo a qual a mesma Constituição teria produzido intencionalmente um regime para os ditos direitos, liberdades e garantias e, aparentemente, um outro para os direitos sociais ou para alguns deles.

Ora, quanto a esta questão do *regime dos direitos fundamentais*, uma interpretação constitucionalmente adequada do sistema construído na Assembleia Constituinte nunca poderia ter ignorado os dados históricos, normativos e de facto, destacados no ponto anterior e directamente relacionados com a elaboração do texto constitucional.

Vimos como se chegou à base normativa que proporcionou a interpretação adoptada pela doutrina tradicional, mas, para além das vicissitudes mencionadas, que explicam o seu surgimento e que, por si só, enfraquecem a hipótese de identificação de uma construção consistente sobre diferenças de regimes entre os direitos fundamentais na Constituição, importa notar que o próprio texto constitucional nunca assume a existência dos *dois sistemas*.

Isto é, a Constituição não diz que há direitos sociais com um regime diverso dos outros direitos fundamentais e, consequentemente, nunca diz qual seria o conteúdo desse pretenso regime aplicável a alguns direitos sociais. Por isso, aquela conclusão não é, em última análise, obra do legislador constituinte, mas sim da doutrina.

Reconhecendo que, objectivamente, o legislador constituinte abriu a porta àquela interpretação, os louros devem ser atribuídos a quem os merece, no caso, à doutrina tradicional que fez, precisamente, a seguinte interpretação que criticamos e com que a caracterizamos: os direitos sociais (pelo menos os que não forem considerados *direitos de natureza análoga*) têm um regime diferente –e, diga-se, entendido como *enfraquecido, desqualificado*– relativamente ao regime dos direitos, liberdades e garantias. Logo, partindo da existência de uma diversidade de regimes dentro dos direitos fundamentais, conclui a doutrina tradicional que, para resolver um problema jurídico de direitos fundamentais, necessitamos previamente de classificar o direito em causa para deduzirmos, em consequência, qual o regime que lhe aplicamos, o que é uma novidade absoluta em termos de Direito constitucional comparado e, mais que isso, é um absurdo incompatível com a existência de direitos sociais constitucionalmente acolhidos como direitos fundamentais.

E, se hoje podemos identificar esta posição como associada a uma corrente doutrinária –contraposta à posição que sustentamos–, deve-se dizer que durante muito tempo não foi considerada assim; a doutrina tradicional era simplesmente vista como uma consequência lógica e inevitável das opções tomadas pelo legislador constituinte.

Com efeito, apesar da complexidade que hoje reconhecemos à estruturação constitucional do nosso sistema de direitos fundamentais e da sua duvidosa exequibilidade dogmática, não era essa a sensação dos juristas da época quando faziam uma primeira leitura da Parte I da Constituição de 1976. De alguma forma, pode-se dizer que essa *tranqui-*

*lidade* na abordagem jurídica do sistema de direitos fundamentais era igualmente motivada por uma forçada ausência e, logo, um desconhecimento generalizado do Direito Constitucional nas décadas do regime anterior, pelo que mesmo as novidades mais surpreendentes surgiam, no pós-25 de Abril, como naturais. As dificuldades eram primeiramente imputadas à falta de (in)formação do leitor e só já muito depois, com o aprofundamento dos temas, as próprias soluções encontradas pelo legislador constituinte foram postas em causa.

Então, na época aceitava-se pacificamente a presunção de uma intenção constituinte em conferir aos direitos de liberdade um regime jurídico-constitucional de protecção especial, o chamado regime específico dos direitos, liberdades e garantias de que falam os Autores, diferente do regime aplicável aos direitos sociais, pelo que haveria, primeiro, que *classificar* e, em seguida, *diferenciar*.

Mais rigorosamente, o procedimento canónico era ainda mais complexo. Como o legislador constituinte introduzira igualmente a noção de *direitos de natureza análoga* aos direitos, liberdades e garantias, primeiro caberia identificar os direitos enunciados no título II a que seria aplicável o regime dos direitos, liberdades e garantias; depois, verificar quais dos restantes direitos tinham natureza análoga àqueles e estender-lhes, embora com discussão sobre eventuais diferenciações, a aplicação do mesmo regime; por último, restaria uma categoria residual formada pelos restantes direitos (sociais) sobre cujo regime nada se dizia ou sabia.

Nesse quadro constitucional, a doutrina parecia, todavia, simples e exequível, porque se partia da existência, indiscutível, de um regime de protecção privilegiada dos direitos, liberdades e garantias não generalizável a todos os direitos fundamentais. Então, qualquer operador jurídico deveria poder imediatamente, a partir da leitura mais linear da Constituição, concluir quais eram uns e outros direitos (os direitos, liberdades e garantias estão consagrados no título II da Parte I da Constituição e os direitos económicos, sociais e culturais surgem a seguir, no título III) e, consequentemente, resolvido o problema *intermédio* de identificação dos *direitos de natureza análoga*, saberia a que direitos aplicar o referido regime de protecção privilegiada.

Por outro lado, apurar esse regime também não aparentava constituir dificuldade especial, uma vez que a própria Constituição identificava e discriminava o essencial do regime material no artigo 18º (*força jurídica*) e no artigo 19º (*suspensão*) e, quando dispersava por outras disposições e partes da Constituição o restante regime material, mas também o regime orgânico e o regime de revisão constitucional, constava sempre dos respectivos enunciados normativos a referência expressa de aplicação das correspondentes disposições aos ditos "direitos, liberdades e garantias" (foi assim nos artigos 20º, nº 5, 21º, 22º, 165º, nº 1, b), 272º, nº 3, 288º, d)).

*c)* Contudo, as coisas eram bem mais complexas do que poderia ser sugerido por estas distinções simplistas e o que é mais impressionante é como hoje, decorridas décadas, este procedimento continua a ser reproduzido, incluindo na jurisprudência do Tribunal Constitucional.

Voltaremos, com desenvolvimento, à explicação de porquê a delimitação dos direitos a que não se aplicaria o dito regime de protecção privilegiada era insusceptível de ser bem resolvida pela doutrina que aceitasse acriticamente esta construção e porquê, mesmo que fosse possível proceder a uma delimitação plausível desse conjunto de direitos, tal de nada adiantaria pois, simplesmente, o dito regime é, por natureza, próprio de qualquer direito fundamental constitucional.

É que, no fundo, o que está em causa não é o regime dos direitos, liberdades e garantias. Esse regime, considerado específico, é o regime próprio dos direitos fundamentais em qualquer Estado de Direito, pelo que a sua aplicação aos ditos direitos, liberdades e garantias será pacificamente reconhecida. Não há, aí, qualquer dificuldade. Aquilo que não se apurava em caso algum simplesmente através das opções explicitadas pelo legislador constituinte, mesmo que todos os outros problemas fossem adequadamente resolvidos –designadamente a delimitação dos ditos *direitos de natureza análoga*–, era saber qual seria, finalmente, o regime aplicável à categoria residual dos direitos fundamentais que, na prática, era vista como sendo constituída pela generalidade dos direitos sociais.

No exemplo dado, quando se diz, agora na Constituição, que "os órgãos de soberania não podem suspender os direitos, liberdades e garantias...", qual a norma diferenciada que deve ser extraída no que se refere aos direitos sociais? Que podem ser suspensos pelos poderes constituídos em qualquer altura? Que nunca podem ser suspensos?

De facto, o sentido normativo daquele enunciado *importado* do projecto de Constituição do PPD pode ter mudado potencialmente, mas não deixa de requerer uma interpretação constitucionalmente adequada. Já vimos que, naquela origem, "direitos, liberdades e garantias" significava, simplesmente, todos os direitos fundamentais. Mas quando o projecto inicial foi modificado com a adopção da sistematização referida, como deve ser interpretado um enunciado daquele tipo que consagra um regime de suspensão exclusivamente referido só a uma parte dos direitos fundamentais? Significa ele que os direitos fundamentais que não forem direitos, liberdades e garantias podem ser suspensos pelos órgãos de soberania, como poderia ser, e por vezes é, erroneamente deduzido *a contrario*?

Seria um absurdo. Quando o enunciado foi criado e proposto tinha uma abrangência generalizada a todos os direitos fundamentais, como não podia deixar de ser. E quando a Constituição o acolheu, perdeu essa abrangência? É verdade que o texto da Constituição só se refere a direitos, liberdades e garantias, uma categoria especial de direitos fundamentais, mas significa isso que o princípio em causa não se aplica aos restantes direitos fundamentais? Não pode ser, já que tal constituiria, de facto e de direito, um absurdo porque as normas constitucionais, todas elas, por definição, não estão à mercê dos órgãos de soberania, não podem ser suspensas enquanto vigorarem.

De resto, a Constituição não diz que os restantes direitos fundamentais podem ser suspensos; simplesmente, a Constituição não diz nada. O que acontece é que, no silêncio da Constituição sobre o problema –que vimos já por que razão ocorreu–, quem o passa a *dizer*, implicitamente, é a doutrina tradicional, não é a Constituição. Para a doutrina tradicional, todas as normas do regime dos direitos, liberdades e garantias só seriam à partida aplicáveis aos direitos de liberdade, não aos direitos sociais.

Ora, quando se conclui que os mesmos juízos podem ser feitos para todas as normas que compõem o dito regime material dos direitos, liberdades e garantias, foi este absurdo que, insensivelmente, deu corpo à doutrina tradicional portuguesa dos direitos fundamentais: um *sistema* para os direitos de liberdade, um outro *sistema* para os direitos sociais. *Uma Constituição, dois sistemas.*

Foi a Constituição que consagrou os dois sistemas? Não, a Constituição estabeleceu o regime dos direitos, liberdades e garantias e é verdade que pretendeu conferir-lhes uma protecção privilegiada. Mas, significava isso que o mesmo regime não fosse aplicável aos direitos sociais?

Não pode ser, porque isso não é normativa e objectivamente possível, já que, para efeitos da sua supremacia relativamente aos poderes constituídos e às normas ordinárias, não é possível distinguir entre normas constitucionais de *primeira* e de *segunda*. Quem criou esse absurdo não foi a Constituição, foi a doutrina tradicional.

A Constituição não diz, efectivamente, qual o regime dos direitos sociais. Sobre essa matéria o que temos é um silêncio do texto constitucional e já vimos porque tal ocorreu na Assembleia Constituinte. O *silêncio* da Constituição sobre o regime dos direitos sociais resultou, simplesmente, como vimos, do facto de se ter restringido o âmbito de abrangência do conjunto *direitos, liberdades e garantias* relativamente ao conjunto visado pela redacçãooriginária da norma. A doutrina tradicional transformou, assim, o regime residual dos direitos sociais num *buraco negro*.

Porém, não é por esse facto que os direitos sociais deixam de ser direitos fundamentais e que devem continuar a ser aplicados enquanto tal. A Constituição não diz qual o seu *regime*, nem tem de o dizer. Cabe à doutrina dizer o que significa ser um direito fundamental e à jurisprudência aplicar os direitos sociais como direitos constitucionais, como direitos fundamentais. Veremos, todavia, quando tratarmos directamente o problema, como a jurisprudência constitucional acabou por ser uma cúmplice, inadvertida e ingénua, dos desmandos dogmáticos originariamente imputáveis à doutrina[24].

O problema, entre nós, é que a doutrina tradicional se encarregou, consciente ou inconscientemente, de criar interpretativamente, no silêncio da Constituição, os *dois sistemas*, tratando objectivamente os direitos sociais como se não fossem direitos fundamentais, de valor constitucional. E mesmo quando colocada perante a evidência, mesmo quando forçada a reconhecer que todo o regime material dos direitos, liberdades e garantias se aplica indiferenciadamente a todos os direitos fundamentais –tal como foi criado na sua origem e na respectiva proposta à Assembleia Constituinte– continua a considerar a dogmática unitária dos direitos fundamentais como sendo um *extremismo*. Em seu entender, o primeiro e principal problema que a dogmática de aplicação dos direitos fundamentais em Portugal teria de resolver seria sempre o

[24] Cf., *infra*, cap. V.

inevitável: *é um direito, liberdade e garantia ou um direito de natureza análoga ou é um direito social?*

E, aqui chegados, a grande dificuldade da doutrina tradicional fica evidente quando conclui estar perante um direito social a que não deva estender o regime dos direitos enunciados no título II. Como *tratá-lo*, nessa altura? Não pode deixar de o considerar um direito fundamental, porque a própria Constituição não deixa dúvidas a respeito. Mas não o pode tratar como um direito, liberdade e garantia, porque, pretensamente, a Constituição optou diferentemente. Como direito fundamental, vincularia todos os poderes constituídos, incluindo o legislador, mas tal corresponderia a equipará-lo aos direitos, liberdades e garantias, o que lhe estaria vedado. Um incómodo, um aborrecimento...

Vimos, por um lado, os equívocos presentes na raiz do processo que levou à aprovação, nestes termos, da Parte I da Constituição sobre os direitos fundamentais. Podemos admitir, sem esforço, que, todavia, o legislador constituinte teve consciência do resultado que estava a produzir –e, até por isso, procurou atenuar os seus efeitos mais ostensivos através da aprovação do referido artigo 17º– e que, portanto, se conformou com o resultado e até o quis do ponto de vista objectivo.

Podemos, de facto, admitir sem dificuldade essa ideia: o que o legislador constituinte fez foi reduzir formal e materialmente o âmbito dos direitos que beneficiariam da protecção privilegiada. Ou seja, quando acolheu, praticamente na íntegra, o título I do projecto de Constituição do PPD, aquilo que a Constituição fez objectivamente foi restringir o âmbito de aplicação originário daquelas normas. Se na sua intenção originária elas se destinavam a ser aplicadas a todos os direitos fundamentais, agora aplicar-se-iam só a uma parte deles, os que beneficiariam da referida protecção privilegiada.

Mas, essa não é a verdadeira dificuldade. O problema não é apurar aquilo que o legislador constituinte fez. O verdadeiro problema, e grave, é saber se o poderia ter feito, isto é, se o legislador constituinte poderia ter dito *estes direitos* (os sociais que não fossem considerados análogos aos enunciados no título II) *não beneficiam de uma protecção privilegiada.* Naturalmente, quando dizemos *se poderia*, não lidamos com um problema de competência; formalmente, o legislador constituinte pode aprovar o que quiser. O problema é saber se a restrição do âmbito de aplicação do dito regime dos direitos, liberdades e garantias a que o legislador constituinte procedeu é fáctica e juridicamente viável e, logo, dogmaticamente plausível.

Precisamente, o que vamos demonstrar ao longo do trabalho é que não o poderia ter feito, não estava nas suas mãos. E não estava por uma razão bem simples: aquelas normas que compõem o regime material dos direitos, liberdades e garantias, quando aplicáveis –porque, como veremos, algumas são simplesmente inaplicáveis, do ponto de vista fáctico e jurídico– não são constitutivas, mas meramente declarativas. Elas não criavam, quando foram feitas, o regime dos direitos fundamentais, mas declaravam, simplesmente, o regime dos direitos fundamentais enquanto normas constitucionais.

Assim, quando o legislador constituinte passou a dizer que elas se aplicam a uma categoria de direitos fundamentais, tal afirmação não suscita dúvidas ou dificuldades relativamente a esses mesmos direitos fundamentais. O problema surge relativamente aos outros direitos, aqueles sobre cujo regime o legislador constituinte nada disse, o que levou a doutrina tradicional a crer e a sustentar que tal protecção privilegiada não se lhes aplicaria. Era isso, porém, que nem o legislador constituinte nem a doutrina tradicional poderiam fazer porque, por natureza, não podem. Por natureza, como vamos demonstrar, qualquer direito fundamental beneficia daquele dito regime.

Se um qualquer legislador constituinte disser que os homens são imortais, ou que Deus existe, ou que esta doutrina filosófica é a correcta, não está a fazer norma. Está a fazer doutrina e, com grande probabilidade, não sendo competente para tal, está a fazer má doutrina. Fazer normas é a sua função, fazer doutrina, não. O que aconteceu entre nós, com o contributo decisivo da doutrina tradicional, não é, como vamos demonstrar, muito diferente.

# PARTE II
# CRÍTICA DA DOUTRINA TRADICIONAL E DOS SEUS REFLEXOS NA JURISPRUDÊNCIA CONSTITUCIONAL

Apesar das vicissitudes que acompanharam a aprovação do artigo 17º da Constituição –como vimos, não chegou a ser objecto de qualquer discussão antes da sua aprovação e constituiu uma solução de *última hora* na tentativa de atenuar os efeitos desastrosos de uma diferenciação arbitrária de regimes dentro dos direitos fundamentais–, ele constitui a disposição-*chave* na interpretação que a doutrina tradicional fez do sistema constitucional de direitos fundamentais. É desse artigo que resulta a confirmação de que há um regime constitucional dos direitos, liberdades e garantias e que esse regime se deve aplicar aos enunciados no título II, mas também aos direitos fundamentais de natureza análoga aos aí enunciados.

Por isso, toda a metódica proposta pela doutrina tradicional assenta no apuramento do regime aplicável à resolução de um caso concreto mediante a classificação prévia do direito fundamental em causa e a sua integração numa das três pretensas categorias de direitos fundamentais (direitos fundamentais enunciados no título II, direitos fundamentais de natureza análoga aos enunciados no título II e direitos fundamentais de natureza não análoga aos enunciados no título II); supostamente, em função dessa classificação e dessa integração sistemática determinar-se-ia o regime diferenciado aplicável à resolução jurídica do caso concreto.

Porém, vamos procurar demonstrar nos diferentes capítulos desta parte II que uma tal proposta é radicalmente insustentável e que essa metodologia só pode ser aplicada se os seus defensores deliberadamente ignorarem ou evitarem questionar, como habitualmente fazem, as debilidades insuperáveis que a afectam do ponto de vista material, estrutural e dogmático.

Como procuraremos demonstrar desenvolvidamente, para além da insustentabilidade material de um regime privilegiado reservado aos direitos enunciados no título II e de natureza análoga, a disposição que parece, à primeira vista, a *chave* da compreensão do sistema português dos direitos fundamentais, o artigo 17º, assenta numa *ratio* intrinsecamente contraditória (capítulo I), constitui um enunciado de difícil ou até impossível interpretação (capítulo II) e, finalmente (capítulos III e IV), por surpreendente que a afirmação possa parecer, é uma disposição praticamente inútil.

Na realidade, e para além das contradições insuperáveis que vamos enunciar no capítulo I, mesmo que fôssemos capazes de determinar um critério para delimitar o círculo incerto dos "direitos de natureza análoga", e não é fácil fazê-lo, um tal esforço seria totalmente inglório na medida em que concluíssemos, e não podemos deixar de o fazer numa abordagem minimamente racional do problema, que o referido regime próprio dos direitos, liberdades e garantias e dos direitos de natureza análoga é, afinal, por definição, inteiramente aplicável a todo e qualquer direito fundamental, pois não faz mais que reflectir e traduzir, em diferentes domínios, a supremacia das normas constitucionais relativamente aos actos dos poderes constituídos.

# Capítulo I

# A Insustentabilidade de uma Protecção Diferenciada em Função da Classificação dos Direitos Fundamentais

O estabelecimento de um regime próprio para cada direito fundamental em função da sua natureza –privilegiado no caso dos direitos, liberdades e garantias e enfraquecido no caso dos direitos sociais– pressupõe a existência de uma razão material que justifique a existência de uma maior protecção dos primeiros relativamente aos segundos, seja porque se consideram mais dignos daquela protecção seja porque se consideram mais carentes desse especial favorecimento ou seja, finalmente, porque tenham uma natureza que imponha ou aconselhe a diferenciação de regimes.

Todavia, vamos verificar sucessivamente que nenhuma dessas condições encontra confirmação.

## 1. A indefensabilidade substantiva de uma protecção privilegiada dos direitos, liberdades e garantias

Em primeiro lugar, pode ocorrer que, em casos pontuais, a relevância dos bens protegidos por direitos, liberdades e garantias justifique a adequação de atribuição de uma maior protecção –basta considerar, por exemplo, a relevância máxima que atribuímos a bens como a vida–, mas a dedução da existência de hierarquização generalizada implícita na classificação adoptada pela Constituição, no sentido de que haveria uma necessidade reconhecida de privilegiar os direitos, liberdades e garantias, está longe de corresponder às opções que habitualmente fazemos nas nossas vidas pessoais.

A que título é que o direito à greve, por exemplo, deveria ser privilegiado relativamente ao direito ao trabalho, sendo certo que o primeiro é classificado, entre nós, como direito de liberdade e o segundo como direito social? A que título é que o direito de tendência sindical, praticamente um ilustre quase desconhecido, ou o direito de antena, sem relevância substancial significativa, deveriam merecer qualquer preferência de protecção privilegiada relativamente ao direito à habitação ou ao direito à educação?

Classificamos o direito à greve como direito, liberdade e garantia e o direito à saúde como direito social em função da sistematização e da classificação constantes da Constituição. E, supostamente, segundo a doutrina tradicional, o primeiro deveria ter, então, um regime privilegiado que não estenderíamos ao segundo. Mas, sabendo-se que estes dois direitos entram muitas vezes em colisão –no sentido de que a realização de um exige potencialmente a compressão do outro direito–, num conflito concreto entre o direito à greve e o direito à saúde a qual damos preferência?

No conflito entre direito à saúde e direito à greve damos, em geral, preferência ao direito à saúde, ainda que, naturalmente, haja situações em que essa prevalência de princípio possa ser invertida. No entanto, apesar daquela preferência normalmente assumida e de reconhecimento trivial, segundo a doutrina tradicional deveria ser o direito à greve a beneficiar, sempre, de uma protecção privilegiada relativamente ao direito à saúde. Porquê?

Os exemplos poderiam repetir-se sem esforço e a conclusão seria necessariamente a mesma: não há nada na generalidade dos direitos sistematizados no título II que minimamente aponte para um merecimento ou uma carência de protecção privilegiados de princípio relativamente aos direitos enumerados no título III. Todavia, toda a *ratio* de atribuição de um regime constitucional de favor aos direitos, liberdades e garantias se baseia, por um lado, numa suposta diferença de natureza e, por outro, e associada a essa diferença, na ideia de que ela exigiria uma protecção jurídica qualificada relativamente aos direitos sociais.

Há, de facto, uma herança remota de privilégio comparativo dos direitos de liberdade que podemos localizar nos primórdios do Estado de Direito liberal, quando o corpo de cidadãos da altura se reduzia às pessoas que dispunham de meios materiais próprios para acederem aos bens protegidos pelos direitos sociais e que, portanto, não apenas dispensavam qualquer intervenção de prestação estatal nesse domínio como, em contrapartida, sentiam como agressão qualquer hipótese de *desvio* do produto dos seus impostos para essas tarefas. Assim, na época, aquilo que era política e juridicamente relevante para um tal "povo" eram os direitos fundamentais que decorriam da tríade liberdade, segurança e propriedade; aos bens tradicionalmente protegidos pelos direitos sociais, os cidadãos desse tempo (os proprietários ilustrados) podiam aceder através de meios e recursos próprios.

Porém, o que era compreensível e explicável no contexto do Estado de Direito liberal do século XIX e da primeira parte do século XX é totalmente desfasado e anacrónico no contexto das profundas alterações provocadas na delimitação do Povo com a instituição do sufrágio universal e a revolução na cidadania própria de um Estado social e democrático de Direito. Pura e simplesmente, conceber hoje os direitos, liberdades e garantias como merecedores ou carentes de um regime de protecção privilegiada relativamente aos direitos sociais não faz qualquer sentido e seria fruto exclusivo de um preconceito político e ideológico contra os direitos sociais.

Como se evidencia eloquentemente na contemporânea Carta dos Direitos Fundamentais da União Europeia não há, hoje, lugar para o acolhimento desse preconceito na vida jurídica dos Estados de Direito e, de resto, ele seria essencialmente contrário à ideia de indivisibilidade dos direitos fundamentais que decorre do princípio constitucional da dignidade da pessoa humana.

Portanto, mesmo que, de facto, a diferenciação de regimes fosse dogmaticamente plausível –e não é–, ela seria materialmente injustificada à luz dos princípios estruturantes de um Estado social e democrático de Direito, pelo que as eventuais dúvidas, debilidades e lacunas que venham a surgir numa análise mais aprofundada da construção favorecida pela doutrina tradicional deveriam ser esclarecidas e superadas numa interpretação conforme a tais princípios.

## 2. Uma construção assente num erro dogmático

*a)* Em segundo lugar, a hipótese de diferenciação de regimes dentro do conjunto dos direitos fundamentais assenta invariável e necessariamente no pressuposto de que há diferenças de natureza entre eles. Precisamente, seria esse o factor que permitiria a existência de classificações de direitos fundamentais e, para o que especialmente nos interessa, que determinaria ou aconselharia uma correspondente diferenciação de regimes jurídico-constitucionais aplicáveis.

No caso, a distinção classificatória e de sistematização entre direitos, liberdades e garantias, de um lado, e direitos económicos, sociais e culturais, do outro, corresponderia a uma diferença de natureza dos respectivos direitos fundamentais que decorria, quase naturalmente, das diferenças existentes entre os bens protegidos em cada um daqueles grupos, os fins da protecção e os consequentes deveres do Estado na respectiva realização e prossecução. Mais analiticamente, aquelas diferenças poderiam traduzir-se tendencialmente em diferenças de estrutura ou em diferenças de determinabilidade de conteúdo, mas seria sempre e inevitavelmente uma originária diferença de natureza a permitir e a condicionar a classificação.

É certo que as concretas opções de classificação e de sistematização feitas pelo legislador constituinte, partindo sempre do referido critério orientador da diferença de natureza entre os direitos fundamentais, podem ainda ser concretamente influenciados ou determinados por vicissitudes particulares do processo de elaboração da Constituição ou por razões históricas, mas é sempre o pressuposto da existência de uma diferença de natureza que justifica as categorias constitucionalmente criadas. Por sua vez, mesmo nos casos duvidosos ou nas zonas de fronteiras mais indefinidas, tem-se normalmente em conta a dimensão principal do direito fundamental em causa para, em função da respectiva natureza, estabelecer a inserção devida nas diferentes categorias.

De resto, como vimos, foi precisamente o esforço de última hora na Assembleia Constituinte que levou à tentativa de, através da introdução do artigo 17º, reconduzir, em última análise, as diferenças de regime às diferenças de natureza entre os direitos fundamentais.

*b)* Como temos vindo a sublinhar, não há qualquer problema em proceder a classificações e categorizações dos direitos fundamentais. O problema só surge, como aconteceu entre nós, quando das diferenças classificatórias se pretende fazer igualmente decorrer uma pretensa diferenciação dos respectivos regimes, uns mais qualificados que outros. No caso, tal diferenciação de regimes determinaria uma protecção privilegiada reservada aos direitos, liberdades e garantias quando comparada com uma protecção enfraquecida que seria implicitamente deixada aos direitos sociais. Quando muito, neste último grupo destacar-se-iam alguns direitos fundamentais, os ditos *direitos de natureza análoga aos enunciados no título II* que, supostamente, beneficiariam, parcial ou totalmente, do regime privilegiado dos direitos, liberdades e garantias.

Desde logo se evidencia, porém, que toda esta construção de regimes assenta num pressuposto inelutavelmente associado a um erro doutrinário crucial que priva de racionalidade as justificações subjacentes: o erro que resulta da ignorância objectiva da distinção dogmática entre direito *como um todo* e cada uma das faculdades, direitos ou garantias que o integram.

Como referimos, toda aquela pretensa existência de diferença de regimes pressupõe, para ter alguma racionalidade, a existência prévia de uma diferença de natureza entre os direitos fundamentais. De facto, se não houvesse diferença de natureza entre os direitos, nem seria possível justificar materialmente a diferenciação entre regimes aplicáveis nem, sobretudo, seria possível proceder a uma delimitação dos *direitos de natureza análoga*. Ou seja, só seria possível identificar a existência de um *direito de natureza análoga* se fosse possível apurar a natureza específica caracterizadora dos direitos, liberdades e garantias –os direitos enunciados no título II– para, em seguida, determinar a eventual analogia através da verificação de quando aquela natureza era replicada em direitos não enunciados no título II.

Portanto, independentemente da viabilidade deste tipo de procedimentos, a existência de uma diferença de natureza entre os direitos fundamentais é o pressuposto capital da solução plasmada no artigo 17º e que inspirou a construção segregada pela doutrina tradicional.

*c)* Precisamente, o erro de que falamos tem a ver com aquela ignorância da distinção conceptual basilar e essencial a qualquer dogmática constitucionalmente adequada de direitos fundamentais: a distinção entre o direito fundamental *como um todo* e cada uma das inúmeras faculdades, permissões, proibições e obrigações que compõem o feixe de garantias que ele abriga. Ora, se quanto aos direitos fundamentais, tomados *como um todo*, nós podemos estabelecer diferenças de natureza –isto é, podemos distinguir, com intuitos classificatórios, os direitos de liberdade dos direitos sociais, os direitos pessoais dos direitos políticos, os direitos culturais dos direitos económicos–, tais diferenças já não são mecanicamente replicadas quando consideramos cada uma das específicas faculdades ou garantias que integram cada direito fundamental.

Ora, se era suposto termos chegado a um regime diferenciado em função da natureza do direito em causa, o facto de um direito, *como um todo*, ter uma especial natureza e *merecer* o regime correspondente, já nada nos diz sobre a natureza e o consequente *merecimento* de cada uma das faculdades específicas que o integra. A mesma razão material que justificava a atribuição de um regime a uma das faculdades deveria ser a mesma razão que deveria determinar a exclusão de atribuição do mesmo regime a uma outra faculdade que, embora integrada no mesmo direito *como um todo*, teria uma natureza diferente. Mas, a doutrina tradicional ignora simplesmente este dado, todavia irrefutável.

*d)* Quanto aos direitos fundamentais tomados *como um todo* ou considerando a sua dimensão principal podemos distinguir classificatoriamente com base na natureza do bem protegido, com base no fim visado com a protecção, com base no dever estatal dominante ou com base na estrutura ou determinabilidade da norma de protecção; mas essa classificação já nada nos diz quanto à natureza ou quanto à estrutura ou determinabilidade da dimensão específica do direito fundamental que devemos considerar num caso pontual e concreto, num conflito jurídico que tenhamos para resolver.

Com efeito, relativamente aos direitos, faculdades e garantias particulares e específicos que integram um direito fundamental, esses já os encontramos indistintamente, com idêntica natureza, com idêntica estrutura e determinabilidade, tanto em direitos de liberdade quanto em direitos sociais. Ora, na vida prática, com o que temos de lidar não é com o *todo* do direito, mas com cada uma das suas faculdades, direitos e garantias particulares. E, essas, podem apresentar igual ou diferente natureza, podem envolver este ou aquele dever estatal, podem ter igual ou diferente determinabilidade, qualquer que seja o direito *como um todo* em que se integrem ou, mais precisamente, quer o direito em que se integrem seja um direito de liberdade ou um direito social, quer o respectivo direito fundamental esteja integrado no título II ou no título III da Constituição.

Como se comprova facilmente, afinal, no título II ("direitos, liberdades e garantias"), sob as fórmulas lapidares, genéricas e abrangentes como "todos têm direito a..." ou "a vida humana é inviolável" ou "a liberdade de consciência, de religião e de culto é inviolável", abrigam-se, implícita e necessariamente, direitos, garantias ou faculdades especiais de natureza muito diferenciada.

Quando consideramos, por exemplo, o direito à vida *como um todo*, podemos dizer, simplificando ou considerando apenas a sua dimensão *principal* ou mais intuitivamente apreendida, que ele se pode traduzir no comando de proibição de matar alguém ou no direito a não ser morto. Nessa dimensão, podemos então dizer que se trata de um direito ou de uma garantia de liberdade, um *direito, liberdade e garantia*, utilizando a terminologia da nossa Constituição. Em si, uma tal classificação não é problemática. Mas só se se tiver consciência daquela distinção conceptual atrás referida: considerado *como um todo* ele pode ser assim classificado, mas tal nada nos diz sobre a natureza e o regime mais adequado à particular faculdade, garantia, dever ou obrigação associados ao direito à vida e que esteja em causa na resolução de um dado problema jurídico que tenhamos para resolver.

Por exemplo, do enunciado normativo constante do artigo 24º, nº 1, ("a vida humana é inviolável") é possível extrair, por interpretação, um comando que proíbe os poderes públicos de atentarem contra a vida, mas também um outro que os obriga a protegerem a vida de ameaças que sobre ela impendam ou, finalmente, também ainda uma obrigação de ajuda material à subsistência a todos os que não possuam os recursos próprios que lhes garantam a sobrevivência numa dada situação concreta.

Ou seja, encontramos no direito considerado *como um todo* comandos muito diferenciados, uns de estrutura negativa, que exigem abstenção do Estado, ao lado de outros comandos positivos, que exigem a actuação do Estado; alguns cujo conteúdo normativo é indiscutível e inequívoco e outros cujo conteúdo não é possível determinar sem recorrer a juízos de valoração, ponderação e apreciação de caso concreto; alguns que apenas se traduzem na obrigação simples e absoluta de praticar ou de não praticar um acto, mas outros cujo sentido normativo depende de juízos políticos de avaliação e de prognose; uns que são realizáveis independentemente dos recursos financeiros de que o Estado possa dispor, mas outros que dependem também das disponibilidades financeiras que possam ser mobilizadas a cada momento pelos poderes públicos.

Ora, se era a diferença de natureza que justificava e dava sentido à existência de regimes constitucionais diferentes entre os direitos fundamentais, não poderíamos agora aplicar a todas as faculdades, garantias e direitos específicos integráveis no direito à vida o mesmo regime independentemente da natureza que tais direitos específicos apresentassem; seria estruturalmente incoerente. Deveríamos, antes, distinguir em função da específica natureza do direito fundamental em causa na situação concreta.

Com efeito, se foi em função da diferente natureza que classificámos, se foi em função da diferente natureza que, pretensamente, criámos e atribuímos regimes diferenciados aos direitos fundamentais, deveria então ser também em função da diferente natureza do direito ou faculdade especificamente presentes num caso concreto que deveríamos resolver.

De que serviria, então, falar em regime dos direitos, liberdades e garantias quando encontramos nesse conjunto, e considerando apenas um direito fundamental, no caso, o direito à vida, direitos com a mais diferente natureza?

Por isso, como dizíamos atrás, é absolutamente irrelevante classificar um direito para resolvermos um problema de direitos fundamentais. De que me interessa dizer que o direito à vida é um direito de liberdade se o problema que o juiz tiver para resolver for o de alguém que pede ao Estado prestações financeiras por razões de subsistência? A natureza deste direito específico é exactamente a mesma do direito a exigir ao Estado prestações no domínio dos cuidados de saúde, portanto, um outro direito específico que se integra num direito fundamental que, como um todo, já integráramos nos direitos chamados sociais.

Assim, tendo aqueles dois direitos –o direito a prestações financeiras integrado no direito à vida e o direito a cuidados médicos integrado no direito à saúde– a mesma natureza, só poderiam ter o mesmo regime já que, supostamente, seria a diferença de natureza que justificaria a diferenciação de regimes.

Em contrapartida, que me interessa dizer que o direito à saúde é um direito social quando alguém invoca este seu direito contra agressões poluentes que afectam gravemente a sua saúde? Ele tem a mesma exacta natureza do direito à integridade física invocável contra idênticas agressões poluentes. Como poderia um juiz aplicar regimes diferentes à resolução do mesmo conflito consoante o direito que fosse invocado, ou um direito de liberdade (direito à integridade) ou um direito social (direito à saúde)?

Assim, é verdade que o direito à vida, como um todo, vem constitucionalmente classificado de direito, liberdade e garantia, mas será que o regime jurídico-constitucional enunciado para este tipo de direitos se aplica a todas as faculdades e garantias nele compreendidas ou haverá que distinguir? Podemos aplicar ao dever de não matar, ao dever de proteger a vida em geral ou ao dever de garantir a sobrevivência económica de alguém o mesmo regime? Têm a mesma natureza em termos de densidade do respectivo conteúdo normativo e a mesma independência de circunstâncias financeiras ou de juízos de avaliação política?

*e)* Por outro lado, o que dissemos relativamente ao direito à vida sucede com os "direitos económicos, sociais e culturais" enumerados no título III. Também, por exemplo, no direito à habitação consagrado no artigo 65º, podemos retirar do respectivo enunciado um comando normativo que proíbe os poderes públicos de atentarem contra o acesso, a manutenção e a conservação da habitação de alguém, tal como um comando que os obriga a protegerem esse direito à habitação de ameaças que sobre ele impendam e, por último, uma obrigação de ajuda material que permita o acesso à habitação a quem não possua recursos próprios para tanto.

Ora, é verdade que algumas destas obrigações são de realização diferida no tempo, mas outras são de aplicação imediata a partir da norma constitucional e independentemente de existência de legislação interposta. Logo, não há um regime aplicável indiferenciadamente ao direito *como um todo*, mas diferentes parâmetros normativos aplicáveis aos direitos e faculdades específicos em que o direito considerado *como um todo* se desdobra.

Que regime se deveria, então, aplicar a uns e outros? Dever-se-ia privilegiar a inserção sistemática formal no título II ou no título III para decidir que regime aplicar ou decisivo deveria ser a natureza do direito específico em causa?

Qual seria a diferença de natureza entre a obrigação estatal de promover o direito à vida e a obrigação estatal de promover o direito à saúde? Qual a diferença de natureza entre a obrigação estatal de proteger a vida de ameaças de terceiros e a obrigação estatal de proteger a saúde contra ameaças de terceiros?

*f)* Tínhamos classificado o direito à vida como direito, liberdade e garantia e o direito à saúde como direito social, mas fizemo-lo considerando o direito *como um todo* ou considerando a dimensão tida como principal no seu conteúdo. Por sua vez, em função dessa classificação e em função dos critérios utilizados pela doutrina tradicional, teríamos concluído pela consequente aplicação ao direito à vida do suposto regime próprio privilegiado dos direitos, liberdades e garantias. Ou seja, uma especial natureza do direito fundamental em causa determinaria a aplicação do regime especial.

Logo, na resolução do caso, se a específica faculdade que estiver em causa tiver uma natureza *típica* daquilo que é a dimensão principal ou a natureza associadas aos direitos sociais –por exemplo, se for o direito a ajuda estatal por razões de sobrevivência condigna– a aplicação do regime próprio dos direitos, liberdades e garantias fica sem justificação material. Em contrapartida, se a garantia específica integrada no direito à saúde tiver a mesma natureza das garantias normalmente integradas nos direitos, liberdades e garantias, a aplicação ao caso do suposto regime próprio dos direitos sociais não teria justificação.

Então, se é a natureza específica que justifica a diferenciação –seja essa natureza apurada em função da estrutura, em função da determinabilidade, dos deveres estatais em causa ou de quaisquer outros factores–, deveria ser a respectiva presença no caso concreto a determinar o regime e não a inserção do direito *como um todo* no título II ou no título III.

Por isso, como dizíamos, ao contrário do que se faz na metodologia adoptada pela doutrina tradicional –segundo a qual é essencial proceder previamente à classificação de um direito para determinar o respectivo regime–, essa classificação prévia é absolutamente irrelevante para uma adequada resolução do caso. E isto é assim mesmo acatando o pressuposto da doutrina tradicional nos termos do qual há diferentes regimes a serem aplicados em função da natureza do direito fundamental em causa na situação concreta.

*g)* Normalmente, perante a impossibilidade de identificarem o regime constitucional específico aplicável aos direitos sociais, os defensores da doutrina tradicional refugiam-se em respostas vagas e excessivamente genéricas. Ou seja, mesmo não conseguindo discriminar tal regime específico dos direitos sociais, concluíam dever ele ser um regime *enfraquecido* relativamente ao regime dos direitos, liberdades e garantias. Porquê? Pois, porque a dependência natural deste tipo de direitos relativamente às condições financeiras necessárias para concretizar as prestações em que eles se traduziriam, colocaria tais direitos à mercê de uma muito maior margem de conformação por parte do legislador e dos poderes constituídos. Logo, um regime *enfraquecido* relativamente à força vinculativa dos direitos de liberdade, não dependentes dessas condições financeiras e das correspondentes opções políticas de alocação de recursos.

É, como se viu, um argumento fraco, praticamente uma confissão da absoluta incapacidade de justificação de existência de regimes diferenciados em função da classificação. Se podemos ter direitos enunciados no título II que surgem, num caso concreto, como fundamento de reivindicação de medidas de protecção ou de promoção que exigem recursos financeiros para serem concretizadas, a que título é que tais direitos deveriam ter, nesse mesmo caso, um regime mais *forte* do que o reconhecido a direitos enunciados no título III e que surjam, no mesmo ou noutro caso concreto, como fundamento de pretensões realizáveis sem qualquer necessidade de alocação de recursos financeiros?

Não é, efectivamente a classificação ou a sistematização que devem justificar a atribuição de regimes mais enfraquecidos ou mais privilegiados, mas sim a estrutura da norma constitucional em causa e a natureza do direito ou do dever estatal envolvidos no caso e situação concretos, independentemente de classificações contingentes do respectivo direito visto *como um todo*.

### 3. A irredutível intercomunicabilidade da garantia jurídica proporcionada pelos direitos fundamentais integrados em diferentes categorias

*a)* Compreende-se que, a partir do momento em que a atribuição de um regime aplicável a um direito fundamental ficou condicionada pela categorização do respectivo direito, o próprio legislador constituinte tenha investido fortemente nos aspectos classificatórios e de sistematização e tenha chegado a preciosismos que não encontramos na generalidade das Constituições. De facto, aparentemente, a *sorte* de um direito fundamental dependeria da classificação que lhe fosse atribuída, pelo que, em primeiro lugar, o sucesso estaria assegurado se ele se integrasse no título II, já o estaria menos se fosse considerado apenas como direito de natureza análoga aos enunciados no título II e, finalmente, ficaria praticamente destituído de força jusfundamental se não se integrasse numa daquelas duas categorias.

Vimos, de resto, como este tipo de preocupações foi manifesto na revisão constitucional de 1982. Não apenas o título II foi subdividido em direitos pessoais, direitos de participação política e direitos dos trabalhadores, como se procedeu à transferência de lugar de alguns direitos de liberdade dos trabalhadores, do título III para o título II, o que, aparentemente, correspondia a uma *promoção*, pressupondo-se que passariam, pela sua nova inserção sistemática, a dispor da protecção constitucional privilegiada conferida aos direitos de liberdade. Tal impressão era ainda confirmada, *a contrario*, pela recusa do legislador da revisão em proceder a análoga transferência de outros direitos, como o direito de propriedade e a liberdade de iniciativa económica privada, tal como era entretanto reivindicado por alguns sectores políticos.

*b)* Por outro lado, no que se refere a alguns direitos, o legislador constituinte preocupou-se em distinguir as dimensões *de liberdade* e as dimensões *sociais* do mesmo direito considerado como um todo, inserindo sistematicamente as primeiras no título II e as segundas no título III.

Foi o que fez relativamente ao direito ao ensino (liberdade de ensinar e aprender no artigo 43º da Constituição, isto é, direito de liberdade, e direito *social* ao ensino no artigo 74º e seguintes da Constituição, ou seja, na parte da Constituição referida aos direitos sociais); ao direito à família e ao casamento (artigo 36º, enquanto direito de liberdade, e artigo 67º, enquanto direito social); ao direito ao trabalho, distinguindo a liberdade de escolha da profissão e a segurança no emprego (artigo 47º e artigo 53º, direitos de liberdade) do direito ao trabalho (artigo 58º, direito social); relativamente ao direito à cultura, distinguindo a liberdade de criação cultural (artigo 42º, como direito de liberdade) do direito *social* à cultura (artigo 73º, como direito social).

Porém, como essa repartição não abrangeu todos os direitos fundamentais, continuando a maioria deles a manter uma consagração expressa *como um todo*, o intérprete/aplicador recebeu implicitamente a responsabilidade de proceder à repartição ideal de cada direito fundamental, o que, na ausência de um critério constitucional, se revela uma tarefa objectivamente irrealizável.

*c)* Precisamente, nesse sentido, o legislador constituinte tivera também a percepção da impossibilidade de resolver problemas com esta complexidade simplesmente através de um esforço de sistematização classificatório. É certo que uma classificação inequívoca numa categoria privilegiada decidiria *a priori* uma consequente aplicação de um regime correspondentemente privilegiado, eliminando-se, assim, a incerteza que resultaria dos posteriores subjectivismos de análise sobre a natureza dos direitos fundamentais envolvidos. Mas, o risco de uma rigidez irracional aconselhava a combinação daquele critério com procedimentos materialmente orientados.

Assim, quando no artigo 17º o legislador constituinte estabeleceu que o dito regime de protecção privilegiada próprio dos direitos, liberdades e garantias passaria a aplicar-se, não apenas "aos enunciados no título II", mas também "aos direitos fundamentais de natureza análoga", isso significava uma tentativa de reduzir a arbitrariedade que resultaria da selecção mecânica de um regime em função da simples inserção sistemática de um direito fundamental no texto da Constituição[25].

[25] Na realidade, como vimos, na versão originária da Constituição o artigo 17º era ainda mais complexo, na medida em que aí se dizia que "o regime dos direitos, liberdades e garantias aplica-se aos direitos enunciados no título II, aos direitos fundamentais dos trabalhadores, às demais liberdades e ainda a direitos de natureza análoga, previstos na Constituição e na lei". Foi só na revisão de 1982 que o artigo 17º chegou ao texto actual.

Ou seja, e ao contrário do que faria depois a doutrina tradicional, teve alguma percepção de que a aplicação de um regime vem directamente associada à natureza do direito em causa e não pode ser simples e arbitrariamente decidido em função de critérios classificatórios, como os de estar sistematicamente situado no título II ou no título III da parte I da Constituição.

Sobretudo, com esta opção, ficava claro que o critério determinante da aplicabilidade do regime dos direitos, liberdades e garantias era um critério material ou que, pelo menos, apelava a uma distinção, de qualificação e de regime, não definitivamente marcada pela opção de inserção sistemática do direito em causa no todo da Constituição. Assim, um direito beneficiaria ou não do referido regime de protecção privilegiada consoante fosse, ou não, um direito de liberdade ou análogo a um direito de liberdade e independentemente da localização da sua consagração constitucional.

Porém, a opção de distinção material entre direitos, liberdades e garantias e direitos sociais viria a revelar-se tão lógica e necessária quanto complexa, de concretização controversa. É que, fazendo todo o sentido que beneficiassem do mesmo regime privilegiado todos os direitos fundamentais que tivessem a mesma natureza, faltava saber qual era verdadeiramente o critério de identificação dos direitos elegíveis, faltava saber o que significava ser um direito, liberdade e garantia ou, consequentemente, um direito de natureza análoga a direito, liberdade e garantia. E, por outro lado, como referimos e teve as consequências mais desastrosas, laborava-se na ignorância da necessária distinção entre direito *como um todo* e cada uma das suas faculdades e garantias.

Para além disso, para o nosso problema, ficava em aberto a questão de saber quais eram, afinal, os direitos que, no título III da parte I da Constituição –suposto consagrar os direitos económicos, sociais e culturais– não beneficiariam de tal regime de protecção privilegiada por não serem direitos de liberdade nem direitos de natureza análoga a direitos de liberdade, ou seja, quais seriam, afinal, por exclusão de partes, os direitos sociais ou, pelo menos, os direitos sociais que não beneficiariam, pretensamente, do regime próprio dos direitos, liberdades e garantias. Os esforços de doutrina e jurisprudência para resolver esse problema multiplicaram-se e desenvolveram-se durante décadas, mas, ao fim de milhares de páginas escritas sobre o tema, o mínimo que se pode dizer é que estamos muito longe de uma conclusão aceitável e, muito menos, consensual, do problema.

*d)* Por outro lado, todos estes esforços e tentativas de resolver formalmente uma questão material ficam esvaziados de sentido prático quando se conclui que, sem grande esforço, para um mesmo bem protegido ou fim de protecção de um direito fundamental se pode invocar indiferenciadamente a garantia jurídica de protecção fornecida por um direito, liberdade e garantia ou por um direito social.

É que, em termos substanciais, a afinidade, o paralelismo e a intercomunicabilidade entre direitos fundamentais colocados no título II ou no título III é quase total, permitindo ao respectivo titular invocar indiferenciadamente um ou outro dos direitos para proteger o mesmo interesse material ou a mesma garantia, independentemente de um direito ser classificado como direito de liberdade e outro como direito social.

Por exemplo, na prática, pode haver uma sobreposição praticamente integral entre dimensões do direito à integridade pessoal, moral e física, consagrado no artigo 25º e dimensões análogas do direito à protecção da saúde previsto no artigo 64º; entre a liberdade de escolha de profissão do artigo 47º e o direito ao trabalho do artigo 58º ou o direito ao ensino do artigo 74º.

Se a contestação jurídica da fixação de um *numerus clausus* no acesso ao ensino superior público não beneficiará do suposto regime privilegiado se se invocar a eventual violação do direito ao ensino, então invoca-se, alternativamente, a eventual violação da liberdade de escolha da profissão. Ou seja, para proteger o mesmo interesse pode invocar-se indiferentemente um direito, liberdade e garantia ou um direito social.

Se um juiz formado nos preconceitos promovidos pela doutrina tradicional recusa aplicar o pretenso regime privilegiado dos direitos, liberdades e garantias à protecção do direito à saúde, pois então o titular não terá mais que, para a protecção do mesmo bem ou interesse pessoal, invocar simplesmente a eventual violação do seu direito à integridade física e psíquica.

Finalmente, todas estas distinções se revelam absolutamente inúteis quando na revisão de 1997 se acolheu na Constituição, na qualidade de direito, liberdade e garantia, o direito ao desenvolvimento da personalidade (artigo 26º, nº 1). Com isso, e tendo em conta o conteúdo normalmente reconhecido a este direito fundamental, todas as eventuais afectações ou restrições de direitos sociais podem ser configuradas na qualidade de afectações ou restrições do direito ao desenvolvimento da personalidade que, nos termos constitucionais, é um direito, liberdade e garantia. Como é óbvio e é, de resto, comummente reconhecido, a não protecção do direito ao ensino, ao trabalho, à habitação ou à saúde afecta, não apenas indirecta, mas imediatamente, o direito ao desenvolvimento da personalidade.

Assim, fica definitivamente esvaziada de qualquer sentido útil a pretensa distinção entre direitos, liberdades e garantias e direitos sociais para efeitos de regime aplicável; basta invocar, em qualquer caso de violação de um direito social, a concomitante violação do direito ao desenvolvimento da personalidade para fazer aplicar ao caso o suposto regime privilegiado dos direitos, liberdades e garantias.

A concretização procedimental desta conclusão é particularmente evidente, entre nós, no ponto a seguir analisado onde seguimos, de perto, o que já escrevemos sobre a mesma questão[26].

## 4. A prova institucional da imprestabilidade da construção da doutrina tradicional: a acção de intimação para a protecção de direitos, liberdades e garantias

*a)* Em 2002, o Código de Processo dos Tribunais Administrativos criou um novo meio processual, a "intimação para protecção de direitos, liberdades e garantias", utilizável quando, para assegurar o exercício em tempo útil de um direito, liberdade e garantia, seja indispensável a emissão célere de decisão judicial de mérito que, em princípio, imponha à Administração a adopção de uma conduta positiva ou negativa.

A criação deste novo meio processual pelo CPTA, bem como, especialmente, a recepção do conceito "direito, liberdade e garantia", tiveram uma clara matriz constitucional. O novo meio é, no fundo, a concretização e desenvolvimento, por parte do legislador administrativo, da imposição legiferante introduzida na revisão constitucional de 1997

[26] Cf. Jorge Reis Novais, "'Direito, liberdade ou garantia': uma noção constitucional imprestável na justiça administrativa?" *in CJA*, 73, 2009, págs. 44 e segs.

(artigo 20º, 5, da Constituição), segundo a qual, "para defesa dos direitos, liberdades e garantias pessoais, a lei assegura aos cidadãos procedimentos judiciais caracterizados pela celeridade e prioridade [...]".

De certa forma, e na ausência da possibilidade de defesa directa junto do Tribunal Constitucional, a Constituição impunha a necessidade de previsão legal de meios processuais céleres e prioritários de defesa dos direitos fundamentais junto dos tribunais comuns. A revisão constitucional tinha, portanto, uma clara intenção de suprir um défice de protecção constitucional dos direitos fundamentais oriundo do sistema originário, mas, ao mesmo tempo fazia-o de forma *filtrada*, cautelosa, compatibilizando aquela necessidade com preocupações de eficácia e de realismo: pelo menos, tais meios céleres e prioritários deveriam ser garantidos, se não a todos os direitos fundamentais, se não a todos os direitos, liberdades e garantias, pelo menos aos direitos, liberdades e garantias *pessoais*.

Decorridos vários anos sobre o estabelecimento dessa imposição legiferante, o legislador administrativo acolheu a orientação constitucional e as respectivas preocupações, mas alargando a nova "intimação para protecção dos direitos, liberdades e garantias" a toda essa categoria de direitos e não apenas aos direitos *pessoais*.

Ora, se as preocupações do legislador da revisão constitucional de 1997 e do legislador administrativo, manifestadas na selecção da categoria dos direitos, liberdades e garantias dentro do conjunto dos direitos fundamentais, são compreensíveis e parecem justificadas, elas assentam, no entanto, em dois pressupostos tidos como pacíficos, mas que, em nosso entender, sendo deveras problemáticos, comprometem, se não forem adequadamente interpretados, a racionalidade do sentido do novo meio processual.

*b)* Percebe-se a intenção de quem, pretendendo instituir um novo meio de defesa efectiva dos direitos dos cidadãos, mas sentindo a necessidade, razoável, de estabelecer um *filtro de acesso*, recorreu, para tanto, ao conceito e à categoria dos "direitos, liberdades e garantias" que havia sido acolhida há mais de duas décadas pela Constituição e trabalhada intensamente, desde então, por doutrina e jurisprudência constitucionais. O legislador da revisão e o legislador ordinário pressupunham, assim, em primeiro lugar, que escolhiam um conceito operativo e solidamente estabilizado, racionalmente utilizável e controlável; em segundo lugar, que garantiam, pelo menos, a protecção dos direitos fundamentais mais importantes, prioritários, os direitos, liberdades e garantias pessoais, como dizia a Constituição, ou, mais generosamente no caso do CPTA, os direitos, liberdades e garantias.

A intimação para a protecção de direitos, liberdades e garantias foi, de facto, uma inovação importante na nova justiça administrativa: ela visa a salvaguarda e garantia do efeito útil de direitos da maior relevância para os particulares –direitos fundamentais– sempre que o recurso a acção administrativa especial ou comum é insuficiente ou inadequado para garantir a protecção urgente de que o direito carece no caso concreto e quando o procedimento cautelar é igualmente inapto para garantir esse efeito.

Com a utilização, como filtro de acesso ao novo meio processual, da exigência de pertença do direito invocado a uma categoria já longamente trabalhada na dogmática constitucional portuguesa –a de direito, liberdade e garantia– o legislador (pres)supunha, naturalmente, que o filtro fosse materialmente adequado aos fins em vista, ou seja, garantir a protecção efectiva dos direitos fundamentais *mais importantes* e que a malha desse filtro estivesse solidamente tecida e que, como tal, pudesse ser pacificamente manuseada pelo juiz administrativo.

Ora, se a necessidade de um *filtro* de selecção dos direitos elegíveis parece inquestionável, sob pena de se paralisar a utilidade de um meio que só pode desempenhar a função para que foi criado se, acima de tudo, for eficaz, já a adequação material, a consistência e a possibilidade de aplicação daquele filtro concreto pelo juiz administrativo estão muito longe das expectativas do legislador.

De facto, como nem um nem outro daqueles dois pressupostos (operatividade e solidez conceptual e maior relevância material dos direitos, liberdades e garantias) tem, como vimos, a mínima sustentação, a justiça administrativa passa a debater-se, neste domínio, com grandes dificuldades que são irresolúveis sem uma compreensão constitucionalmente adequada dos problemas envolvidos e que são, no fundo, os que aqui apreciamos.

*c)* Em primeiro lugar, atente-se na questão da importância, da prioridade.

É certo que na parte da Constituição dos direitos, liberdades e garantias, designadamente nos direitos, liberdades e garantias *pessoais* (artigos 24º a 47º da Constituição, para estes últimos), encontramos, apesar da diversidade e heterogeneidade dos conteúdos, alguns dos mais relevantes direitos fundamentais em Estado de Direito. Porém, essa verificação está longe de permitir concluir que todos os direitos, liberdades e garantias ou todos os direitos, liberdades e garantias *pessoais* sejam, na situação concreta em que venham invocados, mais importantes que outros direitos fundamentais, tenham maior proximidade à dignidade da pessoa humana, sejam hierarquicamente superiores ou devam ter prioridade de realização em Estado social e democrático de Direito.

Desde logo, em termos jurídicos, a ideia de hierarquização dentro dos direitos fundamentais, com uma pretensa natural superioridade dos direitos, liberdades e garantias, e dentro destes, eventualmente dos *pessoais*, é contrária à realização dos direitos fundamentais em Estado de Direito, não é compatível com a vivência prática dos direitos fundamentais e é contraditada, todos os dias, pela simples razão que a pretensa possibilidade de hierarquização –mesmo admitindo que era possível e não é– pressupõe a consideração do direito na sua globalidade e aquilo que acontece na vida de todos os dias são conflitos, colisões e limitações, não do direito como um todo, mas de modalidades e dimensões particulares, específicas, parcelares[27].

Porque é que, por facto de uns serem direitos, liberdades e garantias e outros direitos sociais, deveria o direito à greve preferir sempre sobre o direito ao trabalho? O direito de propriedade sobre o direito à habitação? O direito a fumar, baseado no direito ao desenvolvimento da personalidade, que é um direito, liberdade e garantia, sobre o direito à saúde, que é um direito social?

Mesmo admitindo que era possível, e não é, deduzir uma escala de preferências constitucionais para cada um destes direitos (direito ao trabalho, à greve, à protecção da saúde, ao desenvolvimento da personalidade), ela não serviria de nada porque na prática aquilo que colide ou está em causa nunca é o direito como um todo, mas modalidades parcelares, concretas e específicas do direito.

[27] Cf. a demonstração em Jorge Reis Novais, *As Restrições aos Direitos Fundamentais não Expressamente Autorizadas pela Constituição*, Coimbra, 2003, págs. 685 e segs.

Se admitíssemos que, como um todo, o direito ao desenvolvimento da personalidade prevalece sobre o direito à saúde (e não é preciso muito para concluir que essa hipótese é, nesses termos, insustentável), já na prática, por que razão deveria uma dimensão mínima ou irrelevante do direito ao desenvolvimento da personalidade (o direito a fumar em espaços públicos fechados) prevalecer sobre o direito à saúde numa sua dimensão significativa (o direito a não correr o risco de contrair cancro do pulmão por sujeição involuntária e duradoura ao fumo)?

Nós podemos considerar que, tendo em conta as preferências e avaliações individuais ou de uma certa comunidade, a vida ou a saúde são bens de importância máxima ou insuperável, já que sem esses bens tudo o resto fica seriamente condicionado ou desvalorizado. Porém, isso nada nos diz sobre a prevalência num caso concreto de uma pretensão sustentada no direito à vida ou no direito à saúde sobre outras pretensões ou valores. Por exemplo, quando se invoca o direito à vida de um refém de um grupo terrorista que o ameaça matar se o Estado não ceder às reivindicações desse grupo, eventualmente o interesse da segurança do Estado ou da prevenção do terrorismo podem prevalecer sobre a pretensão sustentada no direito à vida.

Mesmo admitindo que o direito à saúde ou o direito à vida a ele objectivamente associado, são direitos fundamentais da maior ou máxima relevância material, não bastará essa evidência para imediatamente concluir da prioridade de satisfação social de qualquer reivindicação individual que venha sustentada na protecção conferida pelo direito à vida ou pelo direito à saúde considerados como um todo.

Assim, quando alguém afectado por doença em estado terminal reivindica do Estado o acesso a uma intervenção cirúrgica altamente dispendiosa só realizável no estrangeiro ou o acesso a medicamentos igualmente dispendiosos –ambos, intervenção e medicamentos, apenas tendo iniciado, e a título experimental, a comercialização e, portanto, sem qualquer segurança quanto a possíveis resultados–, o que está em causa, na realidade, aquilo que deve ser ponderado, não é o direito à vida ou o direito à saúde, como um todo. Se fosse assim, se em causa estivesse, de facto, o direito à vida como um todo, a probabilidade de prevalência do interesse individual, configurado nesses termos, sobre quaisquer razões do Estado, seria sempre enorme.

Porém, na realidade, o que está em causa, o que deve ser ponderado e considerado é, antes, a probabilidade, remota, não provada nem testada, de eventual prolongamento da vida, eventualmente por tempo mínimo, a custos eventualmente incomportáveis para o Estado –obrigado que estava a prestar o mesmo medicamento a todos os que estivessem em situação análoga– ou só comportáveis com desvio de fundos destinados à melhoria real e efectiva das condições de acesso de todos à assistência médica. E, se assim for, o resultado da ponderação já poderá ser muito diverso.

Como é evidente, aquilo que é determinante são as circunstâncias concretas que envolvem o caso (e o peso que nelas assumem as dimensões parcelares dos direitos em causa) e não qualquer preferência abstracta dos direitos considerados *como um todo*; mudando as circunstâncias, mudam as preferências. A hierarquização abstracta classificatória ou é impossível de ser fixada ou não serve para nada.

*d)* Para além desta aproximação, veremos como foi também comum na doutrina procurar a justificação da consagração constitucional de um regime privilegiado de protecção aos direitos, liberdades e garantias, não em razões de hierarquia, mas, indirectamente, numa maior pretensa vinculação comparativa deste tipo de direitos a princípios nucleares do Estado de Direito, como a dignidade da pessoa humana, a autonomia ou autodeterminação pessoal, o radical subjectivo ou a dimensão subjectiva. Mas, também esta tentativa falha porque não há fundamentos objectivos que a sustentem.

Porque é que o direito de antena ou o direito de réplica na comunicação social (indiscutivelmente direitos, liberdades e garantias *pessoais*, segundo a enumeração constitucional) estão mais vinculados à dignidade, à autonomia pessoal ou ao radical subjectivo que o direito a uma habitação condigna? Por que razão o direito de propriedade ou de iniciativa económica privada (direitos de liberdade ou, no mínimo, análogos a direitos, liberdades e garantias) seriam mais próximos da dignidade da pessoa humana que o direito a um mínimo de existência condigna ou por que razão seria o direito a fazer greve mais *pessoal* ou *personalizado* que o direito ao trabalho?

Mas, mesmo que, prescindindo do argumento da importância, da prioridade ou da associação aos valores nucleares de Estado de Direito –que, falhando, implica também a falência da adequação constitucional do *filtro* escolhido–, procurássemos simplesmente utilizar a categoria *direitos, liberdades e garantias* como fórmula neutra de selecção pragmática das possibilidades de acesso individual ao novo meio processual, também aí a capacidade de *filtragem* adequada não existe. É que, sem grande dificuldade, é sempre possível, no mesmo caso concreto, em vez de invocar a lesão do direito social que teria sido, de facto, afectado, optar por *proteger* o mesmo interesse individual em questão no caso concreto através da invocação subsidiária da afectação de um direito, liberdade e garantia, em última análise, do direito ao desenvolvimento da personalidade do artigo 26º da Constituição.

De resto, essa é a estratégia que seria necessariamente utilizada nos tribunais administrativos caso estes fizessem uma interpretação da categoria dos direitos, liberdades e garantias com o sentido que lhe foi impregnado, ao longo de décadas, pela doutrina tradicional. É que se para utilizar a intimação para protecção de direitos, liberdades e garantias se exigisse estritamente a invocação de um direito, liberdade e garantia expressamente enunciado no título II da parte I da Constituição, ou um direito de natureza análoga certificado de acordo com os critérios desenvolvidos pela doutrina tradicional, não haveria, como já referimos, a mínima dificuldade em fazê-lo mesmo quando o direito fundamental efectivamente ameaçado fosse um direito social.

De facto, é sempre possível "traduzir" um direito social em direito, liberdade e garantia[28] e se, por hipótese, não houver um qualquer outro disponível, há sempre a possibilidade de invocar, sem risco de objecção, o direito ao desenvolvimento da personalidade. Qualquer lesão ou ameaça de lesão de um direito social (direito à saúde, à habitação, ao ensino, à cultura, ao trabalho, ao mínimo de subsistência ou qualquer outro) é sempre também, inevitavelmente, lesão ou ameaça de lesão do direito ao desenvolvimento da personalidade e este é indiscutivelmente um direito, liberdade e garantia, quaisquer que sejam os critérios desen-

[28] Por exemplo, se estiver em causa uma agressão ou ameaça de violação do bem jusfundamental saúde pessoal (uma autorização de uma indústria ou de comercialização de um produto comprovadamente poluentes ou nocivos para a saúde das pessoas), se o particular invocar a lesão do direito à protecção da saúde não pode recorrer à intimação para protecção de direito, liberdade e garantia porque, supostamente, se trata de um direito social (artigo 64º da Constituição), mas se, no mesmo caso e nas mesmas precisas circunstâncias, em vez daquele direito invocar antes a lesão do bem integridade física, aí já não haverá qualquer problema porque, supostamente, o direito à integridade pessoal (artigo 25º da Constituição) é um direito, liberdade e garantia...

volvidos pela doutrina tradicional a que se recorra, e é até um direito, liberdade e garantia *pessoal*, o que satisfaria mesmo quem, embora sem apoio, releve essa exigência como pressuposto de recurso ao meio processual em causa.

*e)* Por último, também o pressuposto da operatividade de utilização da categoria *direitos, liberdades e garantias* na justiça administrativa é de sustentação, no mínimo, discutível.

Como se viu, arredadas, por constitucionalmente inadequadas, as tentativas *substancialistas* ou *essencialistas* de distinção entre direitos de liberdade e direitos sociais, o único critério susceptível de utilização, e que, a prazo, possa acabar por recolher o acordo residual de doutrina e jurisprudência, é o critério da determinabilidade de conteúdo da norma de direito fundamental em causa e da natureza dos deveres estatais envolvidos. É que não são pretensos escalões de relevância material que diferenciam os tipos de direitos fundamentais. O que neles é distinto é uma diferente justiciabilidade em consonância directa com uma determinabilidade de conteúdo constitucional correspondentemente diferenciada.

Por outro lado, o critério formal ou estrutural da natureza negativa de um direito como caracterizador dos direitos, liberdades e garantias, também muitas vezes utilizado, até pelo Tribunal Constitucional, é pura e simplesmente errado: os direitos, liberdades e garantias, tal como os direitos sociais, são direitos negativos e direitos positivos. No nosso Estado social, enquanto que a dimensão positiva das liberdades é progressivamente mais importante, já os direitos sociais tendem a ser principalmente invocados como direitos negativos, direitos à não afectação das posições jurídicas já conformadas.

De resto, no título II da parte I da Constituição, para além de particulares faculdades com natureza negativa dentro dos direitos, liberdades e garantias (como o direito de resposta ou de réplica na comunicação social do artigo 37º, nº 4, ou a garantia de um serviço público de rádio e televisão do artigo 38º, nº 5), há direitos, liberdades e garantias que são simplesmente direitos positivos, mesmo a título principal, como, por exemplo, o chamado direito à autodeterminação informacional do artigo 35º, nº 1, o direito de acesso aos dados informáticos do próprio.

Ora, se o único critério operativo minimamente adequado de distinção entre direitos fundamentais no plano constitucional é o da determinabilidade de conteúdo, na maior parte dos casos, quando a justiça administrativa é chamada a intervir, esse critério já não é utilizável em termos de distinção entre direitos de liberdade e direitos sociais, uma vez que as diferenças de determinabilidade de conteúdo dentro dos direitos fundamentais, em regra, já desapareceram ou foram superadas através da intervenção conformadora e concretizadora por parte do legislador ordinário.

Em princípio, na justiça administrativa, e quando se trate de invocar a garantia de um direito social, lidamos com direitos que já passaram pela conformação do legislador ordinário, portanto, com direitos que, em geral, apresentam já, e relativamente aos clássicos direitos de liberdade, um grau de determinação até bem superior a estes, uma vez que, em geral, se traduzem na previsão concreta, quantificada, precisa, de uma determinada prestação fáctica.

A partir do momento em que nos passamos a mover nos dois planos –constitucional e infraconstitucional–, ou seja, a partir do momento em que o legislador já conformou o conteúdo dos direitos fundamentais de conteúdo constitucional indeterminado, especificando concreta e precisamente as garantias dos particulares e as obrigações que incumbem aos poderes públicos, mesmo aquelas outras distinções formais eventualmente operativas no plano constitucional perdem agora sentido.

Ora, se bem que não exclusivamente, é sobretudo o plano infraconstitucional que interessa à justiça administrativa que, em geral, lida com direitos fundamentais já legalmente conformados e concretizados e em que a questão da determinabilidade de conteúdo –que era o critério eventualmente operativo de caracterização da especificidade formal dos direitos, liberdades e garantias dentro do sistema dos direitos fundamentais– já estará, em princípio, superada.

Ou seja, desde que o conteúdo do direito fundamental esteja já determinado, a distinção entre direitos, liberdades e garantias e outros direitos perde sentido ou, pelo menos, deixa de se centrar na questão da determinação ou determinabilidade de conteúdo –já resolvida pelo legislador– para passar a centrar-se na questão da fundamentalidade do próprio direito ou faculdade legalmente conformados. Se no que se refere, por exemplo, aos direitos sociais, a norma jusfundamental é agora, após a concretização do legislador, tão ou mais determinada que a norma jurídica que garante os direitos de liberdade, não há qualquer razão para, pressuposta uma idêntica fundamentalidade, distinguir entre eles, seja do ponto de vista material seja do ponto de vista processual.

O que importa, portanto, também para efeitos de justiça administrativa e possibilidade de acesso a este novo meio processual, não é uma distinção abstracta entre direitos, liberdades e garantias e direitos económicos, sociais e culturais, mas a questão de saber se o direito em causa é um direito fundamental da maior relevância material, se está suficientemente determinado em termos de direito subjectivo público e, como tal, se é susceptível de ser juridicamente invocável e judicialmente decidido com respeito integral do princípio da separação de poderes e dos limites funcionais da justiça administrativa.

Em nosso entender, esses critérios (fundamentalidade do direito, determinabilidade do seu conteúdo e, consequentemente, possibilidade de recurso à justiça administrativa com plena observância da separação de poderes) são, portanto, os únicos que, sob pena de desvirtuamento não racional de um meio processual da maior importância, podem e devem ser utilizados para delimitar o conjunto de direitos susceptíveis de ser defendidos através da intimação para protecção de direitos, liberdades e garantias.

*f)* De resto, não é muito diferente o sentido geral da jurisprudência que, de alguma forma, vem fazendo caminho, e bem, nos tribunais administrativos. Ou seja, se puder ser invocado um direito fundamental enunciado no título II ou um chamado *direito de natureza análoga* –o que quer que esse conceito signifique– o problema não se levanta. Mas, mesmo quando tal não suceda, não devem colocar-se obstáculos de admissibilidade à invocação de outros direitos fundamentais desde que estejam preenchidos os restantes requisitos legalmente exigidos para a utilização deste meio processual e o direito fundamental em causa apresente a necessidade de protecção e as características de determinabilidade referidas.

É assim que, com plena justificação, têm sido admitidas acções de intimação para protecção de direitos, liberdades e garantias quando, na realidade, os direitos fundamentais em causa são, por exemplo, o direito à protecção da saúde, o direito à pensão, o direito ao ensino ou, mais especificamente, o direito de acesso ao ensino superior[29].

[29] Cf. o enquadramento da questão e referências jurisprudenciais em FERNANDES CADILHA/ /AROSO DE ALMEIDA, *Comentários ao Código de Processo nos Tribunais Administrativos*, 4ª ed., Coimbra, 2017, págs. 884 e seg; M. AROSO DE ALMEIDA, *Manual de Processo Administrativo*, 3ª ed., Coimbra, 2017, págs. 141 e seg.
Contra, na lógica da doutrina tradicional, VIEIRA DE ANDRADE, *A Justiça Administrativa*, 16ª ed., Coimbra, 2017, pág. 263, para quem, relevar, para o efeito, a determinação de conteúdo de um direito constitucional operada pela lei ordinária, significaria constitucionalizar um direito *ex novo*. Porém, não é assim: o que a lei ordinária faz é tornar certo um direito (à pensão, ao ensino, à saúde) que já tinha sido constitucionalizado, que já era um direito fundamental. Por exemplo, o direito fundamental de associação sindical dos membros das forças de segurança é o direito que resulta da norma constitucional (vaga, indeterminada) e da lei ordinária que regula a sindicalização nas forças de segurança, que determina o conteúdo do direito. Quando alguém recorre à intimação para protecção do direito de associação sindical na PSP invoca esse direito tal como foi ele foi conformado, determinado, pela lei ordinária. Quando alguém invoca o direito constitucional à segurança social, invoca o direito à sua pensão tal como foi conformada pela lei ordinária. Se esse direito, de acordo com a doutrina de VIEIRA DE ANDRADE, é um direito suficientemente determinado –e é– e tem uma ligação íntima com a dignidade da pessoa humana –e tem–, então deve poder ser invocável no âmbito da acção de intimação para protecção de direitos, liberdades e garantias. Se mesmo assim um juiz formalista, seguidor *à outrance* da doutrina tradicional, rejeita a admissibilidade com fundamento em não preenchimento do requisito de constituir um direito, liberdade ou garantia ou um direito de natureza análoga, o titular do direito fundamental só tem, no caso, que invocar o direito ao desenvolvimento da personalidade afectado pela lesão do direito à pensão. Ninguém recusará, supõe-se, que o direito ao desenvolvimento da personalidade seja um direito, liberdade e garantia...

# Capítulo II
# O Conceito de *Direitos de Natureza Análoga aos Enunciados no Título II*

## 1. As dificuldades de esclarecimento do sentido do artigo 17º da Constituição

*a)* Independentemente de qual seja o regime de protecção dita privilegiada dos direitos, liberdades e garantias –o que confrontaremos no capítulo seguinte–, o intérprete vê-se perante a necessidade de dissipar previamente todo um elenco de dúvidas complexas e, porventura, irresolúveis sobre o sentido preciso do artigo 17º da Constituição.

Em primeiro lugar, será necessário delimitar o universo dos direitos fundamentais a que se aplica directamente o regime privilegiado de protecção próprio dos direitos, liberdades e garantias. E, aí, a primeira dúvida será saber se esse regime deve ser aplicado a todos os direitos enunciados no título II ou só aos direitos, liberdades e garantias enunciados no título II.

O sentido literal do enunciado aponta claramente para a segunda hipótese: "O regime dos direitos, liberdades e garantias aplica-se aos [direitos, liberdades e garantias] enunciados no título II e aos direitos fundamentais de natureza análoga". Ou seja, no título II só beneficiariam da protecção privilegiada os direitos fundamentais que fossem direitos, liberdades e garantias. Mas, os direitos enunciados no título II não são todos direitos, liberdades e garantias, já que o título II tem como epígrafe, exactamente, *direitos, liberdades e garantias*?

Podem não ser, pois tudo dependerá do critério que se utilize para identificar os direitos, liberdades e garantias e, para além do indício constituído pela enumeração de direitos constante do título II, a Constituição não fornece um critério.

Poderíamos utilizar, para tal fim, o mesmo critério –todavia oculto– que seria depois utilizado como a referência para a posterior delimitação dos *direitos de natureza análoga*, no sentido de que o que define a existência de analogia é a própria natureza que confere a um direito a qualidade de ser um direito, liberdade ou garantia. Então, o regime próprio dos direitos, liberdades e garantias só seria aplicável aos direitos enunciados no título II onde estivesse presente uma tal característica. Já noutra visão, esse regime seria aplicável, sem excepção, a todos os direitos enunciados no título II –independentemente da natureza e das características que apresentassem–, mas, ainda assim, essa conclusão, discutível, não dispensaria o apuramento do referido critério que nos permitisse, a seguir, delimitar o conjunto dos direitos a que fosse aplicável, por analogia, o regime dos direitos, liberdades e garantias e tal critério fica muito mais difícil de ser descoberto quando se consideram todos os direitos enunciados no título II como sendo direitos, liberdades e garantias. Ou seja, se se aumenta o universo, dificulta-se a descoberta da eventual característica comum.

Seria, então, essencial encontrar o critério substancial ou estrutural que permita identificar a existência de analogia, em ordem a fundamentar a aplicabilidade daquele regime a outros direitos fundamentais não constantes do título II, desde logo a direitos que integram o título III dos direitos económicos, sociais e culturais ou que se encontrem dispersos noutras partes da Constituição.

Por último, esse critério deveria ser adequado à justificação de uma protecção jurídica diferenciada entre uns e outros direitos fundamentais, isto é, direitos que beneficiam de uma protecção constitucional privilegiada (direitos enunciados no título II e direitos de natureza análoga a esses) e direitos, em princípio os direitos sociais, que não gozariam dessa protecção.

*b)* Porém, quando no título II encontramos direitos tão diferentes como as garantias em processo penal, os direitos dos trabalhadores, os direitos políticos ou os direitos pessoais, é difícil extrair do conjunto a característica comum que funcione como critério de fixação de uma analogia com aquelas virtualidades jurídicas. O que apresentam em comum direitos fundamentais como o direito de antena, o direito à greve, a garantia de identidade genética do ser humano, as garantias do detido em prisão preventiva, o direito de acesso às redes informáticas de uso público, a garantia de existência de um serviço público de rádio e de televisão, o direito de formação de tendência sindical ou a proibição de partidos regionais?

O que distingue, por sua vez, e para aqueles efeitos de protecção especial, esse conjunto de direitos de um outro não menos heterogéneo, os direitos fundamentais do título III, onde encontramos direitos como o direito ao ambiente, à cultura, à iniciativa económica privada, a férias periódicas pagas, à proibição de publicidade oculta ou dolosa, à maternidade e paternidade ou à habitação?

Poderíamos, perante a dificuldade evidente, procurar chegar, pela negativa, à característica comum aos direitos, liberdades e garantias enunciados no título II: ela seria o facto de todos esses direitos não serem direitos sociais, ou seja, numa visão simplista, não se traduzirem na necessidade de prestações materiais a cargo do Estado para a respectiva realização.

Porém, como facilmente se percebe, essa tentativa seria insatisfatória. Ela poderia funcionar como característica comum identificadora dos direitos enunciados no título II, mas não de todos, e seria incapaz de servir para delimitar os direitos de natureza análoga constantes do título III, precisamente, os direitos que são classificados como direitos económicos, sociais e culturais.

Por outro lado, percebe-se facilmente a enorme dificuldade –na realidade, uma impossibilidade– em encontrar o referido critério distintivo, a característica comum aos direitos enunciados no título II e aos ditos direitos de natureza análoga. É que, para além de comum, essa característica deveria apresentar uma qualidade que justificasse o tratamento diferenciado, ou seja, proteger privilegiadamente os direitos que a possuíssem em detrimento dos direitos em que essa característica estivesse ausente.

Finalmente, como referimos, a esta impossibilidade acresce aquela outra atinente à necessária distinção entre direito *como um todo* e as faculdades, direitos e garantias que o integram. A referida característica comum deveria estar presente, para funcionar de forma racionalmente sustentada, não apenas no direito fundamental considerado *como um todo*, mas em cada uma das suas diferentes faculdades e direitos. É que cada um desses específicos direitos, faculdades e garantias integrantes do direito *como um todo* –que, em si mesmos, também podem ser tomados e considerados como direitos fundamentais *a se*– apresentam, entre si, natureza diferenciada, particularidades relevantes que exigem consideração na resolução dos casos concretos. E, sobretudo, há que ter em conta que, na vida prática, o direito raramente surge *como um todo*, antes surgindo em afloramentos particulares dos direitos e faculdades que o integram.

Então, se a referida característica comum não estivesse presente num particular afloramento de um direito num caso concreto e, no entanto, lhe aplicássemos o suposto regime de protecção privilegiada, estaríamos a distinguir, a privilegiar, sem fundamento material bastante. Logo, a presença do critério ou característica decisiva para a distinção no caso concreto é uma exigência irredutível, não bastaria dizer que o direito *como um todo* em causa era um direito, liberdade e garantia ou um direito de natureza análoga.

Portanto, a referida delimitação pela negativa seria essencialmente incapaz de produzir um resultado satisfatório quando somos forçados a admitir que há direitos traduzíveis em prestações estatais a que a doutrina tradicional faz aplicar o suposto regime dos direitos, liberdades e garantias e direitos que não se traduzem em prestações estatais, mas que a doutrina tradicional exclui da aplicação daquele regime pretensamente privilegiado.

*c)* Por tudo isso a doutrina e a jurisprudência portuguesas se afadigaram, durante décadas, a procurar encontrar o *critério* distintivo e iluminante da distinção dos direitos fundamentais sistematicamente repartidos pelos títulos II e III da Parte I da Constituição, mas, no fim de milhares de páginas escritas sobre o tema[30], os resultados obtidos são

[30] Cf., por todos, a resenha de MELO ALEXANDRINO, *A Estruturação do Sistema de Direitos, Liberdades e Garantias na Constituição* Portuguesa, II, Coimbra, 2006, págs. 212 e segs.

inseguros, controversos e insatisfatórios, mas também, em grande parte das propostas, dados como pressupostos e dispensando, sequer, qualquer esforço para os explicitar.

Por mais que se percebam as dificuldades em que se via envolvida a principal doutrina da época para encontrar respostas a perguntas tão complexas, o mínimo que se pode dizer, analisando hoje, com frieza e alguma inevitável crueldade, os resultados então produzidos, é que eles, simplesmente, não existem. Na realidade, o que encontramos é um enorme esforço em encontrar respostas criativas cuja inadequação é imediata e honestamente reconhecida pelos próprios no mesmo texto em que sugerem o pretenso critério de distinção[31].

Simplesmente, não era possível delimitar quais os direitos de natureza análoga aos enunciados no título II; e isto era assim considerando já a versão mais simplificada, a introduzida na revisão de 1982, pois na primeira versão, a aprovada em 1976, a única *resposta* fornecida era a de que ficariam excluídos do regime de protecção privilegiada apenas os direitos sociais que consistissem exclusivamente em prestações a fornecer pelo Estado[32].

Obviamente, para dizer o mínimo, um tal critério de delimitação era insustentável.

Primeiro, não há direitos sociais que, como um todo, se limitem às pretensões de prestações a fornecer pelo Estado. Segundo, se não nos referimos ao direito *como um todo*, mas apenas à sua dimensão principal, também encontramos no título II direitos cuja dimensão principal consiste em direitos a prestações estatais. Terceiro, se tomamos apenas como excluídos os específicos direitos a prestações, considerados na sua exclusiva dimensão de prestação, tal critério redundaria, em coerência, em excluir da protecção privilegiada quaisquer dimensões de prestação que integram inelutavelmente os direitos de liberdade; por outro lado, será necessário reconhecer que os específicos direitos a prestações, a

[31] Veja-se, assim, na literatura da época, Gomes Canotilho/Vital Moreira, *Constituição da República Portuguesa Anotada*, 1ª ed., Coimbra, 1978, págs. 50 e segs, págs. 74 e segs; Vieira de Andrade, *Os Direitos Fundamentais na Constituição Portuguesa de 1976*, 1ª ed., Coimbra, 1983, págs. 194 e segs.

[32] Cf., assim, Gomes Canotilho/Vital Moreira, *Constituição da República Portuguesa Anotada*, 1ª ed., Coimbra, 1978, págs. 62 e seg; Vieira de Andrade, *Os Direitos Fundamentais na Constituição Portuguesa de 1976*, 1ª ed., Coimbra, 1983, págs. 196 e seg.

partir do momento em que a prestação é reconhecida ou fornecida, se convertem imediatamente, também, em direitos de defesa das referidas prestações.

Ainda assim, por mais arbitrário que possa parecer o fundamento encontrado (ou a sua ausência), formou-se, na realidade, um consenso prático sobre a qualidade de *direito de natureza análoga* atribuída a alguns direitos constantes do título III. Por exemplo, o direito de propriedade privada ou o direito à iniciativa económica privada, apesar de integrarem a parte dos "direitos económicos", são pacificamente considerados como *direitos de natureza análoga* a direitos, liberdades ou garantias. Mas em que se funda tal conclusão, qual o critério, material ou estrutural, que permite distinguir estes direitos dos restantes direitos constantes da parte dos direitos sociais? Na verdade, essa resposta já não se encontra e não se encontra por uma razão crua: não é possível dá-la.

### 1.1. A inconsistência dos critérios substancialistas

*a)* Por um lado, pode-se dizer que as tentativas *substancialistas* ou *essencialistas*, que procuram localizar a diferença identificadora numa qualidade ou característica material do direito em questão, são mal-sucedidas.

Ainda que, na sua generalidade, os Autores que abordaram o problema sugerissem uma combinação de critérios não perfeitamente separados ou excludentes, entre eles foram feitas algumas propostas de distinção baseadas em critérios substancialistas como os da suposta maior proximidade que os direitos de liberdade apresentariam relativamente à dignidade da pessoa humana, a um *radical subjectivo*, à personalidade humana, à autodeterminação pessoal ou à autonomia subjectiva[33].

Porém, tais critérios *materiais* chocam com duas dificuldades: primeiro, em Estado social e democrático de Direito, todos os direitos fundamentais apresentam uma comum referência a esses princípios ou valores, designadamente à dignidade da pessoa humana; segundo, mesmo que a distinção material assentasse na inegável diferente natureza dos bens jusfundamentalmente protegidos –genericamente, bens de liberdade

[33] Cf. as referências doutrinárias em Jorge Reis Novais, *As Restrições aos Direitos Fundamentais não Expressamente Autorizadas pela Constituição*, Coimbra, 2003, pág. 146.

ou interesses de bem-estar, respectivamente nos direitos de liberdade e nos direitos sociais–, faltaria, como vimos, fundamentar a justificação de atribuição de um regime de maior protecção constitucional aos primeiros.

*b)* Em todo o caso, partindo da hipótese de que estes critérios justificavam uma diferença de tratamento, por que razão deveria o direito de tendência sindical ser considerado mais próximo da dignidade da pessoa humana ou do *radical subjectivo*, da autonomia individual ou da personalidade humana, que o direito à educação e ao ensino? Por que razão, em Estado social de Direito, se deveria conferir ao direito de antena maior protecção constitucional que a conferida ao direito à protecção da saúde ou à habitação? Por que razão o direito à greve deveria ser privilegiado relativamente à protecção dada ao direito ao trabalho?

Com efeito, o direito de tendência sindical, o direito de antena ou o direito à greve são unanimemente considerados direitos, liberdades e garantias; de resto, vêm consagrados em normas constantes do título II da Parte I da Constituição (respectivamente, artigo 55º, nº 2, e), artigo 40º, artigo 57º). Mas, são mais próximos ou decorrem mais proximamente da dignidade da pessoa humana, da personalidade, do radical subjectivo ou da autonomia pessoal que o direito à educação, ao ensino, à saúde ou ao trabalho (sistematicamente situados no título III da Parte I, respectivamente, artigo 73º, artigo 74º, artigo 64º, artigo 58º)?

Obviamente não. A aplicação de tais critérios estaria a ser feita de forma profundamente inadequada. No caso seria até exactamente o inverso: todo o segundo grupo de direitos fundamentais está muito mais próximo daqueles valores essenciais que o primeiro grupo de direitos.

### 1.2. A inaplicabilidade tendencial dos critérios formais ou estruturais

*a)* Perante a não adequação evidente dos critérios *substancialistas*, abre-se, então, um espaço para a *descoberta*de critérios *formais* ou *estruturais* que, independentemente de juízos sobre a importância, a relevância ou a natureza substancial do direito em causa, nos permitissem caracterizar a singularidade dos direitos enunciados no título II –ou de alguns deles– e identificar, em consequência, os referidos *direitos de natureza análoga* aos "enunciados no título II".

Critérios deste tipo poderiam ser, por exemplo, os que assentam na distinção funcional dos direitos fundamentais entre direitos de defesa e direitos a prestações ou na sua distinção estrutural como direitos negativos e positivos ou como direitos de conteúdo constitucional mais ou menos determinado ou determinável. Seria a presença dessas características formais –no caso, serem direitos de defesa, direitos negativos e direitos de conteúdo determinado– que identificaria os direitos enunciados no título II e, logo, que justificaria a aplicação do mesmo regime a todos os outros direitos fundamentais que, consagrados no título III ou noutras partes da Constituição, fossem igualmente direitos de defesa, direitos negativos ou direitos de conteúdo bem determinado.

*b)* No entanto, os critérios formais têm uma dificuldade inultrapassável: todos os direitos fundamentais, quando vistos *como um todo*, são igualmente susceptíveis de ser invocados como direitos de defesa ou como direitos a prestações, como direitos negativos ou como direitos positivos e todos eles, após a sua conformação legal, apresentam conteúdo normativo de grau de determinação equivalente. Uma distinção fundada naqueles critérios só é eventualmente adequada quando referida a específicas faculdades, direitos ou garantias particulares inscritos num direito fundamental considerado *como um todo*. Porém, como, em geral, os direitos fundamentais vêm constitucionalmente consagrados na sua globalidade, *como um todo*, tanto no título II como no título III da Constituição, as analogias entre eles são insusceptíveis de fundar a pretensa distinção de regime.

E são-no, desde logo, porque, negligenciando a referida distinção entre o direito e as faculdades que o integram, o direito *como um todo* apresenta, na sua globalidade, faculdades ou direitos com a mais diferente natureza e estrutura, o que não permite apreender a natureza real que um direito apresenta no caso concreto *sub judice*.

Por exemplo, se o direito à livre iniciativa económica for invocado contra uma proibição estatal de se desenvolver uma dada actividade económica, surge aí invocado pelo seu titular como direito de defesa e como direito negativo; logo, seria aparentemente um direito de natureza análoga aos direitos enunciados no título II.

Porém, se em caso de ocorrência de uma catástrofe natural, alguém invoca a livre iniciativa económica como fundamento para pedir uma ajuda estatal, o direito surge como direito a prestação e como direito positivo. Qual seria, então a conclusão: a liberdade de iniciativa económica privada é ou não, globalmente considerado, um dito *direito de natureza análoga*?

Por outro lado, também os próprios direitos que surgem como referências para a analogia, ou seja, os referidos direitos fundamentais enunciados no título II, podem, eles mesmos, surgir como direitos de defesa e direitos a prestações, como direitos negativos ou direitos positivos. O direito à vida pode surgir como direito negativo, mas também como direito positivo, como direito de defesa, mas também como direito a prestações.

Porém, no que se refere aos direitos enunciados no título II, independentemente da presença e da distinção de natureza entre dimensões negativa e positiva, a doutrina tradicional tende a fazer aplicar a todos eles o dito regime próprio dos direitos, liberdades e garantias. Já no que se refere aos direitos fora do título II, sem que se perceba razão que o fundamente, a doutrina tradicional exclui a dimensão positiva desses direitos da possibilidade de aplicação daquele regime.

Com efeito, se a doutrina tradicional faz aplicar ao direito à integridade física e psíquica do artigo 25º –às suas duas dimensões– o regime dos direitos, liberdades e garantias, por que razão só à dimensão negativa do direito à saúde seria aplicável tal regime, quando resulta evidente que também a dimensão positiva desse direito é análoga a direitos enunciados no título II e, desde logo, é análoga à dimensão positiva do direito à integridade física e psíquica?

Por exemplo, integra-se na dimensão positiva do direito à integridade física a obrigação positiva de o Estado proteger a integridade de cada um de eventuais agressões provindas de terceiros. Então, se se fizer sentir a necessidade de uma lei com esses objectivos, e considerando que o artigo 165º, nº 1, b), reserva à Assembleia da República a competência para legislar sobre direitos, liberdades e garantias, pode ou não o Governo legislar sobre a matéria mesmo não dispondo de autorização legislativa?

A doutrina tradicional responderá negativamente, tendendo a considerar que todos os direitos enunciados no título II, incluindo as respectivas dimensões negativa e positiva, estão sujeitos ao regime próprio dos direitos, liberdades e garantias e, logo, à reserva de competência legislativa da Assembleia da República.

Porém, quando se interroga sobre a aplicabilidade do mesmo regime ao direito à protecção da saúde, a doutrina tradicional já excluirá a respectiva dimensão positiva dessa reserva, considerando que só a dimensão negativa é análoga a direitos, liberdades e garantias. Mas porquê quando é óbvio que a dimensão positiva do direito à saúde é igualmente análoga à dimensão positiva do direito à integridade?

*c)* Logo, ainda que as tentativas de distinção *formal*, orientadas pela diferença estrutural dos dois grandes tipos de direitos aparentem ser mais produtivas e, nesse sentido, sejam mais frequentemente utilizadas que as diferenças *substanciais*, elas são igualmente inidóneas para fundamentar a distinção de regimes com um mínimo de coerência e solidez.

No fundo, a ideia seria a de que, independentemente da respectiva relevância material ou da importância relativa que lhes fosse atribuída pelos seus titulares ou pela ordem jurídica, haveria alguns direitos cuja estrutura e natureza formal estariam mais adaptadas à aplicabilidade do referido regime próprio dos direitos, liberdades e garantias que outros. No entanto, apesar dessa maior tendencial operatividade, critérios deste tipo só seriam admissíveis se se pudesse demonstrar que um direito, liberdade e garantia é, por definição, um direito negativo, um direito de defesa ou um direito de conteúdo determinado e que, em oposição, um direito social é um direito positivo, um direito a prestações ou um direito de conteúdo indeterminado.

Mas, claramente, não é assim. Um direito de liberdade pode surgir, num caso concreto que importe resolver, como um direito positivo, com um conteúdo relativamente indeterminado e exigindo aos poderes públicos a protecção ou a promoção do respectivo acesso. E situação paralela, mas na inversa, ocorre com os direitos sociais: eles podem surgir como direitos negativos, de conteúdo bem determinado e exigindo que o Estado se abstenha de alterar desvantajosamente o respectivo conteúdo.

Por exemplo, durante a chamada jurisprudência da crise, era precisamente isso que, na generalidade das situações controversas, acontecia com os direitos sociais. Ou seja, aquilo que os seus titulares exigiam do Estado, para se defenderem, era que o legislador não afectasse as suas posições e situações jurídicas constituídas ao abrigo de tais direitos fundamentais sociais, que o Estado não restringisse o seu direito à retribuição ou à pensão tal como eles se encontravam até aí garantidos, logo, como direitos de defesa, como direitos negativos e como direitos de conteúdo bem determinado.

Assim, também as distinções assentes em critérios formais não permitiriam resolver cabalmente as dificuldades com que nos debatemos na descoberta de critérios de distinção operativos.

*d)* De facto, como temos referido, de nada adianta pretendermos fundar, por exemplo, uma diferença entre o direito à vida e o direito à habitação naquele tipo de diferenças estruturais quando sabemos que, indiferentemente integrados num e noutro direito fundamental, encontramos direitos ou faculdades particulares com a mais variada natureza estrutural. Quer no direito à vida quer no direito à habitação, considerados *como um todo*, encontramos direitos negativos e positivos, de conteúdo mais e menos determinado, apelando, para a respectiva realização, aos vários tipos de deveres estatais e consequentes diferentes reservas que os afectam.

Neste sentido, mesmo este tipo de critérios só será admissível como fundamento de distinção quando consideramos os direitos fundamentais em abstracto e naquela que é a sua dimensão tida como principal, ou seja, a dimensão de prestação fáctica nos direitos sociais e a dimensão de defesa nos direitos de liberdade. Ora, o alcance da distinção perde interesse quando sabemos que, na vida prática, aquilo que nos surge e temos de resolver como juristas nunca ou raramente é o direito *como um todo*, em abstracto, mas antes uma dimensão ou faculdade particular, concreta, pontual, que pode apresentar as mais diferentes características estruturais quer esteja integrada num direito de liberdade ou num direito social.

*f)* Unicamente a título de exemplo, e para se perceberem as dificuldades inultrapassáveis na tentativa de conferir um sentido racional e operativo ao artigo 17º, atente-se na posição sustentada a propósito por Gomes Canotilho/Vital Moreira[34].

[34] Cf. Gomes Canotilho/Vital Moreira, *Constituição da República Portuguesa Anotada*, I, 4ª ed., Coimbra, 2007, págs. 371 e segs.

O critério proposto para delimitar o âmbito dos *direitos de natureza análoga* é o do carácter negativo do direito em causa, da sua natureza de direito de defesa; preenchidos estes requisitos, o direito deveria ser considerado análogo aos enunciados no título II e dever-lhe-ia ser aplicado o regime próprio dos direitos, liberdades e garantias. Assim, por exemplo, à dimensão negativa do direito à saúde deveria ser aplicado tal regime, mas não já à sua dimensão positiva; a essa deveria ser aplicado o *regime* dos direitos sociais[35].

Porém, uma posição deste tipo, todavia seguida em inúmera jurisprudência, suscita enormes dúvidas e algumas perplexidades.

Em primeiro lugar, sustentando-se, tal como a generalidade da doutrina tradicional, na necessidade de *levar a sério* o sentido dos enunciados constitucionais, desde logo começa por se afastar do sentido literal do artigo 17º. É que, como se viu, o artigo 17º reserva a aplicabilidade do regime próprio dos direitos, liberdades e garantias aos [direitos, liberdades e garantias] enunciados no título II. Ora, o primeiro *desvio* desta orientação reside no facto de estes Autores fazerem aplicar, por definição, o regime dos direitos, liberdades e garantias a todos os direitos enunciados no título II e a quaisquer das suas dimensões particulares, seja ela negativa ou positiva, de defesa ou de prestação.

Mas, qual a razão para tal generosidade? A que título a dimensão positiva do direito de tendência sindical ou a dimensão de prestação do direito de antena devem beneficiar de um regime privilegiado, enquanto que se nega tal *benefício* à dimensão positiva do direito à saúde ou à dimensão de prestação do direito ao trabalho? Sobretudo, porquê devem usufruir desse *privilégio* quando a Constituição não o diz?

No exemplo real que já referimos –a greve dos enfermeiros de 2018/2019 que afectava especial ou exclusivamente o serviço dos blocos operatórios–, os sindicatos puderam accionar a intimação para protecção de direitos, liberdades e garantias com o fim de defenderem o seu direito à greve. Mas, como dissemos, de acordo com a doutrina tradicional, os pacientes oncológicos que vissem a sua operação adiada, e mais do que uma vez, por força da greve, como aconteceu na realidade, já não poderiam recorrer à mesma acção, pois, no caso, estar-se-ia no âmbito da dimensão positiva do direito à saúde e, de acordo com a teoria destes

[35] Cf., assim, *op. cit.*, pág. 825.

Autores, tal direito não beneficiaria do regime próprio dos direitos, liberdades e garantias.

Em segundo lugar, e decisivo, a que título e com que autorização constitucional é que se seleccionam dimensões nos direitos *candidatos* a serem considerados *análogos aos enunciados no título II*?

É que, no título II encontramos direitos negativos e direitos positivos (por exemplo, o direito ao conhecimento dos dados pessoais do artigo 35º é um direito positivo), direitos de defesa e direitos a prestações (por exemplo, a garantia de existência de um serviço público de rádio e televisão do artigo 38º é um direito a prestações) e, mais, em cada um dos direitos, liberdades e garantias podemos distinguir, igualmente, dimensões ou faculdades negativas e positivas, de defesa e de prestação.

Logo, para quê distinguir onde a Constituição não distingue? Se a dimensão negativa do direito à saúde é, de facto, análoga à dimensão negativa do direito à integridade física e psíquica do artigo 25º, também a dimensão positiva do direito à saúde é análoga à dimensão positiva daquele outro direito. Se a Constituição fala simplesmente em *direitos de natureza análoga aos enunciados no título II*, para quê, então, excluir quando a Constituição não exclui?

A resposta, defendida expressamente pela doutrina tradicional que apoia este critério de distinção e de analogia, é a de que só a dimensão negativa corresponde à natureza dos direitos clássicos, os direitos, liberdades e garantias. A nosso ver, erroneamente.

Primeiro, no título II (direitos, liberdades e garantias) há direitos clássicos, mas também direitos modernos e direitos *pós-modernos*. Nem mais nem menos, aliás, que no título III, onde também há direitos clássicos, *modernos* e *pós-modernos*.

A liberdade de expressão é um direito clássico, mas a liberdade de associação não; o direito à greve é tudo menos clássico, considerando que, na época *clássica*, era visto como crime; o direito à autodeterminação informacional é um direito *pós-moderno*. Todos eles se encontram no título II. Ao invés, os mais *clássicos* de todos os direitos, o direito de propriedade e a liberdade de iniciativa económica privada, estão no título III e a sua transferência para o título II em revisão constitucional foi expressamente rejeitada. Logo, não é o ser ou não *clássico* que fundamenta materialmente a distinção categórica entre o título II e o título III da Constituição.

Segundo, também já nos direitos clássicos estavam presentes uma dimensão negativa e uma dimensão positiva. No direito de propriedade tão importante era a dimensão de defesa, negativa, quanto a dimensão de protecção, positiva. Porquê deveria ser agora a dimensão negativa a fundar, com exclusividade, o critério da analogia relevante?

Finalmente, perante a evidência, poderia a doutrina tradicional responder que, no caso da greve dos enfermeiros, os pacientes deveriam invocar o direito à integridade física e psíquica em vez de invocarem o direito à saúde. É verdade, mas, sendo assim, para quê todas estas categorias e regimes quando basta simplesmente *revestir* o direito social que se invoca de direito, liberdade e garantia para passar a ser tudo igual?

## 2. É possível chegar a um critério adequado e operativo de delimitação dos *direitos de natureza análoga*?

*a)* Com as reservas acabadas de referir e que, nos casos concretos a decidir, têm uma influência decisiva, já sustentámos[36] que, no que à sua dimensão principal se refere, a diferença acolhida pela Constituição portuguesa entre direitos, liberdades e garantias e direitos económicos, sociais e culturais, poderia, quando muito, ser interpretada no sentido de que assenta na combinação ou associação integrada de dois critérios: a diferente determinabilidade de conteúdo constitucional dos direitos em causa, de um lado, e a diferente natureza dos deveres estatais directamente envolvidos no caso concreto, com a consequente diferença de natureza das reservas que aí afectam a realização do direito fundamental[37].

[36] Cf., com inspiração recolhida conjuntamente na elaboração de Vieira de Andrade e de Jorge Miranda, Jorge Reis Novais, *As Restrições aos Direitos Fundamentais...*, cit., págs. 133 e segs, págs. 145 e segs.

[37] Esta concepção foi depois genericamente acolhida por Melo Alexandrino (cf. *A Estruturação...*II, cit., págs. 237 e segs) e Rui Medeiros (cf. "Direitos, liberdades e garantias e direitos sociais: entre a unidade e a diversidade" *in Estudos em Homenagem ao Prof. Doutor Sérvulo* Correia, vol. I, Coimbra, 2010, págs. 662 e segs), embora com enquadramentos e consequências muito diferentes. Enquanto que o primeiro Autor o inscreve numa desqualificação substancial dos direitos sociais como verdadeiros direitos fundamentais (cf. *op. cit.*, págs. 219 e segs), já Rui Medeiros, em termos práticos, não diverge substancialmente das posições que defendemos, ainda que persista numa posição teórica de não adopção da dogmá-

Mas, repita-se, estes critérios só são admissíveis com a consciência das condicionantes assinaladas, ou seja, de que nos referimos exclusivamente à dimensão principal dos direitos e ao plano da sua consagração constitucional, o que, sendo uma construção teoricamente possível, pode não ter qualquer significado quando nos confrontamos, na vida prática, com uma dimensão, direito ou faculdade específicas e, sobretudo, quando nos confrontamos com um direito já após a respectiva conformação legal.

Assim, uma vez que, na sua dimensão principal –a dimensão de defesa da autonomia e liberdade individual–, os direitos de liberdade são apenas afectados por uma reserva geral imanente de ponderação com os valores, bens ou interesses igualmente dignos de protecção jurídica e que, no caso concreto, apresentem maior peso, é possível à respectiva norma constitucional de garantia criar, ela própria, uma área juridicamente delimitada ou delimitável de livre acesso ou fruição de um bem ou interesse de liberdade protegido pelo direito fundamental, independentemente de esse acesso, assim abstractamente garantido, poder vir a ser comprimido ou restringido no caso concreto em função da activação daquela reserva.

Dessa determinabilidade constitucional típica dos direitos de liberdade decorre, então, para os poderes constituídos, a obrigação de acatarem e de garantirem a inviolabilidade e possibilidades jurídicas de realização e concretização da capacidade de autodeterminação individual assim, directa ou indirectamente, reconhecida e, para os particulares, decorre a possibilidade de reagirem jurisdicionalmente contra eventuais restrições ou violações dessa margem de autodeterminação directamente conferida pela norma constitucional.

Por sua vez, quanto aos direitos sociais, eles estão afectados, na sua dimensão principal e em abstracto –dimensão de prestação fáctica, por parte do Estado, das condições materiais de acesso a bens sociais–, por uma reserva do financeiramente possível que, por sua vez, reforça e potencia uma reserva do politicamente adequado ou oportuno na correspondente realização positiva.

tica unitária dos direitos fundamentais mesmo que todas as propostas de enquadramento que sugere se apliquem indiferentemente a quaisquer direitos fundamentais.

Assim, a norma constitucional de garantia de um direito social traduz-se essencialmente na imposição ao Estado de um dever de prestar cuja realização, todavia, por estar essencialmente dependente de pressupostos materiais, designadamente financeiros, não se encontra (ou pode deixar de estar) na inteira disponibilidade da decisão do Estado. Por esse facto, ou seja, pelo essencial condicionamento material e financeiro da prestação estatal, a norma constitucional, em geral, não pode desde logo garantir, na esfera jurídica do titular real ou potencial do direito fundamental, uma quantidade juridicamente determinada ou determinável de acesso ao bem protegido.

Na dimensão principal dos direitos de liberdade, os deveres que incumbem ao Estado são, em geral, independentes de quaisquer disponibilidades financeiras ou materiais, pelo que, dependendo exclusivamente da vontade de os poderes constituídos observarem os preceitos constitucionais, a satisfação desses deveres é imediatamente exigível por força da consagração constitucional do direito, o que pode não significar, note-se, exequibilidade imediata da norma constitucional.

Diferentemente, na sua dimensão principal, o conteúdo dos direitos sociais não é, em geral, constitucionalmente determinado ou determinável. A norma constitucional de direito fundamental não cria, ela própria, em termos definitivos, um âmbito delimitado de acesso reconhecido, abrindo, todavia, essa possibilidade e impondo essa obrigação aos competentes órgãos do Estado. Porém, num contexto de escassez de recursos materiais e de consequente necessidade de fixação de prioridades de repartição segundo critérios que, não sendo desvinculados das directivas constitucionais, são, todavia, essencialmente determinados por uma irredutível –em democracia política– margem de livre decisão do legislador democraticamente legitimado, nem mesmo quando este determina os limites concretos de uma dada prestação se pode aí reconhecer um espaço definitivamente protegido de autodeterminação idêntico ao que caracteriza os direitos de liberdade.

É que o referido condicionamento material dos direitos sociais faz deles –sempre– direitos que, na sua dimensão principal, são direitos *sob reserva do possível*, pelo que o correspectivo dever jusfundamental que impende sobre o Estado não é, como nos direitos de liberdade, o de garantia da inviolabilidade e possibilidades jurídicas de concretização de um espaço de autodeterminação individual, mas antes o de, tanto quanto *possível*, promover as condições óptimas de efectivação da prestação estadual em questão e preservar os níveis de realização já atingidos.

*b)* Todavia, se esta é, em nosso entender, a forma mais adequada de construção teórica da diferença estabelecida pela Constituição portuguesa entre direitos, liberdades e garantias e direitos económicos, sociais e culturais, ela só é bem entendida se se tiverem em conta as três notas seguintes a que temos repetidamente aludido.

Em primeiro lugar, referindo-se, em abstracto, à dimensão principal dos direitos fundamentais, esta construção tem de ser aplicada em função do direito, faculdade ou garantia particular em causa na situação jurídica concreta. A presença das características referidas de determinabilidade de conteúdo e de natureza dos deveres estatais envolvidos deve ter como referência o direito invocado no caso concreto, independentemente de um tal direito ser teoricamente integrável num direito de liberdade ou num direito social considerados *como um todo*. Assim, não é pelo facto de, como um todo, um direito ser classificável como um direito, liberdade e garantia que, qualquer que seja a dimensão, faculdade, direito ou garantia concretamente invocáveis num caso concreto, ele deva beneficiar do dito regime de protecção especial dos direitos, liberdades e garantias, admitindo aqui, por mera hipótese teórica, que existe um.

Em segundo lugar, a questão da determinação ou determinabilidade do conteúdo do direito deve ser apurada, se for o caso, em função da aplicação conjugada da norma constitucional de garantia e da norma ordinária que a conforma, uma vez que é da integração desses dois planos e disposições normativos que resulta, em última análise, a norma de direito fundamental aplicável ao caso[38].

Em terceiro lugar, ainda que associada e dependente da questão da determinabilidade de conteúdo, decisivo para a resolução jurídica do caso acaba por ser, não o direito fundamental *como um todo*, não o direito fundamental ou a sua dimensão principal em abstracto, mas o tipo de dever estatal imposto pela norma de direito fundamental aplicável ao caso concreto e a natureza jurídica das especiais reservas que, nesse contexto prático, afectam tal dever.

[38] Cf. a demonstração desenvolvida em Jorge Reis Novais, *Direitos Sociais – Teoria Jurídica dos Direitos Sociais Enquanto Direitos Fundamentais*, 2ª ed., Lisboa, 2017, págs. 151 e segs.

Portanto, independentemente da identificação abstracta e *como um todo* de um direito como direito social ou como direito de liberdade, o que conta para a identificação daquelas características diferenciadoras e para a consequente aplicação do regime constitucional próprio dos direitos, liberdades e garantias –caso existisse, repita-se, por mera hipótese teórica, um tal regime enquanto regime diferenciado daquele que é, em geral, aplicado às normas constitucionais– é a natureza estrutural do direito especial que surge na situação jurídica controversa e não a natureza do direito em que ele se integra.

Ou seja, se, por exemplo, num caso concreto controverso, vem invocado, por parte de um particular, o direito à protecção da vida por parte das forças policiais de segurança, a pretensão que o Estado lhe garanta um determinado *quantum* de protecção da vida que ele considera ameaçada, o que conta não é identificarmos o direito à vida, *como um todo*, como direito de liberdade, mas sim a natureza do direito especialmente invocado no caso, logo, o direito a que o Estado garanta um determinado nível de protecção policial à vida de alguém. Assim, decisivo para resolvermos uma questão jurídica envolvendo um direito fundamental é conhecermos a natureza desse direito, a determinabilidade constitucional e legal do seu conteúdo, a natureza dos deveres que impendem sobre o Estado, as reservas que afectam a exigibilidade judicial de cumprimento de tais deveres.

Logo, a resolução do problema jurídico concreto nada tem a ver com aplicação deste ou daquele regime, em abstracto, mas com a natureza das pretensões jsufundamentais que emergem do caso concreto, a respectiva natureza, as reservas que as afectam, a força de vinculatividade jusfundamental que apresentam no caso concreto. Reconhecida a sua força constitucional e jusfundamental, as correspondentes obrigações que delas decorrem para as diferentes entidades públicas só têm a ver com essas especificidades e nunca com a eventual obrigação de aplicação de um pretenso regime abstracto determinável a partir da identificação da natureza de um direito fundamental, considerado *como um todo*, como direito, liberdade e garantia ou como direito social.

Significa isto, concluindo, que é absolutamente indiferente, para resolvermos um problema de direitos fundamentais, saber se esse direito é um direito de liberdade ou um direito social, se a Constituição portuguesa o identifica como direito, liberdade e garantia ou como direito económico, social e cultural. Tal qualificação e classificação são dogmaticamente irrelevantes. A dogmática dos direitos fundamentais é uma dogmática unitária, isto é, tratamos os direitos fundamentais, todos, da mesma maneira independentemente daquelas categorias e daquela sistematização constitucional. O importante é ser um direito fundamental, um direito constitucional.

Não significa isso, no entanto, que à dogmática unitária seja indiferente a natureza da singular garantia, direito ou faculdade em apreciação no caso concreto. Como sustentámos desenvolvidamente noutro local, para onde remetemos[39], é dogmaticamente decisivo sabermos qual a natureza da norma constitucional onde se apoia a pretensão jusfundamental em causa (uma *regra* ou um *princípio*), qual a natureza estrutural da dimensão jusfundamental invocada (um direito negativo ou um direito positivo) e qual o dever estatal cujo incumprimento se alega (um dever de respeito, um dever de protecção ou um dever de promoção). E essas distinções são dogmaticamente relevantes porque as margens de decisão e de ponderação são diversas consoante a natureza da norma, porque os princípios estruturantes que devem ser observados são diferentes consoante a estrutura do direito e porque as reservas que condicionam a actuação estatal são distintas consoante o dever estatal em causa. Porém, nada disso e nenhuma dessas distinções tem a ver com hipotéticos regimes constitucionais diferenciados e, ainda menos, com regime constitucional privilegiado de uns direitos relativamente a outros.

*c)* Se alguém invoca a inconstitucionalidade por omissão por falta de auxílio estatal aos imigrantes e refugiados que chegam ao país –omissão que colocaria em causa a respectiva sobrevivência – e, por isso, em nome do direito à vida, reclama as devidas prestações financeiras e sociais, que natureza apresenta aqui o direito à vida tal como vem invocado?

Tem aí esse direito fundamental natureza diferente da eventual invocação do direito à protecção da saúde em circunstâncias análogas? Não é, nas circunstâncias do caso, o direito à saúde perfeitamente análogo ao direito à vida? Mas, não está o direito à vida no título II e o direito à saúde no título III e não são eles comum e respectivamente considerados pela

[39] Cf. JORGE REIS NOVAIS, *Direitos Sociais...*, cit., págs. 337 e segs.

doutrina tradicional como exemplos de direito, liberdade e garantia e de direito social?

Ou seja, nós podemos sempre encontrar num dito direito, liberdade e garantia algumas faculdades ou direitos específicos que apresentam uma natureza análoga ou até idêntica à natureza apresentada por faculdades ou direitos inscritos em direitos fundamentais tradicionalmente considerados como direitos sociais.

Assim, o direito à integridade física e psíquica (artigo 25º da Constituição) é unanimemente considerado um direito, liberdade e garantia e, ao invés, o direito à protecção da saúde (artigo 64º) é unanimemente considerado um direito social, o que pressuporia, na lógica que criticamos, que teriam uma natureza diferente e, consequentemente, segundo a doutrina tradicional portuguesa, um regime diferente. Isto é, segundo esta doutrina, um caso concreto deveria ser diferentemente decidido se, nas mesmas circunstâncias, estivesse em causa a afectação do direito à integridade física ou o direito à protecção da saúde.

Mas, se eu invoco o meu direito à integridade física contra emissões poluentes que, a prazo, contribuem para me destruir órgãos vitais, a natureza do direito fundamental que invoco é exactamente igual –e não apenas análoga– quer eu invoque o direito à integridade ou o direito à saúde. Nessa altura, aplicaremos o regime *próprio* de que direitos: dos direitos, liberdades e garantias ou dos direitos sociais?

*d)* Da mesma forma, de nada adianta fundar uma pretensa diferença entre os dois tipos de direitos na maior determinabilidade de conteúdo dos direitos de liberdade quando considerados e comparados com os direitos sociais no plano da sua positivação constitucional, quando sabemos que, após conformação legal, uma tal diferença se esbate, desaparece ou até se inverte. Isto é, após a respectiva conformação legal, um direito social, até pela natureza das prestações estatais em causa, adquire muito maior determinabilidade, em geral, que aquela que os direitos de liberdade recolhem na sua conformação pelo legislador ordinário.

Logo, também aí a diferença de determinabilidade considerada enquanto fundamento de eventual maior protecção constitucional a conferir aos direitos de liberdade terá o seu alcance relativizado quando sabemos que, em geral, e após alguns anos de vigência da Constituição, todos os direitos fundamentais, de liberdade ou sociais, foram já objecto de conformação infraconstitucional que dissipa a justificação de diferenciação de regimes de protecção construída naqueles moldes.

*e)* Por último, dilucidada, nestes termos, a questão da distinção constitucional entre direitos, liberdades e garantias e direitos económicos, sociais e culturais para efeito do regime de protecção constitucional aplicável, falta discutir as questões relacionadas com o referido regime, dado que, como se verá, também nesse domínio a aparente clareza dos enunciados constitucionais se vai revelar ilusória.

Podemos, com muito esforço, como vimos, chegar eventualmente à distinção entre direitos, liberdades e garantias e direitos económicos, culturais e sociais, para efeitos de aplicarmos aos primeiros e aos que lhes forem análogos, nos termos do artigo 17º da Constituição, o referido regime de protecção constitucional privilegiada, mas isso supõe, para o esforço fazer algum sentido, que haja, de facto e de direito, um tal regime. Se, no fim do trajecto, concluíssemos que, afinal, não há um regime de protecção especial e privilegiada dos direitos de liberdade, mas apenas um regime de protecção, naturalmente privilegiada por força do seu nível constitucional, aplicável a todos os direitos fundamentais, então é a própria discussão sobre aquela distinção, que mobilizou durante décadas doutrina e jurisprudência portuguesas, que se vê privada de relevância dogmática, perplexidade esta que, por si só, constituiria um factor não irrelevante para compreendermos parte da resistência obstinada da doutrina tradicional em reconhecer o que, em nosso entender, é óbvio.

Em qualquer dos casos, mesmo que viéssemos a identificar um regime especial de protecção privilegiada dos direitos, liberdades e garantias, esse regime era insusceptível de se fundar, como vimos, numa distinção essencialista associada a uma eventual superioridade hierárquica ou maior relevância substancial dos direitos de liberdade relativamente aos direitos sociais. No entanto, se essa é a conclusão a que se chega após porfiados esforços de distinção e reflexão analíticas, aquilo que resulta primária, intuitiva e insensivelmente da percepção de uma sistematização própria e da atribuição de um regime de protecção privilegiada aos direitos de liberdade é a ideia de uma *superioridade, prioridade* ou *primazia* constitucionais dos direitos, liberdades e garantias relativamente aos direitos económicos, sociais e culturais.

Ora, mesmo quando essas primeiras impressões, que, como vimos, têm uma origem muito marcada no próprio momento constituinte, venham a ser infirmadas *a posteriori*, elas deixam inevitavelmente um rasto muito impressivo de inconvenientes dogmáticos que se reflectem, pelo menos, em três domínios da maior relevância, no plano constitucional e infraconstitucional.

*f)* Desde logo, e é afinal o problema que nos tem ocupado, aquela ideia de supremacia, de natureza e de regime, dos direitos de liberdade tende a reflectir-se na ideia *feita* de que, *a contrario*, os direitos sociais têm uma natureza e regime materiais de menor relevância e protecção.

Em segundo lugar, quando se trata de repartir, na Constituição, as competências legislativas de Governo e Assembleia da República, uma vez que, como é próprio de Estado democrático, se reserva ao parlamento a legislação sobre as matérias mais importantes, então parece lógico, aceitável e adequado que, não podendo sobrecarregar disfuncionalmente a Assembleia da República com uma competência legislativa reservada sobre todos os direitos fundamentais, lhe seja atribuída a reserva sobre os direitos de liberdade, deixando a legislação sobre direitos sociais à competência concorrencial dos dois órgãos. Porém, se a lógica de distinção entre direitos de liberdade e direitos sociais não é, afinal, como vimos, uma diferença de relevância, mas apenas estrutural, então uma tal repartição de competências baseada na supremacia substancial é falha de racionalidade se aplicada nesses estritos termos.

Por último, a ideia de supremacia material dos direitos de liberdade reflecte-se também negativamente no plano infraconstitucional quando, sob inspiração e directiva constitucional, é tomada como critério de distinção no acesso à justiça. Foi o que sucedeu, como vimos, no domínio do contencioso administrativo quando, na concretização do comando constitucional do artigo 20º, nº 5, da Constituição, se criou uma acção especial de intimação para protecção dos direitos, liberdades e garantias. Ora, esta opção, se faz todo o sentido a partir de uma ideia de supremacia e de necessidade especial de protecção deste tipo de direitos, suscita as maiores dificuldades quando se trata, não apenas de identificar os direitos susceptíveis de ser accionados por esta via, como também o eventual *destino* de desprotecção relativa que passaria a afectar, no caso, os direitos sociais.

# Capítulo III
# O Regime Formal e Orgânico dos Direitos, Liberdades e Garantias

Admitindo que, a partir da indagação anterior sobre os critérios de distinção dentro dos direitos fundamentais, tinha sido possível determinar a que direitos enunciados no título II e a que *direitos de natureza análoga* seria aplicável o regime constitucional próprio dos direitos, liberdades e garantias –o que, vimos, é um exercício de resultados fragilmente sustentados ou até totalmente improdutivo–, faltaria agora o essencial: desde logo, a identificação de um tal regime, mas, sobretudo, também a identificação de um outro regime, supostamente diferenciado e enfraquecido, que seria aplicável aos restantes direitos fundamentais.

É que, sendo pacífica a possibilidade de enumerar um conjunto de regras e princípios constitucionais aplicáveis aos direitos, liberdades e garantias e que é tradicionalmente designado dessa forma, regime dos direitos, liberdades e garantias –até porque a própria Constituição assim se lhe refere expressamente–, mais complicado é identificar um regime que se supõe ser menos qualificado ou enfraquecido e que seria aplicável aos restantes direitos fundamentais, designadamente, aos direitos sociais.

Ora, a este propósito, e pese todo o lastro de repetição acrítica patrocinada pela doutrina tradicional, vamos demonstrar, sem sombra de dúvida razoável, que, afinal, o dito regime especial e privilegiado próprio dos direitos, liberdades e garantias não é mais que o regime que, em qualquer Estado de Direito e, naturalmente, também em Portugal, é necessariamente aplicável a qualquer direito fundamental de valor constitucional, a todos eles, sem excepção. Então, se isto for assim, toda a discussão sobre o tema, todo o esforço despendido a delimitar direitos para efeitos de atribuição de um regime particular, teriam sido totalmente inúteis. E, a nosso ver, essa conclusão, todavia inevitável, é provavelmente a razão da grande resistência da doutrina tradicional em reconhecer o óbvio: a inutilidade de um labor a que se dedicou com afinco durante décadas.

De facto, de que serviria tanto esforço para determinar o que é um direito, liberdade e garantia ou o que é um direito de natureza análoga aos enunciados no título II quando, afinal, todo o regime constitucional aplicável a qualquer direito constitucionalmente consagrado é exactamente o mesmo, o regime dos direitos fundamentais constitucionais?

Precisamos mesmo de consumir horas infindáveis para descobrir e delimitar a que direitos vamos aplicar a proibição de suspensão contida no artigo 19º ("os órgãos de soberania não podem ...suspender o exercício dos direitos, liberdades e garantias...")? Pois não é confrangedoramente óbvio que essa proibição se aplica a quaisquer direitos constitucionais e a quaisquer normas constitucionais?

Fizemos pela primeira vez esta pergunta em 2003[40]. Em 2020 explicamos porque é que, sendo a resposta confrangedoramente óbvia, esta norma foi ainda assim inserida na Constituição com este enunciado. Como demonstrámos atrás[41], quando este enunciado foi escrito e proposto "direitos, liberdades e garantias" significava, precisamente, *todos os direitos fundamentais*, não uma parte deles. Por isso a norma ficou assim na Constituição. Porém, a expectativa de que a doutrina tradicional alguma vez venha a reconhecer este *óbvio* é muito ténue, ainda que, como dissemos, a resistência nada tenha a ver com razões jurídicas.

[40] Cf. Jorge Reis Novais, *As Restrições aos Direitos Fundamentais não Expressamente Autorizadas pela Constituição*, Coimbra, 2003, págs. 20 e seg.
[41] Cf. *supra*, Parte I, capítulo I, págs. 35 e segs.

## 1. A pretensa existência de um regime próprio e específico dos direitos, liberdades e garantias

*a)* O dito regime próprio de protecção constitucional privilegiada dos direitos, liberdades e garantias na Constituição portuguesa é normalmente caracterizado como estando distribuído por três planos: um regime material, um regime orgânico e um regime de revisão constitucional.

O regime de revisão constitucional reside no facto de os direitos, liberdades e garantias terem sido erigidos, no seu todo, em limites materiais de revisão constitucional (artigo 288º, alínea d)); assim, como ali se diz, as revisões constitucionais teriam de respeitar os direitos, liberdades e garantias enquanto que, relativamente aos direitos sociais, só os direitos dos trabalhadores parecem usufruir de tal garantia (artigo 288º, alínea e)).

O regime orgânico tem a ver com a reserva de competência legislativa constitucionalmente atribuída à Assembleia da República. Essa reserva de competência parlamentar inclui, aparentemente, os direitos, liberdades e garantias no seu todo (artigo 165º, nº 1, alínea b)), mas quanto aos direitos sociais só inclui os aspectos nucleares de algumas matérias conectadas (por exemplo, nos artigos 164º e 165º, incluem-se também na reserva parlamentar as bases do sistema de ensino, do serviço nacional de saúde e do sistema de segurança social). Por isso, aparentemente, o Governo não poderia legislar sobre direitos, liberdades e garantias a não ser que obtivesse a necessária autorização legislativa parlamentar, mas, salvo aquelas excepções, já poderia legislar livremente sobre direitos sociais.

Por último, e constituindo o núcleo do referido regime especial, consideraremos especificamente no capítulo seguinte o plano material ou o regime material, ou seja, o núcleo de onde deriva o essencial da protecção privilegiada dos direitos, liberdades e garantias e que viria consagrado especialmente no artigo 18º (aplicabilidade directa, vinculação das entidades públicas e privadas, proibição de restrições não expressamente autorizadas, princípio da proibição do excesso, proibição da retroactividade e garantia da generalidade e abstracção das leis restritivas, garantia do conteúdo essencial) e também no artigo 19º (proibição de suspensão do exercício dos direitos, liberdades e garantias, a não ser, excepcional e condicionadamente, em estado de sítio e estado de emergência), mas também no artigo 20º, nº 5 (acesso prioritário e célere ao direito), no artigo 21º (direito de resistência), no artigo 22º (responsabilidade das entidades públicas) e no artigo 272º, nº 3 (limites da actividade policial de prevenção dos crimes).

*b)* A simples enunciação dos vários artigos em que o legislador constituinte procurou consagrar tal regime indicia que ficou plasmado na Constituição o propósito objectivo de proteger os direitos de liberdade de forma especial e reforçada relativamente à protecção genericamente concedida aos direitos sociais. Há, de facto, um conjunto de normas constitucionais onde se especifica a protecção reservada aos direitos, liberdades ou garantias e, aparentemente, só a eles, já que não se faz ali qualquer referência aos direitos fundamentais em geral ou a um regime especial para os direitos sociais.

Conhecemos hoje, e já as expusemos[42], as razões que de facto produziram este resultado na Assembleia Constituinte em 1976, mas terá aquele propósito objectivamente plasmado na Constituição uma concretização plausível, ou melhor, justificar-se-á tal diferenciação à luz dos princípios que são necessariamente aplicáveis em Estado de Direito e haverá consequências práticas efectivas que resultem da existência desse regime específico de protecção privilegiada?

A questão é essencialmente a seguinte. Os direitos sociais, pelo simples facto de serem direitos fundamentais e serem assim qualificados pela Constituição, usufruem, no mínimo, de uma protecção jurídica qualificada, qual seja, a que resulta, por definição, do facto de virem consagrados em normas de valor constitucional e haver, em Estado de Direito com Constituição formal, uma supremacia das normas constitucionais no conjunto da ordem jurídica e uma vinculação jurídica de todos os poderes constituídos aos comandos constitucionais. Uma vez obtida consagração expressa de um comando como norma constitucional, daí decorre, necessariamente, pelo menos em Estado com Constituição rígida e justiça constitucional como é o nosso, uma subordinação jurídica das entidades públicas a esse comando, sob pena de inconstitucionalidade.

[42] Cf. *supra*, Parte I, capítulo I, págs. 35 e segs.

Logo, os poderes constituídos –legislador, administração e poder judicial– têm de respeitar as normas de direitos sociais, não podem dispor contra os comandos normativos que se retirem dos respectivos enunciados, estão subordinados aos direitos sociais e são por eles vinculados.

Se os direitos ao trabalho, ao ensino, à habitação, à saúde, à segurança social, a um mínimo para uma existência condigna são indiscutivelmente reconhecidos como direitos fundamentais de valor constitucional, então isso significa que os poderes constituídos estão vinculados e subordinados aos comandos que resultam, directa ou indirectamente, das respectivas normas constitucionais, ou seja, não podem violar esses comandos. Se o fizerem há inconstitucionalidade, independentemente de qual seja a concreta possibilidade de verificação de tal inconstitucionalidade pelo Tribunal Constitucional, o que já depende do concreto sistema de fiscalização instituído e de que, aqui, não nos ocupamos.

Mais ainda, não apenas por se moverem no âmbito normativo de direitos fundamentais, mas igualmente por estarem sujeitas aos princípios de Estado de Direito, todas as entidades públicas, designadamente nas relações que estabelecem com os cidadãos, estão juridicamente vinculadas à observância dos chamados princípios constitucionais estruturantes, e estão especialmente vinculadas a tais princípios sempre que afectam negativamente o acesso individual aos bens protegidos por normas constitucionais, como são as de direitos sociais; a eventual inobservância desses princípios estruturantes gera inevitavelmente, pelas duas razões, inconstitucionalidade.

Ora, e este é o ponto decisivo, esse tipo de subordinação e de vinculação normativas, designadamente aos princípios estruturantes, são precisamente, sem quaisquer diferenças, o mesmo tipo de subordinação e de vinculação normativas a que ficam sujeitos os poderes constituídos quando lidam com os direitos, liberdades e garantias. A intenção constituinte de tratar privilegiadamente os direitos de liberdade relativamente aos direitos sociais, mesmo que tenha existido, acaba por ser uma impossibilidade lógica porque a Constituição não pode *dar* aos direitos, liberdades e garantias mais protecção material do que a que já lhes é devida pela sua natureza constitucional, tal como, e em contrapartida, não pode *dar* aos direitos sociais menos que essa mesma e igual protecção constitucional.

Ou seja, a protecção material devida a direitos de liberdade e a direitos sociais tem de ser, no fundo, exactamente a mesma, isto é, a protecção que lhes é garantida pelo facto de serem direitos fundamentais constitucionalmente consagrados e, logo, impostos normativamente à observância de todos os poderes constituídos, o legislador, a Administração e o poder judicial. Relativamente a toda a norma constitucional, qualquer que ela seja, não há maior ou menor vinculação e subordinação jurídicas por parte dos poderes públicos: se infringem o comando normativo há inconstitucionalidade, nem mais inconstitucionalidade nem menos inconstitucionalidade. Pode é variar a dificuldade na determinação da existência de infracção, de violação, mas esse é já um outro problema; quanto ao regime material da vinculação, esse é invariável.

Essa é precisamente a razão por que a generalidade das Constituições de Estado de Direito não se preocupa com as questões do "regime dos direitos fundamentais": esse regime reside simplesmente no facto de terem sido subtraídos à disponibilidade dos poderes públicos, incluindo o legislador, quando foram acolhidos em normas constitucionais. Por isso, também, os Tribunais Constitucionais ou os Supremos Tribunais desses países tratam os direitos fundamentais constitucionalmente consagrados de acordo com os mesmos princípios estruturantes que também são aplicados pelo nosso Tribunal Constitucional.

O *erro* original do legislador constituinte português, pelas razões e com as vicissitudes já enunciadas, foi, portanto, o de pretender fazer decorrer consequências jurídicas precisas e mecânicas de um modelo necessariamente artificial e, em si mesmo, neutro de sistematização dos direitos fundamentais, quando, afinal, essa diferenciação de consequências e regime jurídicos é insusceptível de ser construtivamente introduzida e, menos ainda, aplicada. E isso é assim porque em Estado de Direito qualquer norma constitucional se impõe, sempre, aos poderes constituídos.

O dito regime de protecção especial dos direitos, liberdades e garantias não faz mais que *traduzir* em múltiplas concretizações aquilo que já estava genérica e implicitamente contido na qualidade constitucional de uma garantia jurídica, pelo que uma qualquer opção artificial de classificação e de sistematização dos respectivos enunciados nada pode acrescentar nem retirar ao que já decorre do princípio da supremacia formal e material da Constituição: os poderes constituídos têm de a observar sob pena de inconstitucionalidade.

Por isso as restantes Constituições não contêm normas sobre regime dos direitos fundamentais –ele já está implícito no facto relevante da consagração constitucional de uma garantia jurídica– e muitas delas nem sequer distribuem os direitos fundamentais constitucionalmente acolhidos por diferentes categorias sistemáticas ou classificatórias. De resto, e sintomaticamente, a própria Constituição portuguesa não contém quaisquer normas sobre regime das disposições constitucionais que integram as restantes partes da Constituição, por exemplo, o regime das normas organizatórias do exercício do poder político ou o regime das normas de garantia. Nem precisa de o fazer, já que o simples efeito de supremacia que resulta da respectiva consagração constitucional identifica esse *regime*: pura e simplesmente, todos os poderes constituídos têm de observar essas normas.

Imagine-se que a Constituição consagrava a existência de um *provedor do imigrante*, a quem atribuía determinadas funções e competências. Obviamente, legislador, administração e tribunais passavam a estar directamente vinculados por essas normas, tinham de as respeitar e, se não o fizessem, haveria inconstitucionalidade. E era assim independentemente da parte da Constituição onde essas normas estivessem integradas –podia ser no título II, no III, na parte organizatória, nas normas de garantia ou nas disposições transitórias, é absolutamente indiferente enquanto estiverem em vigor– e independentemente de a Constituição conter ou não quaisquer *metanormas* sobre regime constitucional aplicável.

Com os direitos fundamentais, de qualquer tipo ou classificação, passa-se exactamente o mesmo, não há nessa vinculação normativa qualquer diferença. A única diferença é que, em Estado social de Direito, tratando-se de direitos fundamentais, quaisquer que eles sejam, se entende que para além de terem de os respeitar, as entidades públicas têm também de os proteger e de os promover. Só isso.

Logo, se a norma constitucional em causa for uma norma de direitos fundamentais, isso significa que os poderes constituídos não podem violar tal direito fundamental, têm de o respeitar e, mais, em Estado de Direito social, como é o nosso, têm ainda de o proteger e têm de o promover. E este regime é geral, é aplicável, por definição, a todos os direitos fundamentais sem excepção, qualquer que seja a respectiva classificação e inserção sistemática. Com alguns condicionamentos relativos à natureza específica do Estado social em causa,é assim na Alemanha, nos Estados Unidos, no Brasil, na África do Sul e, naturalmente, também em Portugal, por muito estranha que esta afirmação pareça à doutrina constitucional tradicional portuguesa.

Com efeito, para a doutrina tradicional, parece que, além de consagrar algo como norma constitucional, a Constituição deveria dizer qual o regime aplicável, sob pena de, no silêncio, o operador jurídico não saber como a aplicar. Na realidade, é muito mais simples que isso: o operador deve aplicá-la como norma constitucional, ou seja, os poderes constituídos não a podem violar. Mas, em contrapartida, é também muito mais complexo do que parece crer a doutrina tradicional.

*c)* É que, para a doutrina tradicional, a enunciação de um regime de aplicação resolveria todas as dúvidas: o operador só teria de aplicar tal regime na situação concreta (embora, como vimos, não soubesse o que fazer no silêncio da Constituição). Mas não, as dificuldades no domínio dos problemas constitucionais de direitos fundamentais só então verdadeiramente começam, ou seja, começam quando se procura determinar se houve ou não violação do direito fundamental, se houve ou não violação da norma constitucional, e esse apuramento é da maior complexidade. Mas, essa maior complexidade nada tem a ver com eventuais regimes de aplicação: tem, no caso das normas de direitos fundamentais, a ver com a natureza da norma que consagra o direito, com a natureza negativa ou positiva da garantia jusfundamental em causa na situação concreta e com o dever estatal envolvido. É muito complexo, mas é assim para todos os direitos e para todas as normas de direitos fundamentais, sem excepção.

Há, de facto, no mundo dos direitos fundamentais, diferentes margens de apreciação e de controlo da sua realização e concretização –e, consequentemente, do correspondente apuramento de eventual inconstitucionalidade–, mas elas decorrem exclusivamente das consequências imperativas que o princípio da separação de poderes (relação entre as margens de decisão de legislador, administração e juiz) projecta sobre a justiciabilidade das pretensões apoiadas nas normas constitucionais. Porém, essa diferenciação não decorre de artificiais opções de classificação e de sistematização, mas impõe-se em função da presença dos outros factores referidos: natureza da norma, do direito e do dever do Estado envolvidos na resolução do caso.

*d)* Se uma norma constitucional diz que as eleições presidenciais se realizam de cinco em cinco anos e o mandato do anterior Presidente cessa com a eleição do novo, não é necessário fixar o regime constitucional que se aplica a esta norma ou indagar em que título ou parte da Constituição se encontra. Pura e simplesmente, os poderes constituídos têm de a observar. Enquanto ela estiver em vigor, os poderes constituídos não a podem suspender, não a podem limitar ou restringir, não podem diferir a sua aplicação para um tempo futuro, só podem aplicá-la e só têm de a aplicar, sob pena da respectiva violação e correspondente inconstitucionalidade.

Já as normas de direitos fundamentais, em geral, na sua maior parte, têm uma natureza diversa. Admitimos –nós e em qualquer Estado de Direito– que os direitos, quando considerados *como um todo*, possam ser limitados, restringidos, possam ter de ceder, pontual ou até permanentemente perante a necessária realização de outros bens. Então, cabe à doutrina e à jurisprudência estabilizar padrões de controlo que permitam a realização racional, sindicável e transparente da realização dos direitos fundamentais na ordem jurídica de Estado de Direito, ou seja, permitam apurar o mais objectivamente possível quando uma acção ou uma omissão dos poderes constituídos naquele domínio é ou não inconstitucional.

É certo que, neste esforço, a própria Constituição pode ajudar, dizendo, por exemplo, que eventuais limitações dos direitos fundamentais que se venham a justificar no futuro não podem, todavia, ser excessivas, mas, mesmo que não o dissesse, o referido princípio da proibição do excesso seria necessariamente aplicável, pois, em Estado de Direito, o Estado e os poderes públicos não podem ser excessivos no relacionamento com os cidadãos e, mais ainda, não o poderiam ser estando em causa garantias constitucionalmente acolhidas.

A Constituição portuguesa disse-o expressamente, embora só a partir de 1982, mas nem precisava de o dizer, como acontece com muitas outras Constituições de Estado de Direito onde, naturalmente, os poderes públicos estão vinculados aos mesmos limites que vinculam os poderes públicos portugueses, ainda que as Constituições nada digam sobre o tema. Esse silêncio não constitui qualquer problema –de 1976 a 1982 os tribunais portugueses e a Comissão Constitucional aplicaram, ou deviam ter aplicado, o princípio da proporcionalidade exactamente como o deviam ter feito a partir dessa data, ou seja, a partir do acolhimento explícito do princípio no texto da Constituição–, da mesma forma que consagrar expressamente a vinculação também não deveria constituir um problema, ao contrário do que, e fruto do referido enquadramento distorcido operado pela doutrina tradicional, acabou por acontecer entre nós.

Precisamente, as confusões começam quando, por exemplo, pelo simples facto de a Constituição portuguesa dizer que, na restrição a direitos, liberdades e garantias, os poderes públicos não podem ser excessivos, a doutrina tradicional tende aparentemente a concluir que, não se tratando de direitos, liberdades e garantias, os poderes públicos já estariam libertos do vínculo constitucional da proibição do excesso e estariam libertos desse vínculo mesmo quando pretendessem afectar garantias constitucionais. Obviamente, não estão. Se querem restringir direitos constitucionais, quaisquer que eles sejam, só podem fazê-lo condicionadamente e nunca com um alcance excessivo; têm de respeitar, naturalmente, o princípio da proibição do excesso qualquer que seja o direito envolvido e qualquer que seja o poder público que pretenda restringir o direito.

*e)* Se estas conclusões se aplicam irrestritivamente no que respeita ao suposto regime material específico e exclusivo dos direitos, liberdades e garantias, a situação já poderia ser substancialmente distinta quando lidamos com o chamado regime orgânico e, ainda que em menor medida, com o regime de revisão constitucional. Por natureza, lidamos aí com normas de competência que, enquanto tal, apresentam tendencialmente uma natureza de *regra,* o que, à partida, obriga a aplicar estritamente o sentido dos enunciados constitucionais.

Assim, se a Constituição diz que a matéria de *direitos, liberdades e garantias* está reservada à competência legislativa da Assembleia da República e que o Governo só pode sobre ela legislar quando possua a correspondente autorização legislativa, essa imposição surge como incontestável. O Governo poderia legislar, à partida, sobre a matéria de *direitos sociais,* supondo que esta não integrava a matéria reservada, mas necessitaria de autorização para legislar sobre *direitos, liberdades e garantias.* Poderíamos contestar a racionalidade da distinção, mas a vinculatividade do comando que impõe a correspondente repartição de competências aparenta ser indiscutível.

Ainda que menos estritamente, porque o sentido do respectivo comando já não é tão óbvio, se no regime de revisão constitucional a Constituição obriga as leis de revisão a respeitar os *direitos, liberdades e garantias* e não impõe obrigação paralela para os direitos sociais, a diferença de regime aparenta ser igualmente incontestável, pesem embora as dúvidas sobre o que se deva entender por "respeitar" em contexto de revisão constitucional.

Começaremos, então, por analisar primeiramente o alcance das pretensas distinções constitucionais no plano orgânico e de revisão constitucional, verificando se e em que medida aquelas distinções são aí relevantes, deixando o domínio referente às distinções materiais para o capítulo seguinte.

## 2. A indiferenciação prática da aplicação do chamado regime de revisão constitucional próprio dos direitos, liberdades e garantias

*a)* Quanto ao regime de revisão constitucional, se na primeira fase de vigência da Constituição o problema atraía grande atenção da doutrina, a sua importância encontra-se hoje muito relativizada, à medida que se interiorizou a ideia de um relevo praticamente simbólico –ainda que importante para a caracterização e compreensão históricas da Constituição– dos chamados limites materiais de revisão.

Essa relativização é ainda mais acentuada no que respeita à consideração dos direitos fundamentais, quaisquer que eles sejam, enquanto limites materiais de revisão constitucional. De facto, quando se diz que as leis de revisão constitucional devem respeitar os "direitos, liberdades e garantias", isso não pode querer significar que o legislador constituinte está impedido de os restringir.

De facto, e ao contrário do que se poderia inferir de uma interpretação literal, mas simplista, dos correspondentes enunciados, se atribuímos genericamente ao legislador ordinário a competência de limitação dos direitos fundamentais, quaisquer que eles sejam, pois, como temos repetido e é hoje consensualmente reconhecido, não há direitos absolutos quando considerados *como um todo*, não se poderia depois pretender que o legislador de revisão tivesse menos poderes que o legislador ordinário. Se o legislador ordinário pode restringir um direito fundamental sempre que tal seja necessário para a realização de um outro bem, interesse ou direito, não se poderia negar idêntica possibilidade ao legislador qualificado que é o legislador da revisão constitucional. Se outras razões não houvesse, seria absurdo permitir a uma maioria simples da Assembleia da República limitar um direito fundamental e não reconhecer a mesma competência, no mesmo órgão, a uma maioria qualificada de dois terços.

De resto, as revisões constitucionais, especialmente as de 1997 e 2001, confirmaram, na medida em que actuaram claras restrições a direitos, liberdades e garantias expressamente consagrados (expulsão e extradição, inviolabilidade de domicílio e da correspondência) que o legislador da revisão não pode ter menos poderes neste domínio que o legislador ordinário. Logo, se este último pode restringir os direitos de liberdade para prosseguir a realização de outros bens igualmente dignos de protecção jurídica, o legislador da revisão deverá ter idênticos poderes. Isso significa, no limite, que a garantia conferida pela alínea d) do artigo 288º da Constituição (limites materiais de revisão) protege sobretudo contra alterações radicais, globais, violadoras dos princípios estruturantes do Estado de Direito e, essas, como afectam potencialmente tanto direitos de liberdade quanto direitos sociais, estariam vedadas num e no outro caso.

Portanto, no fundo, a ter ainda alguma relevância prática, aquele limite de revisão só pode querer significar que as leis de revisão não podem suprimir os direitos, liberdades e garantias. Porém, essa hipótese, isto é, a hipótese de uma vontade constituinte de supressão, é tão remota que o limite não chega a alcançar qualquer relevo prático.

*b)* Tão remota e inimaginável é, hoje, a supressão dos direitos de liberdade plasmados na Constituição quanto a hipótese de supressão dos direitos sociais. A acontecer tal, num e noutro caso, já estaríamos num domínio de transição constitucional ou de ruptura constitucional revolucionária e, aí, a capacidade de *resistência* dos limites materiais de revisão seria diminuta ou inexistente.

Em contrapartida, são possíveis e admissíveis limitações ou restrições aos direitos sociais em processo de revisão constitucional, mas da mesma forma que idêntica possibilidade se coloca relativamente aos direitos, liberdades e garantias, desde que, num e noutro caso, as limitações não se convolem em supressão ou aniquilação dos direitos em causa.

## 3. A generalização da aplicação do chamado regime orgânico próprio dos direitos, liberdades e garantias

*a)* Mais efectiva e significativa, mas, por isso também, mais problemática, é a protecção orgânica prevista no artigo 165º, nº 1, alínea b), quando se reserva à Assembleia da República a competência exclusiva, salvo autorização ao Governo, para legislar sobre "direitos, liberdades e garantias". Esta poderia ser, de facto, a *verdadeira* ou única diferença significativa de regime de protecção dos direitos de liberdade relativamente aos direitos sociais.

No seu sentido mais linear, ela significaria que o Governo podia legislar, em geral, sobre direitos sociais, mas não sobre direitos de liberdade. Podemos discordar da solução, considerá-la discutível, inconveniente, mas, sem dúvida, a Constituição instituiu aqui uma diferença de regimes que poderia ter consequências práticas de relevo, já que o Governo teria no domínio dos direitos sociais competências legislativas próprias de que não dispunha, à partida, em domínio de direitos, liberdades e garantias.

*b)* Feito este reconhecimento, diremos, ainda assim, que as consequências de tal opção do legislador constituinte seriam, porém, bem mais drásticas, se o regime orgânico de protecção dos direitos, liberdades e garantias pudesse ser *tomado a sério*, ou seja, se a justiça constitucional impedisse, de facto, o Governo de legislar, sem autorização, sobre direitos, liberdades e garantias.

É que, se assim fosse, se fosse tomada à letra a repartição constitucional de competências entre Assembleia da República e Governo em domínio de direitos, liberdades e garantias, o Governo seria forçado a pedir autorização legislativa para praticamente todos os diplomas, o que degradaria o instituto da autorização legislativa e inviabilizaria os fins que presidiram à sua instituição. Em alternativa, isto é, legislando o Governo sem autorização, seria raríssimo o diploma que não estivesse vitimado de inconstitucionalidade orgânica, já que, em princípio, qualquer acto legislativo acaba, de uma ou outra forma, com maior ou menor alcance, por respeitar a direitos, liberdades e garantias[43].

[43] Essa é, de resto, uma possibilidade espúria que sempre está em aberto quando se pretende recorrer para o Tribunal Constitucional e se necessita, de acordo com o peculiar sistema

Com efeito, considerando o extraordinário leque de direitos, liberdades e garantias constitucionalmente acolhidos –incluindo aí, com as reservas assinaladas, os ditos direitos de natureza análoga–, considerando a abrangência praticamente ilimitada do âmbito normativo de alguns direitos integrados nesta categoria, como são o direito de iniciativa económica privada, o direito de propriedade, a liberdade de profissão e, sobretudo, o direito ao desenvolvimento da personalidade, podemos dizer que é praticamente impossível encontrar um diploma governamental que, directa ou indirectamente, não signifique estar o Governo a *legislar* sobre direitos, liberdades e garantias ou que, pelo menos, não afecte alguns daqueles direitos.

Ora, como as consequências práticas da *tomada a sério* daquela reserva constitucional seriam insustentáveis, o Tribunal Constitucional vê-se obrigado a grandes contorcionismos de fundamentação para não acolher todas as impugnações de inconstitucionalidade que lhe chegam a propósito, nomeadamente no domínio da fiscalização concreta, e tende a decidir como se reservado ao Parlamento estivesse, não todo o âmbito normativo dos direitos, liberdades e garantias, mas apenas a regulação das matérias que compõem o conteúdo essencial destes direitos. Ainda que sem sustentação positiva constitucional, esta jurisprudência consiste, no fundo, numa adesão problemática implícita à chamada tese da *essencialidade* que, em nosso entender, é a que mais adequadamente responde às necessidades de repartição constitucional de competências em Estado de Direito e que, também entre nós, deveria sustentar a distribuição da legislação democrática entre parlamento e executivo[44].

Porém, esta *fuga* ou *escapatória*, sendo possível no domínio dos direitos de liberdade, já não parece justificável quanto aos direitos sociais onde, essencial ou não, tudo parece caber, com as poucas excepções

de fiscalização português, de invocar a inconstitucionalidade de uma norma. Não distinguindo a Constituição, para esse fim, entre inconstitucionalidades materiais e orgânicas, será sempre possível invocar a inconstitucionalidade de normas contidas em decretos-leis. Com efeito, desde que não tenha havido autorização legislativa, qualquer decreto-lei pode ser arguido de inconstitucionalidade, já que é muito difícil, para não dizer impossível, haver um decreto-lei que, em alguma medida, não disponha, pelo menos a título colateral ou incidental, sobre matéria de direitos, liberdades e garantias.

[44] Cf. demonstração desenvolvida em Jorge Reis Novais, *As Restrições...*, cit., págs. 821 e segs, *maxime* págs. 872 e segs; no mesmo sentido, Jorge Reis Novais, *Princípios Estruturantes de Estado de Direito*, Coimbra, 2019, págs. 229 e segs.

referidas nos artigos 164º e 165º da Constituição, na competência autónoma do Governo. É certo que o carácter politicamente controverso da legislação sobre os aspectos mais importantes dos direitos sociais induz politicamente o executivo, na prática, a remeter a respectiva legislação para o parlamento, mas, se ou quando não o fizesse, faltaria fundamento para atalhar juridicamente o exercício da competência legislativa governamental, mesmo que toda a lógica da repartição de competências legislativas em Estado de Direito apontasse para uma correspondente reserva parlamentar.

Por exemplo, numa leitura estrita dos termos constitucionais, o Governo estaria obrigado a remeter para a Assembleia da República propostas de regulação dos aspectos marginais, eventualmente consensuais, por anódinos, de todo e qualquer direito integrante do alargado elenco de direitos, liberdades e garantias, mas já teria sido organicamente competente para legislar –embora, na prática, não o faça– sobre matérias tão importantes como todo o regime do rendimento social de inserção ou do rendimento mínimo garantido, mesmo que o estivesse a fazer de forma considerada pelo próprio Tribunal como violadora da dignidade humana.

Não é, porém, isso que acontece nem foi, no caso, o que ocorreu[45], uma vez que em todas as questões de direitos sociais verdadeiramente importantes é sempre a Assembleia da República a legislar, directamente ou através de autorização legislativa ao Governo.

*c)* No fundo, vale também aqui aquela indistinção material a que vimos fazendo referência: matéria que respeite a questões essenciais de rendimento, de educação, de trabalho, de saúde ou de habitação respeitam necessariamente aos respectivos direitos sociais, é certo, mas também à dignidade da pessoa humana, às condições decisivas da autonomia individual e do desenvolvimento da personalidade, pelo que, de uma ou outra forma, revelando a incindibilidade material entre direitos, liberdades e garantias e direitos sociais, são também competência legislativa primária da Assembleia da República.

[45] Cf. no Acórdão do Tribunal Constitucional nº 509/2002 o episódio envolvendo o Tribunal Constitucional no controlo da lei sobre o rendimento social de inserção, a Lei nº 13/2003, de 21 de Maio, aprovada, portanto, pela Assembleia da República.

Naturalmente, aquela repartição orgânica de competências segundo a qual direitos, liberdades e garantias seriam competência do parlamento e direitos sociais competência do executivo só seria justificável à luz de um critério material, fosse ele a importância da matéria em causa, a sua relevância jurídica ou o seu carácter politicamente controverso. Seria em função dessa diferença que se justificaria ou não remeter a aprovação do diploma para o processo mais moroso, *pesado*, mas simultaneamente mais democrático, mais transparente e de legitimidade reforçada como é o processo de aprovação parlamentar das leis. Porém, como se viu, não há lugar para qualquer distinção objectiva entre direitos, liberdades e garantias e direitos sociais com base nesses critérios de importância ou de relevância material.

Como assinalámos, se for possível alguma distinção, e ainda assim só quando se considera o direito *como um todo*, o único critério constitucional operativo para distinguir entre direitos, liberdades e garantias e direitos sociais não é um critério material, atinente à relevância, mas um critério essencialmente estrutural, atinente à diferente determinabilidade de conteúdo e natureza dos deveres estatais da correspondente realização. Porém, um tal critério é completamente inapto, em Estado democrático, para justificar uma repartição de competências legislativas entre Executivo e Parlamento.

Logo, como uma ou outra fundamentação –e o Tribunal Constitucional recorre a diferentes estratégias para chegar a esse mesmo resultado–, o único parâmetro orientador da repartição de competências legislativas entre Assembleia da República e Governo em domínio de direitos fundamentais só pode ser esse que, em nosso entender, decorre da teoria da essencialidade: se a matéria de direitos fundamentais é relevante, politicamente controversa, de consequências de peso na vida dos cidadãos, cabe à Assembleia da República decidir, independentemente de se tratar de um direito que, *como um todo*, possa ser qualificado como direito de liberdade ou como direito social.

Pode-se criticar esse critério no sentido de gerar alguma insegurança jurídica, todavia inevitável qualquer que seja a solução adoptada, já que qualquer outro critério só é operativo se, para evitar a irracionalidade de uma aplicação baseada estritamente no sentido literal do artigo 165º, nº 1, b), da Constituição (*é da exclusiva competência da Assembleia da República legislar sobre matéria de direitos, liberdades e garantias*), conceder ao

Tribunal Constitucional uma margem de decisão que gera não menos insegurança e tem, ainda, os inconvenientes da potencial arbitrariedade. O exemplo que a seguir tratamos ilustra a afirmação.

### 3.1. O caso e a confusão exemplares do Acórdão nº 423/2008 do Tribunal Constitucional

*a)* A propósito das dificuldades acabadas de enunciar, atente-se no Acórdão nº 423/2008 do Tribunal Constitucional, como exemplo ilustrativo de uma postura interpretativa assente estritamente no sentido literal da reserva de competência legislativa parlamentar consagrada no artigo 165º, nº 1, b), da Constituição. Independentemente do mérito da decisão, este acórdão é um exemplo eloquente do imbróglio interpretativo que a doutrina constitucional tradicional vem alimentando desde há mais de quarenta anos. Quando a jurisprudência constitucional segue acriticamente essa doutrina, a irracionalidade e, como ocorreu aqui, a arbitrariedade das decisões assentes em critérios inadequados e inaplicáveis de categorização de direitos fundamentais para efeitos de selecção do regime aplicável são a consequência inevitável.

Note-se que estamos, na altura do Acórdão, no ano 2008, mais de trinta anos após a "criação" do regime próprio dos direitos, liberdades e garantias e direitos de natureza análoga. Pois, basta uma leitura da fundamentação da decisão do Tribunal Constitucional e dos votos de vencido dos juízes que dela discordaram para se ter uma imagem bem real do *buraco negro* que é este tema em Portugal.

No entanto, a questão sobre que incide o acórdão não tem nada de novo, respeita a um tema corrente na vida actual das nossas sociedades e a que já nos referimos por diversas vezes: a limitação da possibilidade de fumar em espaços públicos e da publicidade ao consumo de tabaco por razões de saúde pública. E, juridicamente, aquilo que surgia como controvertido era igualmente simples: esta matéria é ou não da competência reservada da Assembleia da República, considerando que a Constituição reserva a matéria de direitos, liberdades e garantias à competência legislativa parlamentar. Só isto.

Ora, basta ler este Acórdão para se concluir, sem grande margem de dúvida, que, mais de três décadas decorridas sobre a aprovação daquela norma constitucional, o Tribunal Constitucional é tão incapaz de responder àquelas questões simples quanto o eram os juristas portugueses em 1976. Não se avançou, desde então, um passo sobre a matéria.

Curiosamente, mas não por acaso, o Tribunal aborda o problema como se fosse a primeira vez que ele surgia na justiça constitucional. Um Tribunal sempre tão profuso em remeter para jurisprudência anterior, neste caso não indica sequer um qualquer outro acórdão sobre o tema, ou seja, decidiu como se fosse a primeira vez que o Tribunal Constitucional tivesse sido chamado a apreciar a questão. E neste ponto, a nosso ver, fez bem, pois, se remetesse para jurisprudência anterior, a confusão seria ainda maior.

Na fundamentação e nos votos de vencido do Acórdão em causa, para responder ao problema, os juízes discorrem abundantemente sobre direito à saúde, direito à integridade física, direito ao ambiente, direito à vida e princípio da dignidade humana, vertentes e dimensões negativa e positiva dos direitos e em especial do direito à protecção da saúde, direitos de defesa e de prestação, obrigações de *facere* e de *non facere*, direitos, liberdades e garantias e direitos sociais, analogia e direitos de natureza análoga aos direitos, liberdades e garantias, sobreposição e contiguidade entre o direito à saúde e o direito à integridade, conteúdo nuclear e núcleo essencial dos direitos de natureza análoga e dos direitos sociais, conteúdo mínimo directamente aplicável do direito à saúde. Tudo isso exclusivamente para responder àquela pergunta simples: quando a Constituição reserva os direitos, liberdades e garantias à competência legislativa da Assembleia da República isso inclui ou não as limitações a fumar no espaço público e à publicidade ao consumo de tabaco.

E, sem exagero, da leitura crítica deste Acórdão não pode deixar de se concluir, a nosso ver, que o Tribunal Constitucional, em 2008, por um lado, não tem qualquer ideia minimamente consistente sobre o que significa "direitos de natureza análoga a direitos, liberdades e garantias" para efeitos de fixação do respectivo regime e que, por outro, pode, com o recurso aos critérios sustentados pela doutrina tradicional, manipular sem esforço a decisão no sentido da aplicabilidade ou da não aplicabilidade do dito regime próprio dos direitos, liberdades e garantias. Mas, se mais de trinta anos depois os juízes constitucionais são incapazes de chegar a uma fundamentação sólida sobre o significado de "direitos de natureza análoga" e regime aplicável, não é isso a demonstração mais eloquente do rotundo fracasso da doutrina tradicional que anda desde 1976 a tentar descobrir o significado da categoria? Se mais de quarenta anos depois não chegaram a um critério aceitável, é crível que consigam alcançar esse objectivo nos próximos quarenta anos?

Vejamos o Acórdão.

*b)* Trata-se da apreciação preventiva de decreto legislativo regional (Assembleia Regional da Madeira) que "*aprova normas para a protecção dos cidadãos da exposição involuntária ao fumo do tabaco e medidas de redução da procura relacionadas com a dependência e a cessação do seu consumo*".

Estavam em causa duas normas a aplicar na Região: na primeira dava-se aos proprietários de estabelecimentos de restauração e bebidas de menor dimensão (inferior a cem metros quadrados) a possibilidade de estabelecerem a permissão ou a proibição de fumar, bastando que o sinalizassem no estabelecimento, o que atenuava substancialmente o alcance da proibição legal em vigor no território nacional; na segunda, atribuía-se ao Governo Regional, desde que os eventos em causa fossem considerados de relevante interesse regional, a possibilidade de levantar a proibição nacional existente de patrocínio de provas desportivas e outros eventos por parte de empresas tabaqueiras e a proibição de patrocínio público ou privado de eventos onde directa ou indirectamente se promovesse o consumo de produtos de tabaco.

Embora também tenham sido invocadas questões de inconstitucionalidade material, vamos apenas considerar as alegações de eventual inconstitucionalidade orgânica do decreto em causa por facto de a Assembleia Regional ter legislado em matéria da competência da Assembleia da República (direitos, liberdades e garantias, de acordo com o artigo 165º, nº 1, b), da Constituição).

Para o Representante da República, que fez o pedido de fiscalização preventiva, o diploma padecia de inconstitucionalidade orgânica já que o parlamento regional legislara em domínio reservado aos órgãos de soberania. Isto porque, tratando-se da dimensão negativa do direito à protecção da saúde que, nessa vertente, beneficiava segundo ele, por analogia, do regime orgânico dos direitos, liberdades e garantias, só a Assembleia da República ou o Governo com a necessária autorização poderiam legislar. Por sua vez, para o autor das normas, a Assembleia

Regional, não haveria inconstitucionalidade orgânica pois os direitos em causa eram direitos sociais e, nesse sentido, não eram da competência reservada dos órgãos de soberania, uma vez que reservados à Assembleia da República são só os direitos, liberdades e garantias.

Já para o Tribunal Constitucional, apelando à distinção entre vertente negativa e vertente positiva do direito à saúde –distinção essa que, todavia, e ao contrário do que se poderia inferir erroneamente da fundamentação do Acórdão, está presente em todos os direitos fundamentais e não especificamente no direito à protecção da saúde–, conclui que, no caso da primeira norma atrás referida, estaria em causa a dimensão negativa (essa dimensão consistiria na proibição de condutas lesivas do bem jurídico saúde, quer provenham de particulares quer sejam oriundas do Estado), pelo que se lhe deveria aplicar, recorrendo neste particular à fundamentação de Gomes Canotilho/Vital Moreira[46], o regime próprio dos direitos de defesa tradicionais[47].

Aqui, nesta sua dimensão negativa, segundo a fundamentação do Tribunal Constitucional, o direito à protecção da saúde interliga-se ou conexiona-se com outros direitos e princípios, como a dignidade da pessoa humana, o direito à vida ou o direito à integridade. Mais, o próprio bem jurídico que se pretendia proteger no decreto legislativo regional "situa-se numa zona de sobreposição do direito à saúde com o direito à integridade física". Logo, conclui o Tribunal, a Assembleia Regional não poderia legislar porque tal matéria cairia na reserva do artigo 165º, nº 1, b), da Constituição (direitos, liberdades e garantias), já que "o direito à integridade física faz parte dos direitos, liberdades e garantias, pelo que se integra, indubitavelmente, nessa reserva".

Surpreendentemente, depois de assim ter concluído, o Tribunal Constitucional toma posição radicalmente contrária quanto à segunda norma, a que dava ao Governo Regional a possibilidade de levantar a proibição de patrocínio de eventos onde se promovessem produtos de tabaco ou o seu consumo. Quanto a essa, considerou o Tribunal que não estando em causa, em seu entender, a dimensão negativa dos direitos fundamentais envolvidos (direito à protecção da saúde, direito ao

[46] Cf. Gomes Canotilho/Vital Moreira, *Constituição da República Portuguesa Anotada*, I, 4ª ed., Coimbra, 2007, pág. 825.

[47] Cf. a crítica específica desta posição, *supra* Cap. II, 1.2., págs. 107 e segs.

ambiente ou direitos dos consumidores e liberdade de iniciativa económica privada), não havia analogia com os direitos enunciados no título II, pelo que, não estando em causa a matéria do artigo 165º, nº 1, alínea b), a correspondente regulação não estava reservada aos órgãos de soberania.

*c)* Mais que o sentido da decisão –inconstitucionalidade e não inconstitucionalidade de uma e da outra norma do mesmo diploma–, aquilo que chama a atenção são as inconsistências e incoerências de fundamentação, revelando, de forma evidente, o verdadeiro *buraco negro* que a doutrina tradicional inseriu no âmago da dogmática portuguesa de direitos fundamentais, atraindo para um abismo sideral, a que dificilmente se escapa, tudo o que se baseia ou decorre desta distinção pretensamente iluminante e basilar de categorias de direitos fundamentais e respectivos pretensos regimes diferenciados.

Em primeiro lugar, é radicalmente inconsistente a ideia de fundar na distinção entre dimensão negativa e dimensão positiva a existência, ou não, de um dito direito de natureza análoga. Para o Tribunal a analogia do direito à saúde com o direito à integridade física só existiria quando estivesse em causa a dimensão negativa do direito à protecção da saúde. Mas, porquê deveria ser assim? O Tribunal não fornece a mínima explicação.

Todavia, é evidente que também na realização positiva do direito à saúde existe uma perfeita analogia com a realização do direito à integridade física e psíquica e, mais, isso não sucede só com estes dois direitos fundamentais, mas verifica-se em todos os direitos. Por exemplo, a dimensão negativa do direito ao ensino ou à habitação apresenta uma clara analogia com a dimensão negativa do direito ao desenvolvimento da personalidade, mas também a dimensão positiva daqueles direitos apresenta não menor analogia com a dimensão positiva do direito ao desenvolvimento da personalidade. Por que razão só a dimensão negativa deveria ser critério de analogia, como se infere da decisão do Tribunal Constitucional, não se percebe minimamente.

Se no título II (direitos, liberdades e garantias) há direitos positivos e direitos negativos, como mostrámos, se, para além disso, em Estado social de Direito há em todos os direitos uma dimensão negativa e uma dimensão positiva, como é pacificamente admitido, a que título é que deveria ser a presença de uma dimensão negativa, e só ela, a determinar matricialmente a analogia de um direito relativamente aos enunciados no título II?

Diz o requerente –e o Tribunal, na sua fundamentação, confirma– que a dimensão negativa do direito à protecção da saúde beneficia da analogia com os direitos, liberdades e garantias do título II. Mas, se tanto a dimensão negativa dos direitos enunciados no título II quanto a sua dimensão positiva beneficiam do regime próprio dos direitos, liberdades e garantias, a que título é que o critério da analogia se deveria fazer só com a dimensão negativa e não também com a dimensão positiva?

Se a dimensão negativa do direito à protecção da saúde é, de facto, análoga à dimensão negativa do direito à integridade física e psíquica enunciado no título II e, nesse sentido, deve beneficiar do mesmo regime, também a dimensão positiva do direito à protecção da saúde é análoga à dimensão positiva do direito à integridade; se à dimensão positiva do direito à integridade se aplica o regime próprio dos direitos, liberdades e garantias, a que título é que esse regime não deveria, então, ser igual e analogicamente aplicado à dimensão positiva do direito à saúde?

*d)* Em segundo lugar, na fundamentação, o Tribunal insiste, na qualidade de critério decisivo, na sobreposição entre o direito à protecção da saúde e o direito à integridade física na sua dimensão negativa, não se dando conta que essa discussão remete para o problema da chamada concorrência de direitos fundamentais que não pode ser resolvido com a simplicidade unilateral como foi feito[48].

Ou seja, o Tribunal parte, na sua fundamentação, do pressuposto de que, tendo os direitos à integridade física e à protecção da saúde âmbito normativo, natureza e regime, em princípio, diversos, há, porém, situações em que os dois direitos se sobrepõem, devendo, nessas condições, recorrer-se ao regime próprio dos direitos, liberdades e garantias, portanto, na origem, o regime próprio do direito à integridade física para regular a resolução do problema de direitos fundamentais subjacente. Ou seja, a sobreposição daria origem a uma analogia que funcionaria,

[48] Cf., sobre o tema, Jorge Reis Novais, *As Restrições...*, cit., págs. 379 e segs.

no caso, em benefício da protecção orgânica privilegiada conferida pelo regime próprio dos direitos, liberdades e garantias, ou seja, a matéria deveria ficar reservada aos órgãos de soberania (Assembleia da República ou Governo desde que, quanto a este, houvesse a necessária autorização legislativa).

No fundo, funcionaria aqui uma ideia de *in dubio pro libertate*, no sentido de que, havendo dois direitos sobrepostos cada um dos quais com um regime próprio, deveria ser aplicado na situação o regime mais favorável à liberdade. Porém, se este princípio justificaria a solução adoptada pelo Tribunal para resolver a situação de concorrência no plano orgânico, ela resulta materialmente, em contrapartida, no inverso daquele princípio quando favorece a manutenção em vigor da norma mais restritiva, ou seja, a anteriormente aprovada pela Assembleia da República e que impunha restrições mais graves à liberdade de iniciativa económica privada e ao direito de propriedade dos proprietários de estabelecimentos de restauração e bebidas.

É que, na medida em que a norma em causa no diploma regional constituía uma atenuação dos efeitos proibitivos de anterior lei restritiva, a decisão de inconstitucionalidade do Tribunal Constitucional vai contra o princípio *in dubio pro libertate*. Precisamente, o mesmo princípio em que implicitamente se baseava para reservar a competência à Assembleia da República. Ou seja, por ser *pro libertate* o Tribunal Constitucional ajuda a restringir a *libertas*.

Contraditoriamente, o Tribunal Constitucional chega a solução exactamente contrária na decisão sobre a norma que, no diploma regional, proibia patrocínios a eventos ou publicidade, directa ou indirectamente, associados a produtos de tabaco ou ao seu consumo. Nessa situação já não existiria, no entender do Tribunal afectação da dimensão negativa de direitos fundamentais, o que ignora, surpreendentemente, o facto de as normas legais nacionais em causa, e que agora se pretendia derrogar, constituírem restrições directas à liberdade de iniciativa económica privada protegida no artigo 61º da Constituição, geralmente considerado, de resto, como direito de natureza análoga aos enunciados no título II e que, mesmo que não fosse considerado dessa forma pelo Tribunal Constitucional, teria, no mínimo, a sua dimensão negativa de direito fundamental directamente afectada.

*e)* Por outro lado, e a propósito, não se percebe como, relativamente à primeira norma, o Tribunal releva a presença da dimensão negativa dos direitos afectados e, quanto à segunda, inverte completamente o seu raciocínio. No entender do Tribunal, na segunda norma o que estava em causa eram políticas públicas de realização de direitos sociais através das típicas prestações positivas.

E esta *viragem* no mesmo acórdão é tanto mais surpreendente quanto, em termos estruturais, a natureza das duas normas em causa no diploma regional é exactamente a mesma, ainda que o Tribunal Constitucional tenha concluído pela inconstitucionalidade de uma e não inconstitucionalidade da outra.

Com efeito, nas duas situações, a lei da República tinha restringido direitos fundamentais (livre iniciativa económica, direito ao desenvolvimento da personalidade) no contexto de desenvolvimento de políticas públicas de limitação do fumo de tabaco nos espaços públicos e de redução do seu consumo com vista à protecção do direito à saúde e, marginalmente, do direito ao ambiente e dos direitos dos consumidores. Isto é relativamente pacífico, ainda que, aparentemente, o Tribunal Constitucional tenha lobrigado afectação da dimensão negativa de direitos fundamentais num caso e prossecução de políticas públicas de promoção de direitos sociais no outro.

Em qualquer das duas normas de constitucionalidade controvertida, aquilo que o legislador regional pretendia fazer era *aliviar* as proibições/ /restrições introduzidas pela lei nacional ou excepcionar algumas situações no âmbito dessas proibições. Obviamente, quando o legislador regional assim procede, em termos de teoria dos direitos fundamentais está simplesmente a diminuir o grau da protecção até aí garantida a alguns direitos fundamentais e, nesse sentido, está a restringi-los. Os titulares dos correspondentes direitos poderiam então, se processualmente o pudessem fazer na situação em apreço, invocar esses direitos fundamentais na sua dimensão negativa. Ao mesmo tempo, justifica a afectação desses direitos com a necessidade de proteger outros direitos (correspondendo à dimensão positiva desses outros direitos), no caso, aliviando as restrições que sobre eles incidiam.

Por outro lado, como frequentemente sucede neste contexto, quando o legislador diminui o grau de protecção de um direito fundamental está a restringi-lo e, nesse sentido, tanto se lida, na regulação em causa, com a dimensão negativa como com a dimensão positiva do respectivo direito fundamental. Ou seja, diminuindo a prestação estatal orientada à realização de um direito fundamental, afecta, restringindo, o acesso ao bem protegido por parte dos seus titulares. As duas dimensões do direito fundamental, negativa e positiva, de defesa e de prestação, são, neste contexto, inseparáveis.

Por isso mesmo, na definição de *restrição a direitos fundamentais* que propusemos em 2003 e que foi depois retomada por vários Autores e seguida em alguma jurisprudência, dizíamos:

> *"restrições são normas que suprimem, impedem, diminuem ou dificultam o acesso dos titulares ao bem jusfundamentalmente protegido e, nessa medida, afectam a prossecução autónoma de fins pessoais garantida objectivamente pela titularidade daqueles direitos fundamentais. Esta afectação desvantajosa tanto pode ocorrer através de uma diminuição ou compressão directa das faculdades, situações ou posições individuais, como através da atenuação dos deveres objectivos que a norma jusfundamental impõe ao Estado"*[49].

> Em sentido lato, restrição é uma *"acção ou omissão estatal que, eliminando, reduzindo, comprimindo ou dificultando as possibilidades de acesso ao bem jusfundamentalmente protegido e a sua fruição por parte dos titulares reais ou potenciais do direito fundamental ou enfraquecendo os deveres e obrigações, em sentido lato, que dele resultam para o Estado, afecta desvantajosamente o conteúdo de um direito fundamental"*[50].

Portanto, em qualquer das normas regionais tínhamos afectação, vantajosa e desvantajosa, de dimensões negativas e de dimensões positivas de direitos fundamentais (de direitos de liberdade e de direitos sociais, de direitos constantes do título II e do título III da Parte I da Constituição, de direitos que são normalmente considerados de natureza análoga aos enunciados no título II e de outros que normalmente não o são).

Não há, assim, ao contrário do que pretende o Tribunal, restrição (afectação da dimensão negativa do direito) num caso e políticas públicas no outro, o enquadramento dogmático deve ser exactamente o

[49] Cf., Jorge Reis Novais, *As Restrições...*, cit., pág. 227.
[50] Cf., Jorge Reis Novais, *As Restrições...*, cit., pág. 247.

mesmo para uma e outra norma. Se o legislador proíbe para proteger um direito e depois admite o levantamento da proibição, então, está a diminuir a sua promoção (afectando a dimensão positiva ou de prestação) e, simultaneamente, com isso, a admitir ou caucionar potenciais ou actuais agressões ao bem protegido e ao respectivo acesso por parte dos titulares do direito fundamental (afectando a dimensão negativa ou de defesa) que não permitia anteriormente.

O que sucede, e neste acórdão isso fica exuberantemente demonstrado, é que a utilização de critérios de determinação da existência de analogia para efeitos de identificar a presença de *direitos de natureza análoga* aos enunciados no título II é objectivamente insustentável. Neste Acórdão, a já de si artificial e insustentada limitação da analogia relevante para a dita aplicação do regime dos direitos, liberdades e garantias a outros direitos à dimensão negativa destes direitos -se a dimensão negativa do direito à protecção da saúde é análoga à dimensão negativa do direito à integridade física, também a dimensão positiva do direito à protecção da saúde é análoga à dimensão positiva do direito à integridade física- foi elevada ao paroxismo de arbitrariedade de, em situações perfeitamente análogas, reconhecer a relevância de uma dimensão negativa numa situação e da dimensão positiva na outra.

# Capítulo IV
# O Regime Material dos Direitos, Liberdades e Garantias

Se as questões relativas às distinções de regime de revisão constitucional entre as diferentes categorias de direitos fundamentais têm, por natureza, uma importância relativamente reduzida e que só muito raramente podem irromper na discussão jurídico-constitucional, já as relativas ao regime orgânico, como vimos, são bem mais presentes, dada a facilidade com que invocações de inconstitucionalidade baseadas na sua eventual violação são frequentemente suscitadas, sobretudo como meio pragmático de garantia da possibilidade de recurso dos particulares ao Tribunal Constitucional.

Em todo o caso, são, sobretudo, as distinções de regime material que assumem a maior importância e cuja resolução constitui o teste derradeiro na controvérsia entre quem sustenta, como tem sido posição constante da doutrina tradicional, a existência de *uma Constituição, dois sistemas* e quem, como nós, parte de uma dogmática unitária de direitos fundamentais numa Constituição própria de Estado social e democrático de Direito.

O tema da aplicabilidade do chamado regime material dos direitos, liberdades e garantias constitui o *coração* da controvérsia constitucional que motiva a análise que aqui desenvolvemos. E, no pretenso regime material específico dos direitos, liberdades e garantias, podemos dizer que é o artigo 18º da Constituição que assume o papel de enunciado emblemático, dado que pretende coligir o essencial das mais importantes normas que, supostamente, garantiriam a tais direitos uma protecção privilegiada. Por isso mesmo, salientamos a apreciação desse conjunto normativo do artigo 18º num ponto autónomo, focando-nos posteriormente nas demais normas que integram o referido regime material e que já atrás referimos: no artigo 19º (proibição de suspensão do exercício dos direitos, liberdades e garantias, a não ser, excepcional e condicionadamente, em estado de sítio e estado de emergência), no artigo 20º, nº 5 (acesso prioritário e célere ao direito), no artigo 21º (direito de resistência), no artigo 22º (responsabilidade das entidades públicas) e no artigo 272º, nº 3 (limites da actividade policial de prevenção dos crimes).

## 1. O regime material dos direitos, liberdades e garantias e a sua aplicação indiferenciada a todos os direitos fundamentais

*a)* Pelo que atrás se disse, as normas de direitos fundamentais apresentam uma natureza específica no conjunto das normas constitucionais, o que se reflecte directamente numa elevada complexidade de construção dogmática.

Em primeiro lugar, e diferentemente do que ocorre com a generalidade das normas constitucionais organizatórias do poder político, as normas de direitos fundamentais têm geralmente a natureza de normas-*-princípio* –normas constitucionais de direitos fundamentais com natureza de *regra* são excepção–, enquanto que as normas organizatórias são geralmente *regras*. Não é um acaso, não é sequer uma escolha livre dos constituintes, é algo determinado, à partida, pela natureza dos direitos fundamentais como garantias jurídicas *fortes*, constitucionais, mas que, quando considerados *como um todo*, estão sujeitos a uma reserva geral imanente de ponderação. Nesse sentido, a natureza de *princípios* das normas de direitos fundamentais corresponde à presença ineliminável dessa reserva quando se considera cada direito fundamental *como um todo*.

Em segundo lugar, e pelas mesmas razões, os enunciados normativos de direitos fundamentais são relativamente indeterminados, pelo que se abre naturalmente um amplo campo de construção dogmática sobre o seu conteúdo normativo nas circunstâncias concretas da respectiva aplicação.

Por último, os deveres estatais correlativos das pretensões jusfundamentais são, em Estado social e democrático de Direito, multifacetados –incluindo deveres de respeito, deveres de protecção e deveres de promoção– e, nessa diversidade, estão sujeitos a diferentes reservas condicionadoras, não tanto da correspondente vinculatividade, mas de alguma diversidade na densidade do respectivo controlo judicial. O dever de respeito está, em geral, sujeito a uma reserva geral imanente de ponderação, os deveres de protecção e de promoção estão sujeitos a uma reserva do politicamente adequado ou oportuno e aquele último, o dever de promoção, está ainda normalmente sujeito a uma reserva do financeiramente possível[51].

Destes vários factores e condicionantes resulta, no fundo, uma impossibilidade estrutural de fazer assentar a aplicação dos direitos fundamentais em pretensos regimes diferenciados, estanques e determináveis em abstracto que, pretensamente, determinariam um tipo de aplicação diferenciado consoante um direito, quando perspectivado no seu todo, fosse globalmente considerado como direito de liberdade ou como direito social. Pura e simplesmente, as coisas não se passam assim na realidade da vida jurídica dos direitos fundamentais.

Não é por um direito ser abstractamente considerado como um direito, liberdade e garantia que as condições da sua aplicação num caso concreto não devem ser exactamente as mesmas, no que se refere à vinculatividade, aplicabilidade e densidade de controlo judicial, que se verificam aquando da aplicação de um direito social. Tudo depende da natureza da norma e da específica estrutura da faculdade, pretensão ou garantia que esteja em causa na situação concreta, bem como, consequentemente, do tipo de dever estatal correlativo, para além da eventual existência de norma específica que resolva antecipada e determinadamente a situação jurídica subjacente.

*b)* No fundo, todo o problema constitucional do pretenso regime de protecção reforçada dos direitos, liberdades e garantias remete para a resposta a essa questão: esse regime acrescenta alguma coisa à protecção que já deriva, por definição, da natureza constitucional das normas

[51] Cf. a fundamentação e o desenvolvimento em Jorge Reis Novais, *Direitos Sociais...*, cit., págs. 347 e segs.

de direitos fundamentais e da necessária observância dos princípios constitucionais por parte do Estado? Em nosso entender, não. O pretenso regime constitucional específico dos direitos, liberdades e garantias é simplesmente um corolário da natureza constitucional das normas de direitos fundamentais.

Aquilo que fazem os artigos da Constituição que enunciam o referido regime de protecção especial dos direitos, liberdades e garantias, designadamente o dito regime material e, designadamente, o artigo 18º onde se contém o *coração* desse regime, não é mais que condensar expressamente, mas nem constitutiva nem exaustivamente, os princípios constitucionais estruturantes de Estado de Direito em fórmulas lapidares aplicadas às leis restritivas –a vinculatividade e efectividade da Constituição e das suas normas, o princípio da proibição do excesso (reflectido textualmente na proibição de leis restritivas desnecessárias ou desproporcionais e na garantia do conteúdo essencial), o princípio da igualdade (reflectido na proibição de leis restritivas individuais e concretas), o princípio da protecção da confiança (reflectido na proibição da retroactividade das leis restritivas) ou o princípio da dignidade da pessoa humana (reflectido também na garantia do conteúdo essencial).

Por isso mesmo, por se tratar de regime constitucional geral aplicável a todos os direitos fundamentais, como temos vindo a sustentar, todo o pretenso regime específico dos direitos, liberdades e garantias é extensível aos direitos sociais e, de resto, como se verá, a própria jurisprudência constitucional, se bem que não o reconhecendo –nem tem de o fazer–, tem vindo, na prática, como veremos[52], a acolher progressivamente este entendimento.

Curiosamente, verifica-se aqui uma invulgar, mas assinalável, dessintonia do Tribunal Constitucional relativamente à doutrina tradicional. Enquanto que esta persiste, como que por inércia, a manter o recurso aos *velhos* dogmas de distinção entre os dois tipos de direitos, o Tribunal Constitucional, não tão *preso* a essa memória ou nela *pessoalmente* envolvido, e a braços com a necessidade de resolução concreta dos problemas jusfundamentais suscitados no âmbito dos direitos sociais, está muito mais aberto à *novidade* que, afinal, não é mais que recorrer à mais antiga, estabilizada e provada das construções –a simples aplicação aos

[52] Cf. *infra*, cap. V, sobre a jurisprudência constitucional referente aos direitos sociais.

direitos sociais, como direitos fundamentais que são, de um controlo baseado nos princípios estruturantes de Estado de Direito, de acordo com a metodologia construída e estabilizada pela teoria das restrições aos direitos fundamentais.

A justificação da indistinção entre os dois tipos de direitos parece-nos, com efeito, de uma evidência meridiana, sobretudo, como vamos verificar a seguir, no que se refere àquelas regras e princípios normalmente tidas como constituindo o núcleo da referida protecção privilegiada dos direitos, liberdades e garantias, designadamente o chamado regime material dos direitos, liberdades e garantias.

## 2. A aplicabilidade do núcleo principal do regime material dos direitos, liberdades e garantias –o artigo 18º

### 2.1. O artigo 18º, nº 1, primeira parte –a aplicabilidade directa

*1. Os preceitos constitucionais respeitantes aos direitos, liberdades e garantias são directamente aplicáveis...*

*a)* Como a generalidade da doutrina reconhece[53], todas as normas constitucionais, incluindo as tradicionalmente designadas como puramente *programáticas*, isto é, as intencionalmente desenhadas enquanto directivas genéricas para uma actuação estadual de realização de fins de realização diferida no tempo e dependendo plenamente da decisão política do legislador ordinário, são juridicamente vinculativas a partir da sua consagração constitucional e produzem alguns efeitos jurídicos imediatos.

Ou seja, mesmo sem terem sido objecto de qualquer prévia mediação legislativa ordinária, também essas ditas normas programáticas –que, actualmente, entre nós, poderiam ser as referentes a tarefas estatais constantes dos princípios fundamentais da Constituição e algumas imposições residuais constantes da organização económica, bem como, se abstrairmos da sua inserção nos artigos que primariamente consa-

[53] Cf., por todos, Jorge Miranda, *Direitos Fundamentais*, Coimbra, 2017, págs. 355 e segs.

gram os direitos sociais como direitos fundamentais, algumas tarefas de realização destes direitos impostas ao Estado– produzem efeitos jurídicos imediatos, na medida em que podem, desde logo, constituir fundamento de inconstitucionalidade de actos ou normas de sentido contrário, de invalidação ou inconstitucionalização de normas constitucionais ou ordinárias anteriores, de fonte de interpretação e integração de outras normas e complexos normativos, de elevação objectiva de certos bens e interesses à categoria de bens jurídicos de nível constitucional, de vinculação programática da actuação dos poderes públicos.

Num plano qualitativamente diferente se situam, porém, as normas constitucionais de direitos fundamentais no âmbito de uma Constituição normativa de um contemporâneo Estado de Direito democrático e social, sobretudo após a *viragem* que se verificou generalizadamente na Europa após a segunda guerra e mediante a qual se processou a mudança de paradigma fundamental do novo constitucionalismo segundo o qual os direitos fundamentais deixam de ser dependentes da lei para passar a lei a ver a sua legitimidade constitucional condicionada pela sua conformidade aos direitos fundamentais.

Portanto, se a produção imediata de efeitos jurídicos era já uma característica de qualquer norma constitucional, não será simplesmente essa dimensão que se tem em vista quando se considera a natureza da vinculatividade jurídica proporcionada e garantida pelas normas de direitos fundamentais. Assim, quando no enunciado do artigo 18º, nº 1, da Constituição se fala em aplicabilidade directa, num contexto respeitante à realização de direitos fundamentais, tem-se em vista a aplicabilidade directa em sentido restrito, enquanto possibilidade de invocação judicial de um direito, no interesse do seu titular, contra todas as entidades e poderes públicos e directamente a partir da norma constitucional, ou seja, sem estrita necessidade de interposição de norma ordinária que venha posteriormente a viabilizar a sua normatividade plena.

Com efeito, no contexto em que aquele enunciado foi aprovado[54] e tendo em conta a directa inspiração alemã na redacção do preceito (na Constituição alemã, *"os direitos fundamentais, discriminados a seguir, constituem direitos directamente aplicáveis..."*), aplicabilidade directa significa aqui a possibilidade de invocação directa dos preceitos constitucionais

[54] Cf. *supra*, Parte I, cap. I, 2.2.

independentemente da existência de lei concretizadora ou conformadora do respectivo conteúdo constitucional.

*b)* No paradigma de Constituição normativa do pós-segunda guerra que, como vimos, inspirou directamente a proposta e a consequente aprovação daquela norma no contexto da elaboração da Constituição portuguesa de 1976, todas as normas referentes a direitos fundamentais devem ser obrigatoriamente reinterpretadas à luz do lema fundador "*não mais direitos fundamentais à medida das leis, mas leis segundo os direitos fundamentais*" (KRÜGER[55]). Assim, os direitos fundamentais deixam de estar dependentes e à mercê da disponibilidade e das decisões do legislador –como acontecia, em geral, nos Estados de Direito europeus até então– e, ao invés, é o legislador que tem de respeitar e observar os direitos fundamentais a partir do momento em que eles encontram consagração constitucional.

Isso significa que, desde que a norma constitucional de direitos fundamentais tenha um mínimo de conteúdo interpretativamente determinável, desde que o juiz possa, em consequência, aplicá-la com esse conteúdo sem violação do princípio da separação de poderes, a existência de lei concretizadora ou conformadora, independentemente das vantagens decorrentes da maior densidade normativa que introduz, não condiciona decisivamente a invocabilidade do direito fundamental no interesse do seu titular e a sua aplicabilidade directa. A eventual inércia do legislador não *joga* em desfavor da efectividade do direito fundamental.

É certo que, excepcionalmente, algumas Constituições e ordens constitucionais de Estado de Direito mantiveram a natureza meramente programática dos direitos fundamentais, conservando-os fora da justiciabilidade que agora lhes era generalizadamente garantida através da criação dos novos Tribunais Constitucionais que convergiam, na Europa, com aquela que sempre tinha sido a prática de *judicial review* norte-americana. Por outro lado, noutras Constituições que agora reconheciam a plena justiciabilidade dos direitos fundamentais, mantinha-se a recusa em reconhecer a qualidade jusfundamental à generalidade dos direitos

[55] KRÜGER, "Die Einschränkung von Grundrechten nach dem Grundgesetz" *in DVBl*, 1950, 3, pág. 626.

sociais que, ou permaneciam aí fora do texto constitucional ou acediam à Constituição, mas na qualidade de princípios rectores (Alemanha, Espanha).

Nesse contexto, a posição da Constituição portuguesa, lida segundo os cânones da doutrina tradicional, surge como verdadeiramente atípica, já que, por um lado, reconhecia indiscutivelmente os direitos sociais na qualidade de direitos fundamentais, mas, por outro, fruto das vicissitudes já descritas, parecia reconhecer efectividade e aplicabilidade directa apenas aos direitos de liberdade.

Em Portugal, de acordo com o artigo 18º, nº 1, na leitura da doutrina tradicional, também os direitos fundamentais seriam directamente aplicáveis e vinculariam todas as entidades e poderes públicos, mas, aparentemente, só se fossem direitos, liberdades e garantias. O que significa que, no entender da doutrina tradicional, os direitos sociais não beneficiariam do princípio da aplicabilidade directa: dependeriam exclusivamente daquilo que o legislador fizesse e, mais, aquilo que o legislador fizesse manter-se-ia posteriormente na inteira discricionariedade do legislador. Ou seja, os direitos sociais seriam sempre direitos "à medida da lei", o que significaria que, de acordo com as concepções do Estado de Direito da segunda metade do século XX, não seriam verdadeiros direitos fundamentais, não seriam "resistentes à lei"[56]. A sua qualificação e a das normas que os consagram como programáticos, tal qual nos mantivéssemos na Constituição de Weimar de há precisamente cem anos, corresponderia a essa visão[57].

É isto possível? É isto constitucionalmente defensável?

*c)* Essa é, surpreendentemente, a posição da doutrina tradicional, dando uma estranha continuidade, no que se refere aos direitos sociais,

[56] Cf. a crítica desenvolvida desta posição em Jorge Reis Novais, *Direitos Sociais...*, cit., págs. 213 e segs; Jorge Reis Novais, *Em Defesa do Tribunal Constitucional –Resposta aos Críticos*, Coimbra, 2014, págs. 141 e segs.

[57] Sustentando singularmente esta ideia, cf. C. Blanco de Morais, "O controlo de inconstitucionalidade por omissão no ordenamento brasileiro e a tutela dos direitos sociais" *in Revista de Direito Constitucional e Internacional*, nº 78, Jan-Mar. 2012, págs. 197 e segs; C. Blanco de Morais, "Direitos sociais e controlo da inconstitucionalidade por omissão no ordenamento brasileiro: activismo judicial momentâneo ou um novo paradigma?" *in Estudos em Homenagem ao Prof. Doutor José Joaquim Gomes Canotilho*, Coimbra, 2013, págs. 579 e segs.

ao entendimento dos direitos fundamentais que dominou a doutrina europeia durante todo o século XIX e, embora já suscitando alguma controvérsia, durante a primeira metade do século XX. Com o devido respeito, trata-se de uma concepção anacrónica e definitivamente ultrapassada com o constitucionalismo que se desenvolveu a partir da Segunda Guerra. Pode persistir em classificações que tiveram o seu tempo, muito divulgadas em Portugal e no Brasil no século passado, mas hoje totalmente inadequadas e imprestáveis.

No novo constitucionalismo que irrompe na Europa após a Segunda Guerra, em qualquer Constituição normativa de Estado de Direito, desde que seja possível determinar um conteúdo normativo a um enunciado constitucional, esse conteúdo é não só passível de aplicação, como também de aplicação obrigatória, directa e imediata. Nesse sentido, como dizíamos em textos anteriores, a característica de aplicabilidade directa não é algo que o legislador constituinte possa atribuir ou não –e por isso não poderia ser verdadeiramente um elemento do dito regime dos direitos, liberdades e garantias–, mas é algo que vem *colado* à própria norma: se é possível apurar um conteúdo normativo, esse conteúdo é aplicável com força de norma constitucional. Se se trata de um conteúdo normativo que confere direitos e deveres, aos titulares de direitos fundamentais e ao Estado, as posições de vantagem que os particulares retiram desses conteúdos são directamente aplicáveis.

Sobretudo em domínio de direitos fundamentais, esse é o sentido que distingue e caracteriza a Constituição normativa da segunda metade do século XX. A construção teórica dos direitos fundamentais ou de parte deles (no caso, os direitos sociais) como normas programáticas é um anacronismo que mantém alguma doutrina tradicional portuguesa encerrada nos limites ultrapassados de um pensamento constitucional que caducou na primeira metade do século XX.

Nessa altura é que a Constituição se desdobrava em dois sistemas: a Constituição da organização política e da separação de poderes –directamente aplicável– e a Constituição retórica, política, programática, intrinsecamente dependente da concretização que lhe desse o legislador ordinário, a Constituição dos direitos fundamentais. Na época, com a excepção de alguns poucos direitos de conteúdo mais determinado ou considerados pré e supra estatais e, nessa medida, retirados da disponibilidade do legislador, bem como do conteúdo essencial das chamadas garantias institucionais, todas as normas de direitos fundamentais eram simples directivas, programas dependentes da realização que lhes desse o legislador[58].

Esse tempo passou, por mais dificuldades que a doutrina tradicional tenha em o reconhecer. Na Constituição normativa da segunda metade do século XX, desapareceu a oposição *programaticidade/normatividade* em domínio de direitos fundamentais: todas as normas de direitos fundamentais são de aplicabilidade directa e vinculam todas as entidades e poderes públicos, incluindo o legislador democrático.

O que varia, no domínio dos direitos fundamentais, são os conteúdos normativos, o sentido das proibições, das permissões e das imposições de realização que deles resultem, bem como dos correspondentes deveres estatais. Não a obrigatoriedade de realizar e aplicar esses conteúdos uma vez interpretativamente determinados, não a possibilidade de invocar, directamente, as posições de vantagem individual que se retirem dos respectivos conteúdos. Nesse sentido, o carácter directivo ou programático que outrora condicionara decisivamente, na Europa, a normatividade dos direitos fundamentais foi definitivamente sublimado com a sua recuperação e acantonamento na chamada dimensão objectiva dos direitos fundamentais, com a sua simultânea consideração como valores objectivos e como ordem de valores que constituem impulso e directiva genérica de actuação para todos os poderes estatais[59].

*d)* Assim, se bem percebidas, as diferenças de aplicabilidade entre as normas constitucionais de uma Constituição normativa não dependem da protecção especial que o legislador constituinte pudesse voluntaristicamente conferir ou deixar de conferir a este ou àquele tipo de normas, mas é, antes, algo que diz simplesmente respeito ao programa da norma e à determinação ou determinabilidade do respectivo conteúdo normativo. O legislador constituinte não tem, neste domínio, *margem de criação*. Ou seja, a aplicabilidade directa de uma qualquer norma constitucional,

[58] Cf., por todos, sobre o enquadramento da discussão que na época se desenvolveu na Alemanha, K. Stern, *Das Staatsrecht der Bundesrepublik Deutschland*, III/1, München, 1988, págs. 1177 e segs; H. Dreier, "Die Zwischenkriegszeit" *in* Merten/Papier, *Handbuch der Grundrechte in Deutschland und Europa*, I, Heidelberg, 2004, págs. 153 e segs.

[59] Cf. B-O Bryde, "Programmatik und Normativität der Grundrechte" *in* Merten/Papier, *Handbuch der Grundrechte in Deutschland und Europa*, I, Heidelberg, 2004, págs. 679 e segs.

que em Estado de Direito com Constituição normativa é sempre juridicamente vinculativa, decorre da natureza dessa norma, da determinabilidade do seu conteúdo, da sua particular densidade normativa e não de qualquer opção que o legislador constituinte pudesse livremente tomar[60].

Que significado teria, por exemplo, o legislador constituinte *decretar* que as normas "todos têm direito ao trabalho" ou "todos têm direito a uma habitação condigna" são de aplicabilidade directa? No dia seguinte os particulares poderiam apresentar-se em tribunal exigindo um posto de trabalho ou uma habitação condigna? Claramente, não. Se não é possível retirar interpretativamente esse conteúdo só da norma constitucional em causa, então esses direitos à prestação de um concreto emprego ou de uma habitação condigna não são directamente invocáveis só a partir da norma constitucional.

Em contrapartida, mesmo que o legislador nada dissesse, já seria possível invocar imediata e directamenteo direito a uma habitação condigna para contestar um despejo que deixasse, sem remissão, uma família com filhos menores sem abrigo numa noite de inverno ou invocar o direito ao trabalho para contestar uma lei que precarizasse de forma inadmissível a estabilidade do emprego. Esse conteúdo de *resistência* é apurável interpretativamente a partir da norma constitucional e, logo, é directamente aplicável.

Mas não são apenas directamente aplicáveis os conteúdos mínimos directamente exigíveis a partir da norma constitucional. Independentemente de haver ou não lei concretizadora, o mesmo direito a uma habitação condigna pode ser imediata e directamente invocável contra a constitucionalidade de uma lei que desequilibre excessivamente a favor dos proprietários a possibilidade de despejar os inquilinos ou, no caso do direito ao trabalho, contra uma lei que amplie excessivamente a concretização do conceito de justa causa de despedimento.

E, em sentido recíproco, o que aconteceria se o legislador constituinte não tivesse *decretado* que a norma constitucional "em caso algum haverá pena de morte" é de aplicabilidade directa? Se o não tivesse feito,

[60] No mesmo sentido, cf. M. Afonso Vaz, "O enquadramento jurídico-constitucional dos 'direitos económicos, sociais e culturais'" *in Juris et de Jure, Nos Vinte Anos da Faculdade de Direito da Universidade Católica Portuguesa*, Porto, págs. 437 e seg.

estariam os tribunais impedidos, no silêncio da Constituição, de recusar a aplicação, por inconstitucionalidade e recorrendo directamente à citada norma constitucional, de uma qualquer norma ou acto de condenação de alguém à morte? Claro que não. Da norma constitucional é possível retirar imediatamente aquele conteúdo normativo: se a Constituição diz que em caso algum haverá pena de morte, então, independentemente do que a lei diga ou da existência de lei, qualquer condenação à morte ou qualquer previsão normativa de condenação à morte seriam inconstitucionais. A garantia é directamente invocável quer o legislador constituinte tenha ou não dito que a norma em causa é directamente aplicável.

*e)* Ou seja, não é o enunciado do artigo 18º, nº 1, que cria a aplicabilidade directa das normas de direitos fundamentais, ainda que se compreenda o sentido e a utilidade da decisão do legislador constituinte no momento em que a aprovou.

Sobretudo no contexto de uma ordem constitucional que nascia em ruptura com um regime autocrático em que os direitos fundamentais, designadamente os direitos políticos, dependiam exclusivamente da vontade do legislador, uma tal norma deixa claro que a falta de mediação ou concretização legislativas não obstam à efectividade dos direitos de liberdade constitucionalmente consagrados e que, designadamente, o poder judicial ficava obrigado a garanti-los e a fazê-lo, pelo menos no grau constitucionalmente adequado possível, mesmo quando a norma constitucional remete para o legislador ordinário a tarefa de conferir plena exequibilidade à norma constitucional. Ora, esta consequência é da maior importância, sobretudo nos primeiros tempos de vigência de uma nova ordem constitucional ou quando o legislador ordinário prolonga no tempo o incumprimento do comando constitucional de concretização.

Em contrapartida, na medida em que, na sua dimensão principal, quando vista em abstracto, os direitos sociais se traduzem em exigência de prestações fácticas, materiais, com custos financeiros, eles são direitos sob reserva do financeiramente possível, dependentes das disponibilidades financeiras do Estado e das consequentes opções políticas de distribuição orçamental de recursos.

Assim, não é possível nem conveniente que, na maior parte dos casos, o legislador constituinte determine o seu conteúdo em grau suficiente para permitir a aplicabilidade directa das prestações em causa. Em geral, e ao contrário do que ocorre em boa parte dos direitos de liberdade, da norma constitucional de direito social raramente resulta o *quantum* garantido de acesso individual ao bem protegido susceptível de realização judicial e, por isso, raramente é possível ao juiz determiná-lo com recurso aos critérios de interpretação jurídica da norma constitucional. Por isso, os direitos sociais não são, nesta sua dimensão prestacional, em princípio, e para lá de um mínimo social e daquilo que pode razoavelmente ser exigido do Estado, integralmente realizáveis a partir exclusivamente da norma constitucional de garantia.

Nesse sentido, pode explicar-se e até perceber-se porquê, no ambiente político-constitucional que presidiu à elaboração da Constituição de 1976, o legislador constituinte, apesar das vicissitudes e equívocos já assinalados quanto aos porquês da redacção dos enunciados em causa, se tenha finalmente decidido pela expressão da aplicabilidade directa apenas dos direitos de liberdade e os tenha *preferido* na formulação do artigo 18º, nº 1.

*f)* Porém, já nos situamos num plano qualitativamente distinto quando a doutrina tradicional portuguesa sustenta, com pretenso apoio na Constituição, que os direitos, liberdades e garantias são normas preceptivas, directamente aplicáveis, enquanto que os direitos sociais seriam normas programáticas, não directamente aplicáveis. Aí já entramos no plano doutrinário e, em nosso entender, de má doutrina, na medida em que estaríamos, quanto a alguns direitos fundamentais, a retornar às concepções da Constituição de direitos fundamentais *retórica*, política, que caducou na primeira metade do século XX.

Podemos ter direitos, liberdades e garantias que, sem lei concretizadora, dificilmente podem ser aplicados com efectividade (por exemplo, a norma segundo a qual os partidos políticos e as organizações sindicais têm direito a tempos de antena no serviço público de rádio e de televisão segundo critérios a definir por lei –artigo 40º da Constituição, logo, um direito, liberdades e garantia– dificilmente teria efectividade prática enquanto não existisse a referida lei). Inversamente, normas de direitos sociais, como o direito à protecção da saúde, podem ser directamente invocáveis, mesmo sem lei concretizadora, em caso de lesão de bem protegido por esse direito, desde que seja possível determinar interpretativamente que essa lesão se verificava no âmbito protegido pelo direito.

Como dissemos, na Constituição normativa do actual Estado de Direito não há normas de direitos fundamentais programáticas, todas as normas de direitos fundamentais são directamente aplicáveis, todas elas são, em alguma medida, imediatamente invocáveis a partir da simples consagração constitucional. Desde que seja possível determinar-lhes interpretativamente algum conteúdo normativo, esse conteúdo é directamente aplicável.

Qualificar as normas sobre direitos sociais da Constituição portuguesa como programáticas é simplesmente reflexo de um preconceito ideológico contra os direitos sociais ou o resultado da *pesada herança* da doutrina tradicional. Se um enunciado constitucional diz que "todos têm direito à integridade física e psíquica" e outro diz que "todos têm direito à protecção da saúde", de onde, senão de mero preconceito, retiraríamos que a segunda norma é *programática* e a primeira é *preceptiva*? A Constituição não o diz, em lugar algum (ou seja, diz que a primeira é preceptiva, mas não diz que a segunda é programática) e, mesmo que o dissesse, seria simplesmente uma afirmação doutrinária errónea.

Daquela segunda norma retiramos interpretativamente, sem grandes dúvidas ou divergências, que o Estado e as entidades públicas têm de respeitar a saúde das pessoas, têm de a proteger de eventuais agressões de outros particulares e têm de a promover. Exactamente os mesmos deveres, e com a mesma intensidade e densidade, que o Estado e as entidades públicas têm relativamente à norma do direito à integridade física e psíquica. Não são directivas ou programas a realizar diferidamente no tempo, são direitos que a Constituição considera fundamentais e que, como tal, em Constituição normativa, são directamente aplicáveis com o conteúdo normativo que for interpretativamente possível atribuir-lhes no respeito do princípio da separação de poderes.

Nesse sentido, encontramos normas de aplicabilidade directa no domínio dos direitos sociais e normas não directamente aplicáveis no âmbito dos direitos de liberdade. Assim, uma norma de direito social eventualmente com o carácter de *regra*, que prescreva uma actuação certa e determinada dos poderes públicos, é mais determinada e *mais* directamente aplicável que uma norma de direito de liberdade com carácter *principiológico*, eventualmente sujeita a uma reserva do politicamente adequado ou até uma reserva do financeiramente possível, como as que encontramos nos domínios dos deveres de protecção e de promoção da liberdade individual.

*g)* Por último e definitivamente, como sustentámos com desenvolvimento noutro local[61], se aquela não aplicabilidade directa tendencial da dimensão prestacional das normas constitucionais de direitos sociais é um dado num primeiro momento ou fase de vigência da nova Constituição, o respectivo *status* normativo muda substancialmente à medida que o legislador vai concretizando as normas de direitos sociais e fixa, com carácter preciso e bem mais determinado do que ocorre com os direitos de liberdade, as prestações estatais devidas no âmbito de cada direito social. Nessa altura, o conteúdo normativo do direito fundamental, fixado na conjunção do enunciado constitucional e do enunciado legal, é plenamente determinado e, logo, tais direitos passam a ter uma indiscutível aplicabilidade directa plena.

Só não será assim para uma parte da doutrina tradicional portuguesa, mas tal posição releva simplesmente do viés ideológico anti-direitos sociais, pois também o conteúdo normativo dos direitos de liberdade é o conteúdo que resulta da interpretação conjunta do enunciado constitucional e do enunciado legal.

Quando se pergunta qual o conteúdo normativo do direito fundamental ao casamento na ordem jurídica portuguesa não é possível responder sem ter em conta a combinação da norma constitucional do artigo 36º com as normas do Código Civil sobre o casamento. Se, hoje, o legislador ordinário, através de uma alteração do Código Civil, restringisse o instituto do casamento a um contrato entre pessoas de sexo diferente estaria, sem qualquer dúvida plausível, a restringir o direito fundamental ao casamento; discussão diferente, que não cabe aqui fazer, seria apurar da respectiva constitucionalidade ou inconstitucionalidade, mas, indiscutivelmente, teria havido uma restrição ao direito fundamental.

Logo, a norma do artigo 36º da Constituição sobre o direito ao casamento (norma de direito, liberdade e garantia) é, como todas as normas de direitos fundamentais, directamente aplicável, mas não saberíamos o

[61] Cf. Jorge Reis Novais, *Direitos Sociais...*, cit., págs. 151 e segs.

quê aplicar directamente sem ter em conta o disposto na correspondente lei ordinária que concretiza aquele conteúdo. Nada de diferente se passa com o direito à saúde, ao ensino ou com qualquer outro direito social.

E, mesmo numa norma típica de direito social, como as que referimos do direito à habitação ou do direito ao trabalho, encontramos dimensões directamente aplicáveis independentemente de concretização legislativa ordinária ou enquanto não existe legislação ordinária.

Por exemplo, o dever estatal de respeito do direito à habitação, de não privação desse direito, ou o dever de respeito do direito à saúde são directamente aplicáveis. Independentemente do que diga a lei ordinária ou mesmo que não houvesse ainda lei ordinária, seriam directamente invocáveis as normas dos artigos 64º e 65º da Constituição contra qualquer agressão ao acesso aos bens protegidos por estes direitos (saúde ou habitação).

Da mesma forma se pode dizer, mesmo no âmbito dos deveres de prestação positiva, que a dimensão de prestação estatal positiva exigida pelo princípio da dignidade da pessoa humana ou a prestação estatal positiva sem cuja realização haveria violação do princípio da proibição do défice[62], por não realização de um mínimo social ou por desrazoabilidade da omissão, são dimensões de aplicabilidade directamente decorrente das normas constitucionais de direitos sociais independentemente da existência prévia de normas ordinárias concretizadoras.

## 2.2. O artigo 18º, nº 1, segunda parte –a vinculação das entidades públicas e privadas

*1. Os preceitos constitucionais respeitantes aos direitos, liberdades e garantias ... vinculam as entidades públicas e privadas.*

### *2.2.1. A vinculação das entidades públicas*

*a)* A vinculação das entidades públicas aos preceitos constitucionais –a todos eles– é uma decorrência natural e necessária da própria exis-

[62] Cf., com desenvolvimento, Jorge Reis Novais, *Princípios Estruturantes de Estado de Direito*, cit., págs. 203 e segs.

tência de um Estado de Direito com Constituição em sentido formal. Trata-se, portanto, da concretização literal de um princípio que, pela sua evidência, não careceria, sequer, de formalização específica. No entanto, ainda assim, ele já havia sido expressamente afirmado na parte dos *Princípios Fundamentais* da Constituição, quando se estabeleceu no artigo 3º que *a validade das leis e dos demais actos do Estado, das regiões autónomas, do poder local e de quaisquer outras entidades públicas depende da sua conformidade com a Constituição.*

Portanto, em termos dogmáticos, a reafirmação deste princípio no artigo 18º, especificamente no que se refere à vinculação das entidades públicas aos preceitos constitucionais respeitantes aos direitos, liberdades e garantias, nada acrescenta e, quando muito, pode até induzir alguns equívocos, como aquele segundo o qual deste enunciado se retiraria que a Administração pode recusar a aplicação de leis em vigor em nome do respeito que deve aos direitos, liberdades e garantias. Não cabe discutir aqui este tema, mas, em todo o caso, basta reafirmar o sentido normativo do artigo 3º: a Administração (como todas as entidades públicas, sem excepções) está vinculada aos direitos, liberdades e garantias exactamente da mesma forma e com a mesma intensidade com que está vinculada a todos os direitos fundamentais e a todas as normas constitucionais.

*b)* Em todo o caso, nada acrescentando em termos normativos, este enunciado sobre a vinculação das entidades públicas pode ter um único sentido útil, embora no estrito plano da controvérsia doutrinária que aqui abordamos.

Ou seja, este enunciado do artigo 18º, nº 1, é um exemplo eloquente dos equívocos em que se enredou a doutrina tradicional. Como temos repetido, da referência constitucional a um regime dos direitos, liberdades e garantias (artigo 17º) e da enumeração de alguns princípios que o integrariam (artigo 18º e outros), a doutrina tradicional retirou a conclusão, todavia nunca afirmada pela Constituição, que esse regime seria exclusivo dessa categoria de direitos ou dos chamados direitos de natureza análoga. Mais precisamente, retirou a conclusão de que os restantes direitos fundamentais (genericamente, os direitos sociais) não beneficiariam de tal regime, isto é, teriam um outro regime, naturalmente mais enfraquecido que o daquelas outras categorias.

Temos repetido que não é assim, que o regime de uns e ouros direitos fundamentais *só* pode ser o mesmo e este enunciado do artigo 18º, nº 1, é uma demonstração eloquente da justeza daquilo que dizemos. Por mais criativa e singular que seja a doutrina tradicional portuguesa de direitos fundamentais, dificilmente alguém poderá dizer que as entidades públicas não estão vinculadas por todos os preceitos constitucionais. Logo, qual o sentido útil de se reafirmar que as entidades públicas estão vinculadas pelos preceitos respeitantes aos direitos, liberdades e garantias? Poderia isto em algum caso querer significar que não estão vinculadas pelos preceitos constitucionais respeitantes aos direitos sociais? Obviamente, não.

Tal como vimos, a única e real explicação para a existência deste enunciado é o facto de, no contexto em que surgiu e foi proposto, *direitos, liberdades e garantias* significava simplesmente *direitos fundamentais*; era, como vimos, a designação corrente na história constitucional portuguesa.

De tão evidente, dispensam-se aqui demonstrações complementares, mas deve ficar essa nota de incompreensão da porventura inexplicável dificuldade da doutrina tradicional em reconhecer que este não é mais que um exemplo: em todos os restantes princípios tidos como específicos e exclusivos dos direitos, liberdades e garantias passa-se exactamente o mesmo, ou seja, são, todos eles, plenamente generalizáveis a todos os direitos fundamentais.

### *2.2.2. A vinculação das entidades privadas*

A expressão constitucional de uma ideia de vinculação das entidades privadas pelos direitos fundamentais e, no caso do artigo 18º, nº 1, pelos "preceitos constitucionais respeitantes aos direitos, liberdades e garantias" é, também ela, uma singularidade da Constituição portuguesa no panorama global do constitucionalismo[63]. Mais uma vez, corresponde a uma incursão do texto constitucional pela doutrina e pela teoria dos direitos fundamentais, configurando-se como uma aparente tomada de posição do legislador constituinte português na controvérsia surgida

[63] Neste caso, apenas seguida pelas Constituições de Cabo Verde e de Angola.

originariamente nos anos cinquenta e sessenta do século passado na Alemanha.

Para mais, a norma foi inicialmente *lida*, em Portugal, como uma adesão da Constituição portuguesa à chamada teoria da eficácia imediata e, no caso, como instituindo uma vinculação das entidades privadas aos direitos fundamentais em termos idênticos à vinculação que obrigava as entidades públicas.

Não é aqui ocasião adequada para desenvolvermos o tratamento doutrinário da questão, tanto mais que o fizemos recentemente de forma desenvolvida[64]. Em todo o caso, sempre se dirá que a norma do artigo 18º, nº 1, é compatível com qualquer das teses que se defrontam na resolução do problema constitucional subjacente: a tese da eficácia imediata, a tese da eficácia mediata e a tese dos deveres de protecção. A Constituição afirma a vinculação, mas não diz como nem através de que enquadramento dogmático se processa e se desenvolve tal vinculação. Nesse sentido, apesar de singular, a norma em causa remete implicitamente para uma discussão teórica e doutrinária que não deve nem pode ser previamente decidida por uma Constituição.

Assim, é nessa sede que deve ser arbitrada a disputa e é também nessa sede que deve ser considerado o problema de saber que direitos fundamentais vinculam ou não as entidades privadas. Não é, também esse, um problema que possa ser resolvido pela Constituição. E é essa, precisamente, a razão por que a generalidade das Constituições não têm qualquer norma análoga nem tomam qualquer decisão sobre o problema. De qualquer forma, sempre se dirá que o problema teórico em discussão no constitucionalismo de Estado de Direito, não é o problema da vinculação das entidades privadas aos direitos, liberdades e garantias, mas sim o da sua própria vinculação aos direitos fundamentais.

Ou seja, quando a Constituição garante direitos fundamentais aos particulares pode suscitar-se uma discussão sobre saber quem são os destinatários da norma, quem fica obrigado a cumprir os deveres correlativos desses direitos fundamentais. Isto é, no fundo, as normas constitucionais obrigam quem? O Estado, certamente, mas também os particulares?

[64] Cf. Jorge Reis Novais, *Direitos Fundamentais nas Relações entre Particulares*, Coimbra, 2019.

Ora, essa questão, independentemente da resposta doutrinária que se lhe dê, pode levantar-se relativamente a todas as normas de direitos fundamentais e não apenas às normas de direitos, liberdades e garantias. É verdade que a Constituição portuguesa, *invadindo* essa área doutrinária que não lhe cabe, dá uma resposta relativamente às normas de direitos, liberdades e garantias, dizendo que vinculam as entidades privadas. Mas, para além de controversa, essa resposta não define nada, porque tudo resta em saber, de que forma e com que alcance vinculam, isto é, a vinculação é imediata, é mediata ou deve fazer-se através dos deveres estaduais de protecção?

Em qualquer caso, a mesma pergunta pode fazer-se relativamente a todas as normas de direitos fundamentais, mesmo que a Constituição portuguesa não lhe tenha respondido. Imagine-se, por exemplo, que um colégio privado recusa a contratação de um trabalhador por causa da sua orientação sexual. Tratando-se de uma afectação grave da liberdade de escolha de profissão, dir-se-ia, apelando ao artigo 18º, nº 1, que as entidades privadas estavam vinculadas ao respeito do referido direito fundamental. Mas, se uma situação análoga se passasse com um hospital privado que recusasse o tratamento de um doente por causa da sua orientação sexual, não estaríamos exactamente na mesma situação em termos de aplicabilidade dos direitos fundamentais? Ou seria que, por virtude de a liberdade de escolha da profissão ser um direito, liberdade e garantia e de o direito à saúde do doente discriminado em função da sua orientação sexual ser um direito social deveríamos tratar o problema jurídico de forma diferenciada?

Obviamente, não. Independentemente das conclusões a que chegarmos quanto à controversa vinculação das entidades privadas pelos direitos fundamentais, a situação é exactamente a mesma quer estejam em causa direitos de liberdade ou direitos sociais[65].

[65] Cf., a propósito, JORGE REIS NOVAIS, *Direitos Fundamentais nas Relações entre Particulares*, cit., págs. 58 e seg.

## 2.3. O artigo 18º, nº 2, primeira parte –as restrições não expressamente autorizadas pela Constituição

*2. A lei só pode restringir os direitos, liberdades e garantias nos casos expressamente previstos na Constituição.........*

*a)* Também esta norma –que, se *levada a sério*, não seria a disposição normativamente irrelevante que, de facto, é, mas constituiria uma pedra angular da ordem constitucional portuguesa– é uma incursão doutrinária do legislador constituinte nos terrenos difíceis e movediços da teoria dos direitos fundamentais[66] e de onde, mais uma vez, não sai nada bem.

Lida pelo que pretende significar, aquela disposição vedaria em absoluto quaisquer restrições a direitos, liberdades e garantias que não estivessem expressamente previstas no texto constitucional, o que significaria que, na maior parte dos casos, a generalidade dos direitos, liberdades e garantias seriam considerados, sem remissão, como direitos absolutos. De facto, como raramente encontramos no texto constitucional previsões expressas de restrição de direitos fundamentais, tal significaria que esses direitos deveriam ser considerados absolutos, ilimitáveis, insusceptíveis de cedência perante outros direitos, valores ou interesses igualmente dignos de protecção jurídica e constitucional.

Porém, tal é lógica, jurídica e facticamente impossível, pelo que o legislador constituinte acabou por criar uma dificuldade dogmática que caberia à doutrina e à jurisprudência portuguesas resolver. Da nossa parte, dedicámos ao tema, em 2003, uma tese de doutoramento para onde remetemos para um desenvolvimento completo da questão[67].

Diremos, em todo o caso, sintetizando, que aquela pretensa garantia é simplesmente irrealizável. Entre muitas outras, pelas seguintes razões principais.

[66] Note-se, contudo, que com esta afirmação procedemos já a uma reconstrução objectivista do que teria sido o programa normativo do legislador constituinte de 1976. Na realidade, a inclusão deste enunciado na Constituição de 1976 correspondeu, apenas, à recepção de um enunciado semanticamente afim que provinha da Constituição portuguesa de 1911 e que obteve continuidade no texto da Constituição de 1933. Porém, no contexto dessas outras Constituições, a norma significava algo muito diverso: a proibição das *leis de excepção* –suspensão/restrição das garantias constitucionais– fora dos *estados de necessidade* constitucionalmente previstos. Cf. Jorge Reis Novais, *As Restrições aos Direitos Fundamentais...*, cit., págs. 13 e segs.

[67] Cf. Jorge Reis Novais, *As Restrições aos Direitos Fundamentais ...*, cit.

Primeiro, aquela garantia pressupõe uma omnisciência e capacidade de previsão do legislador constituinte que definitivamente não existe. Ela corresponderia ao reconhecimento de poderes típicos de uma divindade a uma assembleia representativa de mais de duas centenas de pessoas. Ou seja, parte-se do princípio de que o legislador constituinte pode saber, em 1975/76, quais são todas as necessidades de restrição admissível de um direito fundamental por todo o tempo em que a Constituição vigorar. Uma assembleia representativa saberia, em 1976, o que poderia vir ou não a ocorrer em 2019, quais as situações possíveis em que um qualquer direito fundamental deveria ou não poder ceder.

Segundo, mesmo quando as necessidades impreteríveis da vida prática determinassem a conveniência ou mesmo a inevitabilidade de cedência de um direito, a sua natureza *absoluta*, apurada por força da inexistência de uma previsão constitucional de restrição, determinaria a inconstitucionalidade de norma que admitisse a referida cedência. Constituiria um absurdo insustentável em qualquer Estado de Direito dos nossos dias.

Terceiro, quando dois direitos fundamentais *colidem*, para o dizer em linguagem simplificadora, terá necessariamente de haver cedência de um deles ou de ambos; essa possibilidade de cedência, vertida em lei, é uma restrição. Se a Constituição não contém previsão expressa de restrição para qualquer deles, se os dois direitos fossem então, no sentido daquela disposição, *absolutos*, o problema seria simplesmente irresolúvel. Por exemplo, no caso de uma testemunha de Jeová que recusasse uma transfusão de sangue por motivos religiosos, portanto, em nome do direito à liberdade de consciência e de religião, a colisão desse direito fundamental com o direito à vida seria insusceptível de ser antecipadamente resolvida por lei. Como tanto o direito à vida (artigo 24º) como a liberdade de consciência e de religião (artigo 41º) são considerados invioláveis, não tendo qualquer previsão constitucional expressa de restrição, então a colisão seria simplesmente irresolúvel. Nenhum dos dois direitos poderia ceder ou, pelo menos, qualquer lei restritiva destinada a resolver a inevitável colisão seria inconstitucional.

Quarto, independentemente da situação concreta, do relevo ou do peso variáveis que um direito apresente numa situação particular, a Constituição teria já instituído uma hierarquização rígida: um direito considerado absoluto, isto é, sem previsão expressa de restrição, prevaleceria sempre sobre um outro susceptível de ser restringido. O resultado seria uma sucessão insustentável de absurdos práticos (por exemplo, o direito de manifestação prevaleceria sempre, em quaisquer circunstâncias, sobre o direito de reunião, porque o primeiro não tem previsão expressa de restrição e o segundo tem).

Quinto, interpretar como *absoluto* um direito fundamental só pelo facto de não ter previsão expressa de restrição, tornaria incompreensíveis e redundantes disposições como as dos artigos 24º, nº 2, ou 25º, nº 2: se o direito à vida e o direito à integridade são já direitos *absolutos* –pois, naquela interpretação, são consagrados nos artigos 24º, nº 1 e 25º, nº 1, sem previsão de restrição–, seria lógica e jurídicamente desnecessário consagrar a proibição de pena de morte ou a proibição de tortura nos números dois daqueles artigos. Por definição já não poderia haver nem pena de morte, nem tortura, nem quaisquer outras limitações ao direito à vida ou ao direito à integridade. Por exemplo, uma lei que determinasse a vacinação obrigatória, numa situação que impreterivelmente o exigisse, seria invariavelmente inconstitucional.

Sexto, os direitos fundamentais consagrados em lei ou em regras aplicáveis de direito internacional (artigo 16º, nº 1) seriam juridicamente mais *fortes* que os direitos constitucionais –já que, por natureza, aqueles outros, uma vez que não estão na Constituição, não tiveram previsão constitucional expressa de restrição– e prevaleceriam sempre, portanto, sobre as normas constitucionais, o que é lógica e juridicamente impossível por contrário à própria ideia de supremacia da Constituição e das regras constitucionais.

Sétimo, como o direito ao desenvolvimento da personalidade não tem previsão expressa de restrição e é sempre invocável em qualquer situação de lesão ou de violação de qualquer outro direito, então prevaleceria sempre e, por isso, deveria ser invocado em prejuízo de qualquer direito específico aplicável à situação. Na prática, o direito mais *fraco*, como é normalmente considerado o direito ao desenvolvimento da personalidade, ter-se-ia transformado no direito mais *forte* do universo dos direitos fundamentais.

Oitavo, como a Constituição proíbe as leis restritivas de direitos, liberdades e garantias em caso de não previsão constitucional expressa, mas não diz nada sobre restrições actuadas pela Administração, por acto ou regulamento administrativos, a solução desse *silêncio* só pode traduzir-se ou na conclusão da possibilidade de tais restrições poderem ocorrer em caso de necessidade ou, em alternativa, na conclusão de impossibilidade de tais restrições por falta de autorização constitucional. Porém, qualquer das hipóteses teria consequências lógicas inadmissíveis.

Com efeito, permitir restrições actuadas pela Administração sem previsão constitucional e legal –já que tal lei seria sempre inconstitucional– significaria atribuir à Administração poderes restritivos que não se reconheceriam ao legislador, o que é insustentável em Estado de Direito democrático. Ao invés, não permitir aquelas restrições, simplesmente por força do *silêncio* constitucional do artigo 18º, nº 2, para além da incomportabilidade da consequente inacção administrativa em caso de necessidade ou de urgência, significaria também atribuir aos direitos fundamentais não referidos na cláusula do artigo 18º, nº 2 –os direitos sociais– maior resistência constitucional que aquela que se atribuía aos direitos, liberdades e garantias, ou seja, porque não vinham referidos naquela cláusula, os direitos sociais acolhidos em normas constitucionais nunca poderiam ser restringidos por lei ordinária.

*b)* Por tudo isto, sustentámos, e pensamos ter demonstrado de forma irrefutável, a impossibilidade de tomar o enunciado normativo do artigo 18º, nº 2, primeira parte, pelo seu sentido literal, ou seja, determinando a inconstitucionalidade de qualquer lei restritiva de direitos, liberdades e garantias que não assente numa previsão constitucional expressa de restrição.

E que sentido terá, então, um tal enunciado?

No fundo, da decisão constituinte em apreciação resulta uma clara intenção de proteger os direitos, liberdades e garantias, de lhes conferir uma protecção privilegiada também contra o legislador e as leis restritivas, mas nunca, por simples impossibilidade lógica, fáctica e jurídica, a proscrição de qualquer restrição não expressamente autorizada.

A norma em causa tem um sentido de advertência, de imposição de uma obrigação de fundamentação qualificada da legitimidade e da necessidade da lei restritiva; não tem é um sentido de exclusão da possibilidade de restrições não expressamente autorizadas pela Constituição. A diferença entre uma restrição expressamente autorizada e uma outra não expressamente autorizada é que, quanto à primeira, não há lugar a escrutinar judicialmente a justificação –uma vez que a Constituição já o fez–, mas apenas o alcance, a extensão e a medida da restrição à luz dos princípios constitucionais estruturantes; já quanto à segunda, a restrição não expressamente autorizada, será necessário escrutinar rigorosamente tudo: tanto a justificação da existência ou da necessidade de uma restrição quanto o seu alcance, a sua extensão e a sua medida.

*c)* Esta nossa posição, apesar do realismo que se lhe reconhece, é por vezes criticada por não respeitar supostamente a proibição constitucional do artigo 18º. Nessa visão, seria liminarmente inaceitável por contrariar o texto constitucional.

Já vimos que não é assim, que o texto constitucional deve ser interpretado daquela forma e com o alcance que propomos, mas resta saber o que se propõe em alternativa, ou seja, se a nossa posição é considerada insuficiente como é que se poderia, então, *respeitar* o sentido literal do artigo 18º?

A única alternativa sugerida baseia-se na posição inspirada na elaboração de VIEIRA DE ANDRADE[68], e que parte do seguinte percurso argumentativo: se a Constituição proíbe leis restritivas que não estejam expressamente previstas no texto constitucional e, todavia, somos obrigados a concluir que todos os direitos fundamentais devem poder ser limitados e não podem mesmo, em algumas ocasiões, deixar de ser limitados, então, quando essa necessidade surgir relativamente a um direito sem previsão de restrição e para não *cairmos* em inconstitucionalidade, teremos de chamar à limitação algo diverso de "lei restritiva". Ou seja, se a Constituição proíbe no artigo 18º, nº 2, primeira parte, que o legislador *restrinja* a não ser quando tenha previsão constitucional, então quando houvesse, ainda assim, necessidade de restringir –e essa necessidade surge inevitavelmente– teria de se dar à restrição um outro nome, teria de se lhe chamar *outra coisa*[69].

Haveria então, disponíveis, várias designações que permitiriam ao legislador *restringir*, mas sem que a restrição fosse chamada pelo seu

[68] Cf. as sucessivas edições de *Os Direitos Fundamentais na Constituição Portuguesa de 1976*, 1ª edição, Coimbra, 1983.

[69] Cf. assim, VIEIRA DE ANDRADE, *Os Direitos Fundamentais...*, cit., 2ª edição (continuada nas seguintes), pág. 281; na 6ª edição desta obra, pág. 267. Para uma crítica mais desenvolvida desta posição, cf. JORGE REIS NOVAIS, *As Restrições...*, cit., págs. 581 e segs.

nome: leis concretizadoras de limites imanentes, leis harmonizadoras, leis que solucionam colisões. Tudo isso seria possível, só leis restritivas é que não porque a Constituição as vedava.

No entanto, facilmente se percebe que esta sugestão, todavia feita expressamente com a intenção inversa, simplesmente defrauda o sentido da proibição constitucional.

Se a Constituição garante o direito à greve sem previsão expressa de possibilidade de restrição[70], o legislador não poderia aprovar uma lei que garantisse serviços mínimos nos sectores essenciais, como a saúde. Ou melhor, não poderia, segundo a concepção que criticamos, aprovar uma tal lei restritiva do direito à greve porque o artigo 18º, nº 2, primeira parte, o proibia. Mas, já poderia, diz-se, aprovar a mesma lei, exactamente com o mesmo conteúdo, desde que lhe chamasse lei que concretizava os limites imanentes do direito à greve ou harmonizava o exercício do direito à greve com o direito à saúde ou solucionava a colisão entre aqueles direitos fundamentais. É cão, parece-se com um cão, ladra como um cão, reage como um cão, tratamo-lo como cão, mas chamamos-lhe gato porque queremos que nos acompanhe e o cartaz diz *proibida a entrada a cães.*

Mais, o problema, real, é que esta posição, pretensamente respeitadora da Constituição, gera precisamente os efeitos contrários dos visados pelo legislador constituinte. Como se viu, o legislador constituinte queria proteger mais os direitos fundamentais, queria preservá-los de possível actuação do legislador ordinário. Precisamente por isso, na nossa proposta, considerávamos que eventual lei restritiva que ocorresse naqueles casos deveria ser controlada com o máximo rigor, tanto na justificação como no alcance.

[70] Era assim, no nosso caso, até à revisão constitucional de 1997, quando foi constitucionalmente instituída a possibilidade de serviços mínimos durante a greve. Naturalmente, mesmo antes dessa revisão as normas laborais em vigor já previam serviços mínimos. Tratava-se de uma restrição ao direito à greve, mas nem era inconstitucional antes da revisão, nem passou a ter *outro nome* depois da revisão. Simplesmente, era uma restrição não expressamente autorizada antes da revisão, passou a ser uma restrição expressamente autorizada depois da revisão. Quando discutimos, actualmente, a constitucionalidade das normas legais sobre serviços mínimos, não precisamos já de questionar a respectiva justificação, uma vez que a Constituição já resolveu esse problema; precisamos, no entanto, de verificar se o alcance, a extensão e a medida dos serviços mínimos legalmente autorizados respeitam ou não os princípios constitucionais.

Ora, a posição alternativa que aqui criticamos faz o inverso. É que, quando chama lei concretizadora de limites imanente à lei que, de facto, era uma lei restritiva, então isso tem como consequência natural deixar de lhe aplicar os controlos, estritos, que a Constituição exige no que respeita às leis restritivas. Se não é lei restritiva não temos de lhe aplicar o controlo de proporcionalidade, de igualdade, de protecção da confiança, de garantia do conteúdo essencial, ou seja, os chamados *limites aos limites* dos direitos fundamentais. Se tudo o que a lei faz é concretizar algo que já estava no direito fundamental, os seus limites imanentes, então está, por definição, nos quadros do direito fundamental; logo, não há necessidade de fazer incidir sobre a actuação do legislador ordinário aqueles controlos estritos. Ou seja, liberta-se completamente o legislador onde, precisamente, o legislador constituinte o pretendia manter mais limitado.

Não seria aqui aceitável a *fuga* típica, por vezes parcialmente ensaiada, de, então, para obviar aqueles inconvenientes, fazer aplicar a tais leis *não restritivas* os mesmos limites e controlos que se aplicam às leis restritivas. E não seria aceitável porque, a ser assim, estaríamos, pura e simplesmente, num jogo de palavras destituído de sentido: eram substancialmente leis restritivas, tratar-se-iam como leis restritivas, aplicar-se-lhes-ia o mesmo regime e os mesmos controlos aplicáveis às leis restritivas, mas não lhe chamaríamos leis restritivas. Um divertido jogo de palavras[71].

[71] Se se quiser, nada de inédito na *praxis* jurídica portuguesa. A propósito, conta-se uma história segundo a qual a Assembleia da República pretenderia acabar com os poderes exorbitantes de que, em seu entender, o Governo dispunha em domínio de aprovação de convenções internacionais. Então, em revisão constitucional, se até aí o Governo podia aprovar quaisquer convenções internacionais, tratados e acordos, dispunha-se agora que, a partir da revisão, o Governo só pudesse aprovar acordos, não mais tratados; quanto a tratados, esses passariam a ser de exclusiva competência de aprovação da Assembleia da República. Os deputados aprovaram a alteração por unanimidade e saudaram efusivamente a alteração e a redução dos poderes governamentais que ela introduzia em matéria de repartição interna de competência sobre convenções internacionais. Feita a revisão, o Governo não se atrapalhou: continuou a aprovar exactamente as mesmas convenções internacionais que até aí aprovava, só que, onde antes lhes chamava tratados, agora chamava acordos. E, desde logo, alterou o *tratado* sobre segurança social entre Portugal e o Chile através do *acordo* sobre segurança social entre Portugal e o Chile. Estupefacto com a *esperteza*, o Presidente da República suscitou a intervenção do Tribunal Constitucional: podia o Governo defraudar assim uma revisão constitucional acabada de entrar em vigor? Sim, podia, respondeu o Tribunal Constitucional. Pode tratar-se exactamente do mesmo diploma, do mesmo tratado, mas se o

*d)* Concluindo, a regra do artigo 18º, nº 2, primeira parte, não pode ser aplicada com o sentido literal que, numa primeira leitura, dela se extrai e segundo o qual seriam inconstitucionais as leis restritivas de direitos, liberdades e garantias sempre que não houvesse uma previsão constitucional expressa dessa possibilidade de restrição.

Portanto, essa pretensa regra nem se aplica, pelos motivos atrás aduzidos, às restrições a direitos, liberdades e garantias nem, tão pouco, por maioria de razão, já que naquele enunciado não se lhes faz qualquer alusão, às restrições aos direitos sociais. A regra efectivamente vigente é a de que todos os direitos fundamentais, tomados *como um todo*, são susceptíveis de ceder quando tal seja estritamente necessário para proteger outros bens, valores, interesses ou direitos igualmente dignos de protecção. E, para o que aqui especialmente nos interessa, essa regra é igualmente aplicável a direitos de liberdade e a direitos sociais, independentemente da classificação e sistematização de que sejam objecto na Constituição. Não será aplicável, e aí também igualmente, aos direitos fundamentais, faculdades ou garantias especiais consagrados com natureza definitiva, absoluta, de *regra*, quer sejam direitos, liberdades e garantias quer sejam direitos económicos, sociais e culturais.

Normalmente, temos concluído que as ditas normas que comporiam o regime próprio dos direitos, liberdades e garantias tanto se aplicam a esses direitos como aos direitos sociais. Aqui, o sentido material da

Governo agora, segundo a revisão constitucional, já não pode aprovar tratados, basta então que lhe chame acordo e aprova-o como sempre fez. Revisão constitucional? Isso é para meninos...
O problema é que a história é real, a revisão constitucional é a de 1997, o Acórdão do Tribunal Constitucional é o Acórdão nº 494/1999 e alguma doutrina portuguesa saudou-o como modelo de boa jurisprudência na matéria.
Noutra história, não menos edificante, havia a certa altura uma norma em vigor que autorizava a GNR a fazer vigilância especial sobre ciganos. Considerada inconstitucional pela Comissão Constitucional, o legislador, mais uma vez, não se atrapalhou (aliás, é habitual o legislador português não se atrapalhar com decisões do Tribunal Constitucional): onde antes se dizia *vigilância especial sobre ciganos* dispunha-se agora *vigilância especial sobre nómadas que habitualmente se deslocam em caravanas de terra em terra comerciando em feiras*. E pode, perguntou-se ao Tribunal Constitucional? Pode, claro, respondeu o Tribunal Constitucional (Acórdão nº 452/1989), porque não? O que a justiça constitucional dissera em tempos foi que era inconstitucional vigiar especialmente os ciganos; agora, vigiar especialmente os *nómadas que habitualmente se deslocam em caravanas de terra em terra comerciando em feiras*, qual é o problema?

conclusão mantém-se, mas a sua expressão é a inversa: a regra do artigo 18º, nº 2, primeira parte, nem se aplica a uns nem a outros.

De resto, ainda que com oscilações e de forma algo inconsistente, essa é também, genericamente, a posição do Tribunal Constitucional. Não encontramos decisões em que a regra do artigo 18º, nº 2, primeira parte, seja fundamento autónomo de declaração, pronúncia ou julgamento de inconstitucionalidade. Todavia, a fundamentação a que o Tribunal Constitucional recorre para as correspondentes decisões nem sempre é coerente e previsível, tanto se verificando jurisprudência em que o Tribunal Constitucional parece passar a *certidão de óbito* à interpretação literal do sentido da norma constitucional, como outras em que, surpreendentemente, parece retornar à fundamentação inconsistente que se encontrava nas decisões dos anos oitenta ou noventa do século passado[72].

[72] Veja-se como, no Acórdão nº 136/05, a propósito da eventual restrição do direito à informação para acesso ao Direito, o Tribunal Constitucional aderiu implicitamente ao entendimento que perfilhamos, admitindo outras restrições para além das expressamente autorizadas pela Constituição, e como, no Acórdão nº 421/09, pareceu *passar a certidão de óbito* à tese que criticamos. Aí, confrontado com pedido de fiscalização preventiva da constitucionalidade do regime de venda forçada de imóveis para efeitos de reabilitação urbana, com a particularidade de o Presidente da República fundar o essencial do seu pedido na pretensa inconstitucionalidade da lei por falta de autorização constitucional expressa para a correspondente restrição do direito de propriedade, o Tribunal Constitucional, ainda que não tomando, como é compreensível, qualquer posição própria na controvérsia doutrinária em questão, considerou inequivocamente que a inexistência de autorização constitucional expressa para restringir não era fundamento para a pronúncia de inconstitucionalidade. Porém, já na fundamentação do Acórdão nº 403/2015, parece tomar-se novamente *a sério* a proibição aparentemente instituída naquela norma, o que é deveras surpreendente (cf. ponto 16 da respectiva*Fundamentação*). Curiosamente, fundamenta-se doutrinariamente essa posição na 5ª edição, pág. 448, do *Direito Constitucional e Teoria da Constituição* de Gomes Canotilho, quando o próprio Autor já tinha abandonado essa posição na 7ª edição da mesma obra, pág. 450, como, de resto, se comprova na *Constituição Anotada* do mesmo Autor e de Vital Moreira, de resto, citada pelo próprio Tribunal Constitucional, onde se reconhece a legitimidade constitucional das *restrições não expressamente autorizadas pela Constituição* (cf. vol. I, pág. 391).

## 2.4. O artigo 18º, nº 2, segunda parte –a proibição do excesso

*2. A lei só pode restringir os direitos, liberdades e garantias ......, devendo as restrições limitar-se ao necessário para salvaguardar outros direitos ou interesses constitucionalmente protegidos.*

Acolhe-se nesta disposição o princípio da proibição do excesso (normalmente designado como princípio da proporcionalidade) enquanto *limite aos limites* dos direitos fundamentais. Compreende-se a sua inserção na parte referente aos direitos fundamentais pois, se este princípio estruturante de Estado de Direito baliza e serve de parâmetro de controlo de constitucionalidade a toda a actuação restritiva do Estado e das entidades públicas no relacionamento com os particulares, ele desenvolve especiais funções de controlo das restrições aos direitos fundamentais. Nesse domínio é pacificamente adoptada a ideia de que, sendo possível restringir os direitos fundamentais –pois, considerados *como um todo*, não há direitos absolutos em Estado de Direito–, qualquer restrição só é juridicamente admissível se não for excessiva, se não for para além daquilo que é necessário e adequado para proteger outros bens igualmente dignos e carentes de protecção.

Pode-se dizer que, com essa ambição, este princípio se converteu, a partir da segunda metade do século XX, no principal e mais utilizado instrumento de controlo de constitucionalidade das restrições aos direitos fundamentais. E, de tal forma o princípio é quase universalmente reconhecido em Estado de Direito que é considerado de aplicação imperativa, mesmo quando as Constituições não se lhe referem específica e expressamente.

Não é esse o caso da Constituição portuguesa que, para além de outras disposições que reflectem o acolhimento do princípio, o eleva neste enunciado do artigo 18º, nº 2, segunda parte, a parâmetro de controlo de constitucionalidade das leis restritivas de direitos, liberdades e garantias.

Sendo assim, e não estando aqui em causa realçar a importância indiscutível do princípio, a pergunta que se impõe no contexto deste trabalho será, todavia, a de saber se, entre nós, o princípio da proibição do excesso se limita ao âmbito expressamente delimitado neste enunciado ou se, como acontece com os restantes princípios já analisados, é de aplicação generalizada.

De facto, segundo o enunciado em apreciação, o princípio da proibição do excesso será utilizado como instrumento de controlo, de um lado, quando se tratar de verificar a constitucionalidade de leis restritivas e, de outro, quando tais leis restritivas incidirem sobre direitos, liberdades e garantias.

Logo, a dúvida atrás suscitada remete para saber, em primeiro lugar, se também as intervenções restritivas –as afectações negativas de direitos fundamentais com um carácter pontual, concreto, individual, por exemplo, actos administrativos ou actos judiciais que, não alterando a norma de garantia do direito fundamental, incidem negativa ou desvantajosamente sobre bens jusfundamentalmente protegidos– são abrangidas pelo controlo de proibição do excesso e, em segundo lugar, se o excesso é igualmente vedado quando estão em causa direitos fundamentais sociais.

Ora, de forma inequívoca e dificilmente contestável, resulta óbvio que, em Estado de Direito, o Estado nunca deve ser excessivo no relacionamento com os particulares e que, sobretudo quando estão em causa os bens mais importantes e, por isso mesmo, juridicamente protegidos por direitos fundamentais, o Estado, embora os possa limitar, embora possa neles intervir restritivamente, nunca o pode fazer para além daquilo que é necessário ou para além daquilo que é adequado ou razoável. Qualquer restrição ou qualquer intervenção restritiva em direitos fundamentais, se forem consideradas excessivas, serão inapelavelmente inconstitucionais.

No fundo, tal como os outros princípios estruturantes, o princípio da proibição do excesso justifica-se e deriva, em última análise, do princípio da dignidade da pessoa humana considerado como base em que assenta o Estado de Direito. É porque o Estado está obrigado a respeitar a dignidade da pessoa humana que não pode sacrificar desnecessariamente as pessoas, que não as pode afectar desvantajosamente de forma excessiva ou gratuita. E essa a razão por que o princípio da proibição do excesso é de aplicação generalizada.

O Estado não pode restringir excessivamente a liberdade de expressão ou a liberdade de religião, mas exactamente da mesma forma e com o mesmo sentido com que também não pode restringir excessivamente o direito à habitação ou o direito ao ensino. Podemos admitir que o Estado possa limitar o direito à saúde, mas nunca admitiríamos que o fizesse de forma excessiva, isto é, desnecessária, inadequada, desrazoável. Se isso acontecer há inconstitucionalidade, mesmo que o artigo 18º, nº 2, segunda parte, se refira exclusivamente às leis restritivas de direitos, liberdades e garantias. Qualquer afectação excessiva do acesso dos particulares a bens jusfundamentais é proscrita por força do necessário e indeclinável respeito dos parâmetros essenciais que estruturam o relacionamento entre poderes e entidades públicas e os particulares num Estado de Direito.

Logo, este é um exemplo e um afloramento paradigmático da conclusão geral que vimos repetindo a propósito das diferentes regras que compõem o pretenso regime específico dos direitos, liberdades e garantias: todas elas são identicamente aplicáveis a todos os direitos fundamentais, sem excepção. O pretenso regime específico dos direitos, liberdades e garantias da Constituição portuguesa é, afinal, o regime geral dos direitos fundamentais em Estado de Direito.

### 2.5. O artigo 18º, nº 3, primeira parte –a proibição de leis restritivas não gerais e abstractas e a proibição de leis restritivas retroactivas

*3. As leis restritivas de direitos, liberdades e garantias têm de revestir carácter geral e abstracto e não podem ter efeito retroactivo......*

Numa tentativa de introduzir limites mais objectivos e determinados às possibilidades do legislador no domínio das restrições aos direitos, liberdades e garantias, o legislador constituinte procurou, nesta primeira parte do artigo 18º, nº 3, fixar limites de natureza formal, como são a obrigatoriedade de generalidade e abstracção das leis restritivas e a proibição do seu carácter retroactivo. Ou seja, independentemente do respectivo conteúdo, a violação destes requisitos de natureza essencialmente formal determinaria a respectiva inconstitucionalidade.

No entanto, a prática dos anos seguintes infirmou significativamente estas expectativas iniciais quando se percebeu, por um lado, que o legislador não teria quaisquer dificuldades em construir semanticamente normas aparentemente gerais e abstractas, mas que, todavia, abrigavam possibilidades discriminatórias individualizadas e concretas, e, por outro, quanto ao conceito de retroactividade, que ele incluía gradações de consequências práticas muito diferenciadas, exigindo, por isso, tratamento igualmente diferenciado.

Quando, por exemplo, a lei veio proibir, entre nós, a acumulação de mandatos autárquicos e de mandatos ao Parlamento europeu, ficou evidente que, sob uma lei aparentemente geral e abstracta, se visava atingir uma pessoa determinada, já que no país só havia um cidadão que acumulava os dois mandatos. Ainda assim, do ponto de vista estritamente técnico, a lei estava semanticamente construída como lei geral e abstracta e, como tal, o Tribunal Constitucional não considerou existir violação do artigo 18º, nº 3, primeira parte[73]. Então, na perspectiva da efectividade dos controlos de constitucionalidade, mais importante que o preenchimento dos requisitos formais –ainda que a não observância destes seja, por si só, um factor de *suspeição*–, é, afinal, o respeito dos princípios estruturantes que as regras enunciadas no artigo 18º, nº 3, primeira parte, procuram salvaguardar e que, no caso, são os princípios da igualdade e da protecção da confiança[74].

Ou seja, se é certo que a violação das regras da primeira parte do artigo 18º, nº 3, por si só, indiciam a existência de inconstitucionalidade, no fundo, e na generalidade dos casos, acabam por ser aqueles princípios a assumir a função derradeira e decisiva enquanto parâmetros de controlo.

Ora, tanto um como o outro, igualdade e protecção da confiança, são princípios constitucionais estruturantes de aplicação generalizada no relacionamento entre o Estado e os particulares em Estado de Direito, pelo que a sua invocação tem cabimento integral a propósito do controlo de constitucionalidade de leis restritivas de quaisquer categorias de direitos fundamentais, tanto dos direitos, liberdades e garantias quanto dos direitos sociais.

De resto, se isso é assim, indiscutivelmente, quanto à observância desses princípios, também entre os dois tipos de direitos se verifica

[73] Cf. Acórdão nº 256/90 do Tribunal Constitucional.

[74] Cf., a propósito daquela mesma situação, o Acórdão nº 473/92 do Tribunal Constitucional, onde já se declara a inconstitucionalidade, não por violação das regras do artigo 18º, nº 3, primeira parte, mas dos princípios constitucionais estruturantes (protecção da confiança e proporcionalidade).

uma equiparação completa no que respeita à necessária observância da generalidade e abstracção das leis restritivas e de não retroactividade dessas leis.

Ou seja, tão inconstitucional é uma restrição individual e concreta da liberdade de religião quanto do direito à protecção da saúde; de facto afectar desvantajosamente o acesso ao direito à saúde apenas de uma pessoa ou de um grupo de pessoas determinado ou determinável seria tão gravemente discriminatório como afectar negativamente a sua liberdade de religião.

Da mesma forma, restringir retroactivamente o acesso a um direito social, por exemplo, obrigar, por efeito retroactivo de uma nova lei, à devolução da pensão legitimamente recebida na altura em que foi paga seria tão constitucionalmente inadmissível como sancionar alguém pelo exercício de uma modalidade de greve considerada legítima na altura em que foi exercida.

No fundo, a equiparação advém da comum fundamentação das regras enunciadas no artigo 18º, nº 3, primeira parte, nos princípios da igualdade e da protecção da confiança que, enquanto princípios próprios e imprescindíveis de Estado de Direito, são de aplicação generalizada e vinculativa de toda a actuação do Estado, designadamente quando estiver em causa a afectação negativa do acesso individual a bens jusfundamentalmente protegidos.

## 2.6. O artigo 18º, nº 3, segunda parte –a garantia do conteúdo essencial

*3. As leis restritivas de direitos, liberdades e garantias ...... não podem ...... diminuir a extensão e o alcance do conteúdo essencial dos preceitos constitucionais.*

*a)* Trata-se, nesta disposição, de uma garantia directamente inspirada na Constituição alemã, mas, onde esta fala em conteúdo essencial dos direitos fundamentais, a Constituição portuguesa parece restringir aos direitos, liberdades e garantias a protecção fornecida pela garantia do conteúdo essencial. Assim, tal como temos vindo a fazer com as restantes regras que, supostamente, integram o regime material de protecção dos direitos, liberdades e garantias, importa também aqui verificar se esta garantia é ou não extensível a todos os direitos fundamentais.

Cabe dizer, preliminarmente, que não é fácil determinar o que se deve entender por *conteúdo essencial* dos direitos fundamentais ou, como se diz na Constituição portuguesa, "conteúdo essencial dos preceitos constitucionais". A discussão desenvolveu-se, de há muito, na Alemanha, tendo surgido diferentes teorias interpretativas do sentido da garantia constitucional –teorias absoluta, relativa, objectiva e subjectiva– cujo sucesso explicativo se defronta, no entanto, com uma objecção quase insuperável[75]: ou o conteúdo normativo daquela garantia é simplesmente sobreponível ao conteúdo que se extrai igualmente de outros princípios constitucionais, como o princípio da dignidade da pessoa humana ou o princípio da proporcionalidade, ou muito dificilmente se lhe consegue conferir um sentido autónomo que, pura e simplesmente, não identifique afectação do conteúdo essencial com a ideia geral de violação ostensiva de um direito fundamental.

*b)* Porém, independentemente das dificuldades na determinação de um conteúdo normativo preciso para a garantia do conteúdo essencial, há algumas distinções elementares que devem ser liminarmente aceites, sob pena de se destituir de qualquer sentido a própria ideia de existência de um conteúdo essencial em cada direito fundamental em que assenta o artigo 18º, nº 3, segunda parte.

Assim, deve-se aceitar que há uma diferença entre uma restrição a um direito (que pode ser legítima ou ilegítima) e uma restrição a um direito que atinge o seu conteúdo essencial (e que é necessariamente ilegítima). Nesse sentido, esta última restrição é a situação mais gravosa do ponto de vista da garantia jusfundamental: uma restrição pode ser admissível, mas só se ficar aquém da afectação do conteúdo essencial do direito.

Assim, a delimitação do conteúdo essencial dentro de cada direito fundamental constituirá uma última barreira que, se ultrapassada –independentemente do que se considere *ultrapassar a barreira do conteúdo essencial* e aí as teorias fazem propostas diferentes–, determina a existência de violação do direito; afectar o conteúdo essencial identifica-se com violação do direito.

[75] Cf. a demonstração desenvolvida em Jorge Reis Novais, *As Restrições aos Direitos Fundamentais não Expressamente Autorizadas pela Constituição*, cit., págs. 779 e segs.

*c)* Ora, admitindo estes pressupostos, resulta evidente, até pelo sentido literal do enunciado constitucional, que restringir um direito, liberdade e garantia afectando o seu conteúdo essencial é inadmissível. Mas, perguntar-se-á: e restringir um direito social afectando o seu conteúdo essencial? Já poderá ser admissível?

À luz dos pressupostos atrás necessariamente reconhecidos, será igualmente inadmissível, desde logo porque falamos de um direito constitucional, apoiado em norma de valor constitucional, que sofre uma afectação proveniente de norma ordinária. Então, se em condições excepcionais podemos admitir que poderes constituídos diminuam, comprimam ou restrinjam o conteúdo de normas constitucionais, no caso de normas constitucionais que acolhem direitos sociais, já seria frontalmente inadmissível que poderes constituídos, por exemplo, o legislador ordinário, fossem tão longe que afectassem até o conteúdo essencial de preceitos constitucionais. Desde logo, aceitar essa possibilidade destruiria toda a distinção, irredutível em Estado de Direito com Constituição em sentido formal e rígida, entre norma constitucional e norma ordinária.

Admitimos, excepcionalmente, que norma ordinária possa constranger o conteúdo normativo de uma norma constitucional, que possa limitar o seu conteúdo, mas nunca que possa ir tão longe que afecte o conteúdo essencial do direito constitucional nela garantido, seja um direito, liberdade e garantia, seja um direito social. Isso corresponderia a aceitar que norma ordinária pudesse violar norma constitucional e violar um direito fundamental de valor constitucional.

Não podem restar dúvidas que a garantia desse tal conteúdo essencial se aplica indiferentemente a todos os direitos fundamentais, pelo simples facto de a protecção destes direitos estar prevista em normas constitucionais e de a subordinação dos poderes públicos a esses direitos ser implícita à existência de um Estado constitucional de Direito de onde decorrem limites jurídicos vinculativos à actuação dos poderes públicos constituídos.

Assim, uma lei não pode afectar o conteúdo essencial de um direito social exactamente da mesma forma e com o mesmo alcance com que não pode afectar o conteúdo essencial de um direito de liberdade; se o fizer, há, pura, simples e indiferenciadamente, violação de um ou outro direito[76].

[76] Contra, cf. Melo Alexandrino, *Direitos Fundamentais –Introdução Geral*, 2ª ed., Lisboa, 2011, pág. 50, nota 112, considerando expressamente que os direitos sociais não beneficiam

Logo, a garantia do conteúdo essencial funciona indiferente e igualmente, tanto para protecção de direitos, liberdades e garantias, como para protecção de qualquer outro direito fundamental, incluindo, naturalmente, os direitos sociais garantidos por normas constitucionais.

## 3. A aplicabilidade das concretizações constitucionais dispersas do chamado regime próprio dos direitos, liberdades e garantias

Se concluímos, sem margem de incerteza, que todo o regime material nuclear pretensamente específico dos direitos, liberdades e garantias se aplica, em toda a sua extensão e com o mesmo alcance, aos direitos sociais, cabe agora verificar se a mesma conclusão é generalizável às restantes regras que integram aquele regime.

### 3.1. O artigo 19º da Constituição –suspensão dos direitos fundamentais

*1. Os órgãos de soberania não podem, conjunta ou separadamente, suspender o exercício dos direitos, liberdades e garantias, salvo em caso de estado de sítio ou de estado de emergência, declarados na forma prevista na Constituição.*

.....

*a)* Uma análise mais demorada deste artigo não se deve à sua eventual importância na vivência dos direitos fundamentais em Estado de Direito. Respeitando às possibilidades de suspensão do exercício dos direitos fundamentais durante os períodos de excepção constitucional (no nosso caso, as situações de estado de sítio ou de estado de emergência decretados nos termos constitucionalmente previstos), só em ocasiões extremamente raras (tão raras que, na democracia portuguesa nunca se verificaram) é que o problema teria algum interesse prático.

da regra geral ou sequer da presunção de intangibilidade de conteúdo essencial (só delas beneficiariam os direitos sociais análogos a direitos, liberdades e garantias), sustentando implicitamente, portanto, que uma lei ordinária pode restringir legitimamente, não apenas um aspecto superficial, mas também o próprio conteúdo essencial de um direito social.

Não obstante, a análise do artigo 19º pode ser muito elucidativa já que permite revelar de forma exemplar e praticamente inquestionável –todavia, ainda assim com resistência de alguma doutrina tradicional– a deficiência estrutural que afecta toda a construção baseada num suposto regime material próprio e específico dos direitos, liberdades e garantias. Por outro lado, é também importante porque tudo o que se dirá quanto a este artigo pode, *mutatis mutandis*, ser aplicado a praticamente todas as principais regras do pretenso regime de protecção especial dos direitos, liberdades e garantias.

Segundo o artigo 19º da Constituição, os órgãos de soberania não podem suspender o exercício dos direitos, liberdades e garantias salvo em caso de estado de sítio e de emergência declarados na forma prevista na Constituição (artigo 19º). E este artigo seria um dos mais importantes onde se revelaria o dito regime de protecção privilegiada dos direitos, liberdades e garantias. Pretensamente, por força da garantia prevista no artigo 19º, os direitos, liberdades e garantias adquiriam uma força especialmente protegida pelo facto de o seu exercício nunca poder ser suspenso, a não ser em caso de estado de sítio ou de emergência. Só nessas situações de excepção ou de necessidade constitucional, os direitos, liberdades e garantias poderiam ser excepcionalmente suspensos, mas com as condições e nos limites estritos desse mesmo artigo 19º.

Daqui se infere, naquela visão da existência de um regime especial destes direitos, que tal é um exclusivo ou uma manifestação da protecção constitucional reforçada ou privilegiada dos direitos, liberdades e garantias relativamente aos direitos sociais. Só os direitos, liberdades e garantias e os direitos de natureza análoga beneficiariam daquela garantia especial de só poderem ser suspensos em caso de estado de sítio ou de estado de emergência decretados na forma e preenchidos os requisitos previstos na Constituição, supondo-se, na referida lógica desenvolvida pela doutrina tradicional portuguesa, que os direitos sociais estariam aí desprotegidos ou, pelo menos, privados do benefício daquela protecção especial.

Porém, como facilmente se percebe numa leitura minimamente crítica, ver aí um regime de protecção privilegiada dos direitos, liberdades e garantias relativamente aos direitos sociais seria simplesmente um absurdo. É certo que os direitos, liberdades e garantias só podem ser suspensos naquelas circunstâncias, mas, poderiam os órgãos de soberania suspender o exercício dos direitos sociais? Um decreto-lei, um acto administrativo ou um acto judicial poderiam suspender o exercício de direitos constitucionais como o direito à saúde, o direito ao ensino, o direito à habitação ou o direito a um mínimo para uma existência condigna? E poderiam fazê-lo em quaisquer circunstâncias, mesmo fora das situações de estado de sítio e de estado de emergência decretados na forma prevista na Constituição?

Evidentemente, não. Não podem suspender a vigência de qualquer direito fundamental da mesma forma que não podem suspender a vigência de qualquer norma constitucional. Esse é o sentido da distinção entre norma constitucional e norma ordinária, da diferenciação entre poderes constituintes e poderes constituídos em Estado de Direito com Constituição em sentido formal.

Se, por absurdo, o fizessem, se os poderes constituídos decidissem suspender, ainda que por breves momentos, a vigência de normas constitucionais, tal decisão, fosse ela tomada através de acto legislativo, político, administrativo ou judicial, seria uma flagrante inconstitucionalidade. O exercício de um direito garantido por norma constitucional não pode ser suspenso por acto do poder constituído, a não ser que a própria Constituição o autorize. Se um acto infraconstitucional contraria o prescrito em norma constitucional –e, obviamente, a suspensão de exercício de um direito constitucional ou de uma norma constitucional seriam radicalmente contrários à norma constitucional–, esse acto é inconstitucional, sem remissão.

Logo, se a suspensão de qualquer direito fundamental fora dos casos constitucionalmente previstos e decretados de estado de sítio e de estado de emergência é uma inconstitucionalidade insanável, onde está aqui a especificidade ou o regime privilegiado dos direitos, liberdades e garantias ou dos ditos direitos de natureza análoga a direitos, liberdades e garantias?

Naturalmente, não há aí qualquer diferença de protecção entre direitos, liberdades e garantias e direitos sociais. Pode-se discutir se faz sentido suspender direitos sociais em estado de sítio ou em estado de emergência tal como estes estados de necessidade estão previstos na nossa Constituição, mas não tem qualquer lógica pretender que a especificação do regime de protecção do artigo 19º no referente aos direitos, liberdades e garantias significa tem como consequência uma desprotecção ou uma menor protecção dos direitos sociais. A proibição de suspensão do exercício dos direitos constitucionais ou das normas constitucionais por acto dos poderes constituídos beneficia e aplica-se indiferenciadamente a todos os direitos fundamentais.

Ora, isto é assim relativamente ao artigo 19º como a qualquer outro artigo que preveja na nossa Constituição um regime de protecção para os direitos, liberdades e garantias. O incompreensível na posição sustentada pela doutrina tradicional é que, com algumas excepções, reconhecerá sem esforço, pois não pode deixar de o fazer, que as eventuais diferenças de regime material entre direitos, liberdades e garantias e direitos sociais não existem no que se refere às normas sobre suspensão do exercício de direitos do artigo 19º, mas, não obstante, continua a falar de regime próprio e específico dos direitos, liberdades e garantias só aplicável aos enunciados no título II e aos direitos de natureza análoga.

### 3.2. O artigo 20º, nº 5, da Constituição –tutela dos direitos fundamentais

*1. A todos é assegurado o acesso ao direito e aos tribunais para defesa dos seus direitos e interesses legalmente protegidos, não podendo a justiça ser denegada por insuficiência de meios económicos.*

......

*5. Para defesa dos direitos, liberdades e garantias pessoais, a lei assegura aos cidadãos procedimentos judiciais caracterizados pela celeridade e prioridade, de modo a obter tutela efetiva e em tempo útil contra ameaças ou violações desses direitos.*

Apesar de um dever estatal de tutela efectiva dos direitos fundamentais se impor genericamente em Estado de Direito, a norma do artigo 20º, nº 5, da Constituição determina, para o legislador ordinário, a obrigação de criar meios prioritários e céleres para assegurar a tutela efectiva e em tempo útil dos direitos, liberdades e garantias pessoais.

Ou seja, a Constituição impõe esta obrigação ao legislador ordinário, mas, aparentemente, o legislador só estaria vinculado a essa imposição no que se refere aos direitos, liberdades e garantias pessoais, portanto, uma delimitação ainda mais restritiva, dado que nem sequer todos os direitos, liberdades e garantias estariam abrangidos pela imposição legiferante, mas só os *pessoais*, eventualmente, os enumerados no capítulo I do título II.

Porém, nem o legislador fica obrigado a reservar os meios prioritários e céleres só aos direitos, liberdades e garantias pessoais, nem foi essa, como vimos, a opção tomada quando, tendo consagrado no processo administrativo a acção de intimação para protecção dos direitos, liberdades e garantias, o legislador não limitou tal meio processual aos direitos pessoais. De qualquer forma, já o referimos desenvolvidamente, tendo reservado o acesso a essa acção de intimação à protecção só dos direitos, liberdades e garantias, o legislador ordinário criou inadvertidamente a incongruência de que demos conta, dando origem a uma diferenciação entre os direitos fundamentais que, se tivesse sido levada a sério na pretensa distinção específica que instituía entre direitos fundamentais, geraria, como vimos, verdadeiros absurdos.

Por outro lado, e para o que aqui nos importa, essa pretensa reserva constitucional de protecção privilegiada dos direitos, liberdades e garantias –e neste caso, só dos *pessoais*– deixa de ter qualquer significado prático quando relevamos devidamente o facto de que nesses direitos pessoais enumerados no capítulo I do título II da Constituição figura o direito ao desenvolvimento da personalidade (artigo 26º). Ora, sem grande dificuldade concluiremos que qualquer afectação, restrição, omissão de protecção ou de promoção de qualquer direito fundamental, seja ele um direito de liberdade ou um direito social, é igualmente, e por esse facto, uma afectação, restrição ou omissão de protecção e de promoção do direito ao desenvolvimento da personalidade.

Uma ameaça ou violação do direito à educação é, naturalmente, uma ameaça ou violação do direito ao desenvolvimento da personalidade. Se a Constituição não consagra o direito à educação, o sujeito lesado pode invocar a lesão do direito ao desenvolvimento da personalidade sempre que se vê ameaçado ou impedido no acesso à educação. Naturalmente, seria inadmissível desfavorecer comparativamente o cidadão que se encontra sob a égide de uma Constituição com direitos sociais, ou seja, que inclui os dois direitos fundamentais, à educação e ao desenvolvimento da personalidade: em caso de lesão ao seu acesso à educação, a protecção dos seus direitos fundamentais e da sua autonomia não podem ficar menos protegidos do que ficariam se a Constituição tivesse apenas consagrado o direito ao desenvolvimento da personalidade e não também, como o fez, o direito à educação.

Assim, a indiferenciação de regimes é inevitável. Ou o legislador consagra desde logo modalidades de acesso célere e prioritária à justiça a todos as lesões de direitos fundamentais -pelo menos nas situações em que o direito esteja tão determinado que permita a intervenção judicial sem quebra da observância do princípio da separação de poderes–, o que, a nosso ver, era aquilo que deveria ter feito, ou, não o fazendo, e no caso em que a justiça administrativa seguisse estritamente a delimitação legal, simplesmente obrigaria os titulares dos restantes direitos fundamentais a invocar, no caso, a afectação do direito ao desenvolvimento da personalidade associada à lesão desse outro direito fundamental.

Em quaisquer das situações, uma norma como a do artigo 20º, nº 5 –na parte em que delimita a imposição legiferante apenas à tutela dos direitos, liberdades e garantias–, é falha de racionalidade a quaisquer títulos: o que justificaria que um direito de liberdade pessoal carecesse de protecção efectiva urgente e tal já não se justificasse num direito social pessoal ou num direito ambiental?

Por outro lado, ela não tem efeitos práticos –pelas razões indicadas– e só se compreende como resultado da influência dos preconceitos da doutrina tradicional na decisão inicial do legislador da revisão de 1997, altura em que a referida norma constitucional foi aprovada, e, depois, na do legislador ordinário.

### 3.3. O artigo 21º da Constituição –direito de resistência

*Todos têm o direito de resistir a qualquer ordem que ofenda os seus direitos, liberdades e garantias e de repelir pela força qualquer agressão, quando não seja possível recorrer à autoridade pública.*

Também a norma de protecção dos direitos, liberdades e garantias através do direito de resistência contra agressões ou ordens que os ofendam (artigo 21º), se bem que clara e intencionalmente redigida para aplicação exclusiva a este tipo de direitos, pode, sem necessidade de grande esforço interpretativo, ser indiferentemente aplicada à protecção dos direitos sociais em idênticas situações.

De facto, o que justifica o direito de resistência relativamente a uns justifica-o igualmente quanto aos outros direitos e, considerando que lidamos, na melhor interpretação do conteúdo normativo desta disposição, com situações excepcionais e extremas de ofensa grave e/ou evidente[77] que gera uma carência de protecção imediata e urgente, não é difícil, consoante o caso, reconverter formalmente a ofensa ou agressão a direito social (por exemplo, nos casos do direito a um mínimo vital, do direito à habitação, à saúde, ao ensino ou ao trabalho) em ofensa à dignidade da pessoa humana ou a direitos de liberdade como os direitos à vida ou à integridade física, à segurança no emprego, à liberdade de aprender e ensinar, à inviolabilidade de domicílio ou, em última análise, como sempre, o abrangente direito ao desenvolvimento da personalidade.

Em qualquer caso, a própria redacção da norma do artigo 21º legitima a ampliação e, nesse sentido, a indiferenciação dentro dos direitos fundamentais, quando inclui a legitimidade de reacção pela força a "qualquer agressão" quando não seja possível recorrer à autoridade pública, o que inclui, sem dúvida, a agressão a qualquer bem constitucionalmente protegido como é o caso dos direitos sociais. A reacção a uma agressão ao direito à saúde está, neste contexto, tão ou tão pouco legitimada, pois também se aplica a indiferenciação no caso de invocação ilegítima do direito à resistência, quanto a reacção a uma agressão ao direito à integridade física ou psíquica.

## 3.4. O artigo 22º da Constituição –responsabilidade das entidades públicas

*O Estado e as demais entidades públicas são civilmente responsáveis, em forma solidária com os titulares dos seus órgãos, funcionários ou agentes, por acções ou omissões praticadas no exercício das suas funções e por causa desse exercício, de que resulte violação dos direitos, liberdades e garantias ou prejuízo para outrem.*

Ainda dentro do regime material, também a norma constitucional sobre responsabilidade das entidades públicas por acções ou omissões

[77] Cf. Vieira de Andrade, *Os Direitos Fundamentais...*, cit., págs. 335 e seg.

"de que resulte violação dos direitos, liberdade e garantias ou prejuízo para outrem" (artigo 22º), não pode ser considerada de aplicação exclusiva aos direitos de liberdade, seja por razões de Estado de Direito, que já vinculariam o Estado a responsabilizar-se por violações dos direitos fundamentais mesmo se esta norma específica não existisse na Constituição, seja porque a menção a "prejuízo para outrem" inclui, naturalmente, prejuízos verificados no âmbito de protecção dos direitos sociais.

De resto, a própria lei ordinária sobre responsabilidade civil extracontratual do Estado e das demais entidades públicas (a Lei nº 67/2007, de 31 de Dezembro), que concretiza a norma constitucional, abandonou, e bem, a terminologia constitucional da "violação dos direitos, liberdades e garantias" em favor da referência geral a "disposições e princípios constitucionais" , "normas constitucionais" e a "direitos e interesses legalmente protegidos dos cidadãos", o que inclui, naturalmente, de forma geral e indiferenciada, todos os direitos fundamentais e as normas constitucionais que os consagram.

### 3.5. O artigo 272º, nº 3, da Constituição –medidas de polícia e prevenção de crimes

… …

*3. A prevenção dos crimes, incluindo a dos crimes contra a segurança do Estado, só pode fazer-se com observância das regras gerais sobre polícia e com respeito pelos direitos, liberdades e garantias dos cidadãos.*

.........

Por último, também os limites à actividade de polícia de prevenção de crimes (artigo 272º, nº 3), se bem que, por natureza, especialmente relevantes no domínio da protecção de direitos, liberdades e garantias, não deixam, por definição, de incluir o necessário respeito, por parte da actividade de polícia, dos direitos sociais enquanto normas constitucionais que todas as entidades públicas têm de observar. Não poderia ser de outro modo em Estado de Direito.

### 3.6. Conclusão

Percorridos os diferentes elementos que compõem o chamado regime material dos direitos, liberdades e garantias extrai-se, sem dificuldade, a conclusão de que, independentemente da relevância de cada um, todos esses elementos respeitam a supostos reforços de protecção que, na realidade, por natureza ou por posterior intervenção do legislador ordinário, são naturalmente extensíveis e aplicáveis a todos os direitos fundamentais, independentemente da respectiva categoria ou classificação sistemática.

É assim quando está em causa a suspensão do exercício de direitos, a necessária observância da Constituição na actividade policial de protecção de crimes, o direito de resistência e a responsabilidade civil das entidades públicas. Não há, em quaisquer destas situações, qualquer regime de privilégio dos direitos de liberdade relativamente aos direitos sociais na ordem jurídica portuguesa.

Com efeito, os direitos sociais não podem ser suspensos por acto dos poderes constituídos; a polícia e as medidas policiais de prevenção de crimes devem respeitá-los; há responsabilidade civil por actos ou omissões que lesem os bens protegidos por direitos sociais e, em casos extremos de necessidade e de evidente inconstitucionalidade, os cidadãos podem resistir a qualquer ordem que ofenda os seus direitos sociais ou a qualquer agressão que os tenha por objecto.

No único caso em que a Constituição impunha ao legislador uma protecção especial exclusiva dos direitos, liberdades e garantias pessoais –no artigo 20º, nº 5–, a lei garantiu e ampliou essa protecção a todos direitos, liberdades e garantias. Todavia, a própria natureza do que está em causa levou também a jurisprudência a interpretar ampliativamente o âmbito dos direitos que são susceptíveis de ser invocados, permitindo o recurso à acção para protecção de direitos sociais e, se assim não acontecer, não é difícil aos respectivos titulares reconverterem discursivamente o direito social em causa em direito de liberdade, designadamente porque qualquer lesão de um direito social é imediatamente simultânea lesão do direito ao desenvolvimento da personalidade. Se uma jurisprudência formalista não permite a invocação do direito social que está efectivamente em causa, pode sempre invocar-se a lesão do direito ao desenvolvimento da personalidade.

# Capítulo V
# A Justiça Constitucional e a Pretensa Diferenciação de Regimes: os Direitos Sociais São Direitos Fundamentais, Mas...

## 1. A jurisprudência constitucional portuguesa sobre direitos sociais

A justiça constitucional portuguesa sobre direitos sociais é negativamente marcada por duas causas distintas, mas convergentes: de um lado, como decorre quase naturalmente de tudo quanto dissemos atrás, ela reflecte os efeitos de uma doutrina tradicional orientada à desvalorização objectiva dos direitos sociais enquanto direitos fundamentais; por outro, padece das insuficiências do particular sistema de fiscalização da constitucionalidade instituído na Constituição de 1976.

Esta confluência de factores proporcionou, durante muito tempo, a sobrevivência de uma justiça constitucional de direitos sociais pouco condizente com o peso relativo que, afinal, os direitos sociais apresentam na nossa Constituição. Ou seja, a uma Constituição que afirma eloquentemente o princípio de socialidade como princípio constitucional estruturante e que consagra um elenco quase exaustivo de direitos sociais está longe de corresponder uma justiça constitucional de alcance equiparado.

*a)* Comecemos pela influência negativa do próprio sistema de fiscalização de constitucionalidade. Desde logo, apesar da clara dimensão subjectiva na configuração semântica dos direitos sociais na Constituição ("todos têm direito a..."), os cidadãos não dispõem de um instrumento adequado de garantia dos correspondentes direitos junto do Tribunal Constitucional.

A ausência geral, no sistema de garantia dos direitos fundamentais, de um recurso de amparo ou de queixa constitucional directa –que afecta também, sobremaneira, os direitos de liberdade– repercute especialmente na dimensão *positiva* dos direitos sociais.

De facto, considerando que na alegação de existência de uma eventual inconstitucionalidade relacionada com a dimensão *positiva* dos direitos sociais se invoca uma insuficiência de promoção que o Estado estaria obrigado a prestar, a inconstitucionalidade residirá na omissão das medidas constitucionalmente devidas, ou seja, o Estado estaria sujeito a uma obrigação de realização dos direitos sociais que não cumpriu ou não cumpriu adequadamente; logo, haveria que apurar a eventual existência de inconstitucionalidade por omissão para o que seriam requeridos os correspondentes mecanismos institucionais de garantia.

Porém, e aí reside o défice procedimental que, no plano institucional, menoriza a tutela dos direitos sociais entre nós: no domínio da inconstitucionalidade por omissão os cidadãos afectados não têm qualquer possibilidade de colocar a questão e de suscitar a fiscalização ao Tribunal Constitucional. A única possibilidade que lhes resta é a de fazerem a correspondente petição ao Provedor de Justiça ou ao Presidente da República e esperar que alguma destas entidades coloque o problema ao Tribunal Constitucional.

Nem sequer, neste caso –e aí a diferença relativamente ao que sucede quanto à dimensão *negativa*–, dispõem do sucedâneo da fiscalização concreta. É que a activação da fiscalização concreta pressupõe a invocação da inconstitucionalidade de uma norma aplicada ao caso concreto ou, pelo menos, a inconstitucionalidade da norma tal como foi interpretada/aplicada pelo juiz comum. Ora, no que respeita à dimensão *positiva* dos direitos sociais –tal como também sucede com a mesma dimensão dos direitos de liberdade– a eventual inconstitucionalidade não reside na norma, mas na ausência dela, o que exclui, por definição, a possibilidade de recurso a mecanismos de fiscalização que estão exclusivamente centrados, precisamente, na fiscalização de normas –nunca de actos ou de não-actos–, como ocorre, entre nós, na fiscalização concreta da constitucionalidade.

Logo, sobretudo na primeira fase após a aprovação da Constituição de 1976, quando as necessidades de realização e de concretização das normas constitucionais sobre direitos sociais mais se faziam sentir, o défice procedimental de que falamos repercutiu seriamente na privação da sua normatividade.

Afectados num seu direito social por falta de norma que garanta a respectiva prestação, os particulares não podem aceder, por si próprios, à fiscalização abstracta da inconstitucionalidade por omissão, por não disporem do correspondente poder constitucional de iniciativa, e, dada precisamente a ausência de norma susceptível de ser arguida de inconstitucionalidade, não podem também recorrer à fiscalização concreta, ou seja, não podem defender o seu direito social, eventualmente afectado de forma inconstitucional, junto do Tribunal Constitucional. Daí que praticamente todos os casos importantes de direitos sociais no Tribunal Constitucional tenham surgido, não a propósito de eventual inconstitucionalidade por omissão, não a propósito de eventuais défices inconstitucionais de realização dos direitos sociais, mas a propósito da emissão de leis que afectam o nível já alcançado de realização desses direitos.

Para além disso, a própria fiscalização abstracta de inconstitucionalidade por omissão padece de debilidades que contribuem para explicar a relativa incipiência da respectiva utilização. Não é apenas o número limitado de entidades que a podem desencadear, não apenas o facto de a única consequência que resulta directamente da verificação da inconstitucionalidade ser a respectiva comunicação ao órgão responsável pela omissão, mas também o próprio requisito da fiscalização: a "omissão das medidas legislativas necessárias para tornar exequíveis as normas constitucionais" (artigo 283º, nº 1, parte final).

É que, no caso de défice inconstitucional de realização dos direitos sociais, muitas vezes o que está em causa não é a falta de medidas legislativas para conferir exequibilidade a normas constitucionais –única situação em que o nosso sistema consagra a possibilidade de fiscalização da inconstitucionalidade da omissão–, mas a falta de criação/realização das prestações fácticas, materiais, orientadas à promoção do acesso individual aos bens protegidos pelos direitos sociais.

Não admira, assim, que quanto a direitos sociais, no domínio da fiscalização da inconstitucionalidade por omissão e em mais de quatro décadas, se assinale, apenas, a decisão tirada no Acórdão nº 474/02, onde se considera inconstitucional a omissão de medidas legislativas necessárias para conferir exequibilidade à garantia constitucional (artigo 59º, nº 1, e)) da assistência material aos trabalhadores –neste caso particular, os da função pública– que se encontrem em situação de desemprego involuntário. Realce-se ainda, porque elucidativo da ineficácia do instituto, que a omissão só viria a ser suprida pelo legislador seis anos após a verificação da inconstitucionalidade por parte do Tribunal Constitucional.

*b)* Por último, importa referir que, fruto de duas ideias erradas muito difundidas, as insuficiências do nosso sistema de fiscalização da inconstitucionalidade por omissão repercutem muito negativamente sobre a percepção pública da natureza dos direitos sociais.

Por um lado, pensa-se erroneamente que as omissões estatais afectam exclusiva ou principalmente os direitos sociais quando, na verdade, dizem respeito a todos os direitos fundamentais, dado que todos eles têm uma dimensão negativa e uma dimensão positiva. Por outro lado, é comum a concepção errónea segundo a qual os direitos sociais se esgotam na exigência de prestações quando, sobretudo no Estado social dos nossos dias e nos países mais desenvolvidos, a dimensão dos direitos sociais mais comummente invocada respeita à sua dimensão negativa, no sentido da exigência de que os poderes públicos não suprimam ou não restrinjam prestações existentes.

Em todo o caso, quando essas concepções equivocadas convergem com a desconfiança relativamente à força normativa dos direitos sociais gera-se um círculo vicioso na sua percepção pública: se há um sentimento geral de que há muita coisa a fazer entre nós no domínio social (saúde, habitação, segurança social, emprego, ambiente, cultura) e não há decisões do Tribunal Constitucional de inconstitucionalidade por omissão, então isso significa que os direitos sociais constitucionalmente acolhidos são mera retórica e, sendo-o, ou seja, não tendo efectividade normativa, isso vale (deve valer) tanto para a inconstitucionalidade por omissão quanto para a inconstitucionalidade por acção.

Ora, no contexto deste trabalho interessam-nos, não tanto os problemas específicos da inconstitucionalidade por omissão, mas, sobretudo, os reflexos que a desvalorização da natureza jusfundamental dos direitos sociais levada a cabo pela doutrina tradicional portuguesa de direitos fundamentais induziu, no mesmo sentido, na jurisprudência do Tribunal Constitucional.

*c)* Simplificando, podemos destacar duas fases diferenciadas na jurisprudência do Tribunal Constitucional sobre direitos sociais que correspondem globalmente aos períodos do século XX e do século XXI.

Pode-se dizer que praticamente durante todo o século XX, com a excepção do primeiro acórdão sobre o Serviço Nacional de Saúde, o Acórdão nº 39/84, os direitos sociais foram (des)tratados pelo Tribunal Constitucional como se, numa linguagem vulgarizada pela doutrina tradicional, fossem normas *programáticas*, retórica política, como se não fossem verdadeiras normas jurídicas que os poderes públicos fossem obrigados a observar.

Por sua vez, no século XXI –não por acaso numa época em que os direitos sociais já haviam chegado à generalidade das novas Constituições e à Carta dos Direitos Fundamentais da União Europeia– a sensibilidade do Tribunal Constitucional para os direitos sociais e a respectiva normatividade começa a mudar, o que se verifica desde logo na intervenção mais *arrojada* do Tribunal Constitucional em domínio de direitos sociais: o Acórdão nº 409/2002, sobre o rendimento social de inserção, quase trinta anos após a chegada dos direitos sociais à Constituição. Na altura a *viragem* foi ainda mais notada dado que nessa decisão o Tribunal Constitucional invocou a defesa de um direito social, o *direito ao mínimo existencial*, que não *está* sequer expressamente consagrado na Constituição.

Para além dessa curiosidade, esta segunda fase na jurisprudência constitucional portuguesa sobre os direitos sociais caracteriza-se por uma conjunção de elementos de sentido dogmático potencialmente divergente.

Por um lado, o Tribunal Constitucional mantém formalmente uma adesão acrítica aos preconceitos e estereótipos da doutrina tradicional que, como se viu, moldaram a singular e estranha tripartição *lusitana* dos direitos fundamentais entre direitos, liberdades e garantias, direitos de natureza análoga a direitos, liberdades e garantias e direitos sociais, sem que o Tribunal alguma vez tenha contestado ou posto minimamente em causa a suposta existência de um regime próprio para cada uma destas categorias.

Porém, e aí entre um novo elemento que, na prática, contradiz tudo o que aparentemente se proclamara, ou seja, o Tribunal Constitucional começa a resolver os problemas de constitucionalidade respeitantes aos direitos sociais exactamente como faz relativamente aos direitos de liberdade: aplicando os princípios estruturantes de Estado de Direito (proporcionalidade, protecção da confiança, igualdade, dignidade da pessoa humana).

Não é, como vamos ver, uma prática isenta de contradições e, sobretudo, não apresenta a consistência dogmática que seria exigível, mas, ainda assim, constitui uma atitude bem mais aberta e avançada que aquela que continua a ser reproduzida pela doutrina tradicional. Não por acaso, quando o Tribunal Constitucional decide simplesmente com base nos princípios estruturantes e segundo a lógica típica do controlo das restrições aos direitos fundamentais, surgem frequentemente, em votos de vencido, as correspondentes críticas e apelos à conservação dos cânones tradicionais, precisamente, os mesmos que conduziram à irrelevância dos direitos sociais como direitos fundamentais na jurisprudência constitucional portuguesa durante o último quartel do século XX.

## 2. A fase da irrelevância dos direitos sociais enquanto direitos fundamentais

*a)* A jurisprudência do Tribunal Constitucional sobre direitos sociais foi inaugurada, com impacto, pelo Acórdão nº 39/84, onde se considerou inconstitucional o diploma que revogava parte substancial da lei que havia instituído o Serviço Nacional de Saúde.

Numa altura em que o problema da relevância jurídica dos direitos sociais ainda era objecto de uma controvérsia muito marcada pelo contexto político do final dos anos setenta, o Tribunal chegou nesse aresto a uma decisão de inconstitucionalidade que, de alguma forma, arbitrou o dissenso da época em torno do chamado princípio da proibição do retrocesso social.

Se bem que no Acórdão, relatado por Vital Moreira, perpasse uma adesão à tese da relevância constitucional daquele princípio, a decisão orienta-se, todavia, para uma fundamentação mais matizada onde se fazia a seguinte distinção de planos de relevância das normas constitucionais de garantia dos direitos sociais: uma coisa seriam as normas constitucionais de natureza programática, de realização diferida no tempo, e, portanto, de vinculatividade jurídica mais atenuada, e outra coisa são as normas constitucionais que impõem ao Estado a realização de tarefas concretas e definidas no âmbito da realização dos direitos sociais. Quando o parâmetro de verificação da constitucionalidade é este último tipo de normas e sempre que a lei ordinária já concretizou, total ou parcialmente, aquelas imposições constitucionais precisas, entende-se que o legislador perde margem para eventual retrocesso, pelo menos quando tal retrocesso configure a criação ou a reposição de um incumprimento omissivo da Constituição. Daí a decisão de inconstitucionalidade da lei que, sem mais, revogara a anterior lei de criação do Serviço Nacional de Saúde.

*b)* Esta foi, todavia, a primeira e última *aparição* dos direitos sociais entre nós, durante toda esta fase da jurisprudência do Tribunal Constitucional que vai até aos últimos anos do século XX.

Após este Acórdão nº 39/84, o Tribunal Constitucional abandonou a ideia de proibição do retrocesso –tal como fizeram, no plano da doutrina constitucional, os seus defensores originários–, mas, em alternativa, em vez de adoptar, como em nosso entender devia, uma dogmática própria de direitos fundamentais aplicada aos direitos sociais, com exigências correspondentes de justificação da actuação do legislador e preenchimento dos requisitos constitucionais, o Tribunal entregou, na prática, os direitos sociais ao legislador. Pelo menos em termos de fundamentação, o Tribunal Constitucional adoptou a visão dominante, na época, que assentava no reconhecimento pleno do chamado poder de *auto-revisibilidade do legislador*, que só seria pretensamente limitado pela necessidade de protecção do *conteúdo essencial* dos direitos sociais ou do *mínimo social* exigido pela dignidade da pessoa humana.

E é provavelmente neste plano, pelo facto de ter adoptado uma jurisprudência *minimalista* nos termos referidos –em que a recusa natural de atribuição de relevância constitucional ao pretenso princípio da proibição do retrocesso não é compensada por uma dogmática jusfundamental alternativa–, que a jurisprudência constitucional sobre direitos sociais *submerge* a seguir, durante muito tempo, numa atitude de contenção e sistemática condescendência para com a actuação do legislador.

Mais, o Tribunal adoptava essa atitude mesmo nos casos em que, aparentemente, a actuação do legislador contradizia, não as ditas normas ou orientações constitucionais pouco densas, mas imposições constitucionais precisas, com um sentido normativo claro.

Diga-se que, nessa atitude, o Tribunal Constitucional *herdava* e prosseguia uma jurisprudência de desvalorização que vinha já da Comissão Constitucional e, naturalmente, a ambas não era alheia a influência doutrinária de menorização dos direitos sociais enquanto direitos sustentados nas ditas *normas programáticas*. Essa era, de resto, a fundamentação em que se sustentava a Comissão Constitucional quando, em 1982, se confrontou, pela primeira vez, com imposições constitucionais inequívocas em domínio de direitos sociais, especialmente, no caso, o direito à saúde.

*c)* Na sua versão originária, nesse domínio do direito à protecção da saúde, a Constituição era impositiva e, aparentemente, inequívoca, já que configurava o Serviço Nacional de Saúde como devendo ser "universal, geral e gratuito". Colocava-se, então, o problema jurídico da discutível compatibilização dessa exigência constitucional de gratuitidade – sem adjectivos e, logo, plena– com a existência de comparticipações que já eram anteriormente pagas pelos utentes e depois lhes passaram a ser exigidas no quadro da habilitação concedida pela lei do Serviço Nacional de Saúde; como se dizia nesta lei, "o acesso ao SNS é gratuito, sem prejuízo do estabelecimento de taxas moderadoras diversificadas tendentes a racionalizar a utilização das prestações".

Portanto, havia na altura um problema jurídico-constitucional inevitável, derivado do facto de, não obstante a Constituição impor a gratuitidade, a lei ordinária ressalvar a existência de pagamento de taxas moderadoras. Colocava-se assim, pela primeira vez, a questão da constitucionalidade da existência de taxas moderadoras no acesso ao SNS.

Este problema obteve uma primeira resposta da jurisprudência constitucional em 1982, no Parecer nº 35/82 da antiga Comissão Constitucional, que viria a justificar a admissibilidade das taxas moderadoras recorrendo à teoria da suposta relevância jurídica especial das normas de direitos sociais, segundo a qual estas são de realização progressiva, gradual, diferida no tempo, em função das disponibilidades financeiras e materiais do Estado.

Considerava a Comissão Constitucional que "a gratuitidade assinalada é de tipo eminentemente programático", assumindo, de resto, o parecer do mesmo sentido da Provedoria de Justiça, que caracterizava a regra constitucional como impondo uma "gratuitidade progressiva dos serviços de saúde". Assim, e de acordo com este entendimento, a admissibilidade legal de pagamento de taxas moderadoras não contrariaria a regra constitucional, já que a gratuitidade constitucionalmente imposta seria uma gratuitidade essencialmente *programática* e *progressiva*.

Porém, a fragilidade desta construção tornava-se evidente quando se cotejava a norma constitucional sobre o SNS com outras normas constitucionais sobre direitos sociais, particularmente as referentes ao direito ao ensino, e se verificava que a formulação específica da norma constitucional que impunha a gratuitidade no SNS não estava a ser devidamente tida em conta pela Comissão Constitucional.

Mesmo assumindo que algumas normas constitucionais sobre direitos sociais constituem comandos de gradualidade, de progressividade, de realização diferida no tempo, o legislador constituinte não está naturalmente impedido, em quaisquer domínios, de fixar aos poderes constituídos imposições precisas, de realização imediata, não dependentes de avaliações, prognósticos ou ponderações a realizar pelo legislador ordinário. É assim que a Constituição nos apresenta, neste domínio dos direitos sociais, normas de estrutura muito diferenciada.

Encontramos normas que apontam um fim a atingir, mas deixam ao legislador ordinário uma grande margem de liberdade e conformação na escolha dos meios e na definição dos ritmos, prioridades e graus de realização, tal como normas há em que, para além do fim a atingir, a norma constitucional fixa também o sentido do caminho e a orientação estratégica para o alcançar. É esse, por exemplo, o caso da norma do artigo 74º, onde, após se consagrar o direito ao ensino e a garantia de igualdade de oportunidades de acesso e êxito escolar, se dá ao Estado a incumbência de "estabelecer progressivamente a gratuitidade de todos os graus de ensino". A liberdade de conformação do legislador diminuiu, uma vez que não apenas o fim, mas o sentido da via para o alcançar estão pré-determinadas constitucionalmente: o Estado não fica desde logo obrigado a garantir a gratuitidade de todos os ramos de ensino, mas deve caminhar nesse sentido, deve instituí-la progressivamente.

Por último, há outras normas constitucionais sobre direitos sociais em que a liberdade de conformação do legislador ordinário praticamente desaparece, isto é, a Constituição fixa, desde logo, imposições precisas, inequívocas, de realização não sujeita a juízos de prognose e de ponderação. É, por exemplo, o caso da norma do nº 2, alínea a), do já referido artigo 74º, quando se incumbe o Estado de "assegurar o ensino básico universal, obrigatório e gratuito".

Temos, assim, no mesmo artigo da Constituição (o artigo 74º), uma distinção clara entre quais são as obrigações e a margem de que o legislador dispõe quanto ao pagamento nos vários graus de ensino: no caso do ensino básico, o Estado está obrigado a assegurá-lo gratuitamente; já quanto aos restantes graus do ensino, o Estado está obrigado a caminhar progressivamente no sentido da gratuitidade, mas a gratuitidade não é de imposição imediata.

Ora, o citado Parecer nº 35/82 da Comissão Constitucional, agora a propósito do direito à protecção da saúde do artigo 64º, confundia estas distinções e amalgamava todas as normas constitucionais sobre direitos sociais na mesma nebulosa programática, mesmo quando essa caracterização é explicitamente rejeitada pela estrutura da norma em questão.

Obviamente, se a Constituição impõe a criação de um SNS e diz que esse SNS é gratuito, essa gratuitidade não é de realização progressiva nem programática, mas de realização simultânea à própria instituição de um serviço nacional de saúde e dela indissociável. Tratava-se, portanto, de saber se a persistência da obrigatoriedade de pagamento das chamadas taxas moderadoras era compatível com esta imposição de gratuitidade e era notório que, independentemente da *bondade* política do resultado, a fundamentação encontrada pela Comissão Constitucional –que remetia, pura e simplesmente, para a natureza programática dos direitos sociais– não era satisfatória[78].

[78] Esta insuficiência viria a ser implicitamente reconhecida pelo Tribunal Constitucional, no já referido Acórdão nº 39/84, quando, a propósito do diploma que pretendia revogar parte substancial da lei que havia instituído o Serviço Nacional de Saúde, fundamentou o seu juízo de inconstitucionalidade, precisamente, no carácter de comando constitucional impositivo, preciso, de realização imediata, e não meramente programático, da norma contida no artigo 64º da Constituição, que obrigava o Estado a instituir um SNS universal, geral e gratuito.

*d)* Não admira, pois, que o problema viesse a ser recolocado nos anos seguintes, sendo de novo abordado no Acórdão nº 330/89.

O Tribunal Constitucional não se orienta, neste último aresto, pela linha de argumentação seguida no Parecer nº 35/82, atrás criticado, ou seja, parte agora do princípio, embora sem conceder expressamente, que a imposição constitucional de gratuitidade possa ser de realização imediata e é a esta luz que abre uma nova linha de fundamentação. O Tribunal Constitucional vai agora verificar se esta gratuitidade *constitucional*, mesmo se concebida como sendo de realização imediata, é ou não compatível com o pagamento de *taxas moderadoras* e, nessa abordagem directa, concluiu pela compatibilidade, portanto, pela não inconstitucionalidade da existência de taxas moderadoras a pagar pelos utentes do SNS.

Vejamos como chega a esse resultado, deveras estranho já que, enquanto que a Constituição impunha a gratuitidade, o utente pagava quando acedia ao Serviço Nacional de Saúde. Pouco, mas pagava, isto é, o acesso não era gratuito, ainda que a justificação fosse a da necessidade de inibir os consumos supérfluos e moderar o acesso. Logo, se o acesso não era gratuito, havia uma ostensiva violação do comando constitucional que impunha a criação de um Serviço Nacional de Saúde gratuito. Surpreendentemente, porém, para o Tribunal Constitucional, o sentido *normativo* de gratuito seria compatível com pagamento.

Para o Tribunal Constitucional, o conceito constitucional de gratuitidade é um conceito "normativo" que perde a determinação absoluta que aparentemente resultaria do seu sentido etimológico; através da consagração constitucional, o conceito adquiriria, no entender do Tribunal Constitucional, "um certo halo de indeterminação" que deveria ser posteriormente esclarecido pelo legislador. Assim, a norma constitucional da gratuitidade não garantiria a dispensa de qualquer pagamento por parte dos utentes como contrapartida para as prestações estaduais de cuidados de saúde, mas garantia apenas

> *"que não terão eles de suportar individualizadamente os custos daquelas prestações, pelo que, isso sim, não lhes há-de poder ser exigida, por cada uma de tais prestações, uma contraprestação destinada directamente a transferir (ainda que só parcialmente) para eles o custo da prestação em causa –uma contraprestação, isto é, que tenha como objectivo o 'pagamento' (o pagamento*

*do 'preço') do serviço prestado –ou, então, tal que (designadamente por força do seu montante) venha a ter praticamente um efeito equivalente (e subverta, desse modo, o que poderá qualificar-se como conteúdo essencial mínimo de qualquer ideia de 'gratuitidade')".*

Curiosamente, já depois deste aresto, a revisão constitucional de 1989, no mesmo ano do Acórdão, viria a *salvar* retroactivamente a *tese* do Tribunal Constitucional, adaptando supervenientemente o texto da Constituição à interpretação do Tribunal Constitucional. Assim, aquela anterior fórmula foi alterada para a redacção que tem hoje, isto é, a Constituição passa a garantir um serviço nacional de saúde universal e geral, não já gratuito, mas antes, "tendo em conta as condições económicas e sociais dos cidadãos, tendencialmente gratuito", o que, em todo o caso, evidenciava objectivamenteo desconforto do legislador da revisão perante a condescendência que o Tribunal Constitucional manifestava relativamente à actuação restritiva do legislador ordinário em domínio de direitos sociais.

*e)* Aconteceu algo semelhante com o Acórdão nº 148/94, sobre as propinas no ensino superior público. Perante um aumento significativo de propinas introduzido por lei de 1992, em aparente contradição com a incumbência que o artigo 74º, nº 1, e), da Constituição impõe ao Estado ("estabelecer progressivamente a gratuitidade de todos os graus de ensino"), o Tribunal Constitucional apenas se pronunciou pela inconstitucionalidade dos aumentos que fossem para além da actualização do valor das propinas segundo o crescimento dos preços verificado no Índice de Preços no Consumidor.

Para tanto, o Tribunal partiu do princípio de que aquela imposição constitucional de *progredir* na gratuitidade não impedia a actualização do valor das propinas tendo em conta a desvalorização da moeda entretanto verificada. Mas, tomou como valor de referência para o cálculo da inflação, não a data da aprovação da norma constitucional que instituiu a gratuitidade progressiva, isto é, 1976, mas antes a tabela de propinas instituída no ano de 1941 (data da última actualização). Dessa forma, o Tribunal não considerou inconstitucionais as actualizações que não ultrapassassem o crescimento dos preços verificado desde então, de 1941 até 1992. Porém, tendo a Constituição instituído a "progressiva gratuitidade" em 1976, não se vê como poderia deixar de ser considerada inconstitucional uma "actualização" que, manifestamente, colocava, em 1992, as propinas num valor substancialmente mais elevado, mesmo descontando a inflação, que aquele que tinham em 1976.

*e)* Já posteriormente, numa outra situação em que se poderia também configurar uma situação de reposição de inconstitucionalidade (havendo uma imposição constitucional precisa), o Tribunal Constitucional voltou a decidir num sentido favorável à actuação do legislador ordinário. Referimo-nos ao Acórdão nº 590/04 onde, apesar do parâmetro constituído pela norma do artigo 70º, alínea c), da Constituição, que impõe uma protecção especial para a efectivação dos direitos dos jovens no acesso à habitação, o Tribunal não considerou inconstitucional a revogação do crédito jovem bonificado para aquisição de casa própria, com o fundamento de que se mantinham em vigor outras normas de protecção especial aos jovens no domínio do arrendamento.

*f)* O que se pode então, como balanço, concluir de uma jurisprudência que, durante esta fase, conduz quase sistematicamente a um resultado de não inconstitucionalidade?

Em primeiro lugar, que, apesar de nunca ter abandonado a linha argumentativa delineada no Acórdão nº 39/84, o Tribunal não faz apelo a esse tipo de fundamentação mesmo quando objectivamente tal podia ocorrer, optando muitas vezes por uma avaliação onde, na prática, se reconhece uma margem de decisão quase total ao legislador ordinário. Por outro lado, que, mesmo quando faz apelo àquela linha argumentativa (como no caso do crédito jovem bonificado), o Tribunal lhe dá uma configuração tão minimalista que o resultado traduz também uma grande contenção no controlo. Como se diz no citado Acórdão nº 590/04, a intervenção revogatória do legislador ordinário "só colocará um problema de constitucionalidade se não subsistirem quaisquer outras medidas neste domínio, originando uma situação de total incumprimento da determinação constitucional, equivalente, nos seus pressupostos, a uma inconstitucionalidade por omissão".

Em segundo lugar, pode-se concluir que, na prática, a relevância da distinção, no domínio dos direitos sociais, entre imposições constitucionais precisas e normas de protecção genérica acaba por ser diminuta.

Atrever-nos-íamos a dizer que, a prazo, na jurisprudência do Tribunal Constitucional acabou por fazer vencimento a posição expressa por Cardoso da Costa em voto de vencido no referido Acórdão nº 39/84 sobre o Serviço Nacional de Saúde. Aí se defendia, com apoio na doutrina então desenvolvida por Vieira de Andrade, que "só é de considerar ilegítima e inadmissível a revogação de uma regulamentação concretizadora da Constituição [...] quando dela tenha derivado a *destruição*, completa e efectiva, de algo que, embora dispondo directamente apenas de uma cobertura normativa 'legal', já entrara a fazer parte do 'acquis constitucional'", isto é, nas palavras de Vieira de Andrade, quando se tenha radicado na "consciência jurídica geral a convicção da sua obrigatoriedade constitucional".

Neste sentido, teria passado a haver uma linha de fundamentação jurisprudencial comum que daria unidade à jurisprudência do Tribunal Constitucional no domínio dos direitos sociais. Desta confluência dá conta, de forma exemplarmente esclarecedora, a fundamentação constante do Acórdão nº 509/02, sobre rendimento social de inserção, relatado por Luís Nunes de Almeida[79].

De acordo com essa posição de síntese, ao legislador ordinário é reconhecida uma ampla margem na realização ou conformação dos direitos sociais, só limitada em duas hipóteses: ou quando ele põe em causa os princípios estruturantes do Estado de Direito (igualdade, protecção da confiança) ou, num segundo grupo de situações, quando afecta o núcleo essencial já realizado dos direitos sociais (Gomes Canotilho) e quando destrói um nível realizado de concretização legislativa que já beneficiava de uma sedimentação na consciência jurídica geral que lhe conferia o estatuto de direito materialmente constitucional (Vieira de Andrade).

Ora, o conteúdo normativo dos últimos limites referidos (conteúdo essencial, consciência jurídica geral) é tão dificilmente operativo no domínio dos direitos sociais quanto no domínio dos direitos de liberdade. Longe de conferirem alguma efectividade aos direitos fundamentais, estas concepções têm normalmente o efeito contrário: a violação do

[79] Curiosamente, o Acórdão onde se faz a síntese desta evolução doutrinária e jurisprudencial –o Acórdão nº 509/02 (rendimento social de inserção)– é precisamente aquele onde, como veremos, em termos de resultado, e após quase vinte anos de autocontenção judicial, se lança a pedra que vem de novo agitar as águas da jurisprudência constitucional sobre direitos sociais.

*conteúdo essencial* é sempre algo indeterminado que, para lá de um efeito retórico de apoio, dificilmente encontrará algum campo de aplicação autónomo relativamente a princípios como os da proibição do excesso ou da dignidade da pessoa humana. Ao contrário, aquilo que, de facto, acaba por ter efectividade é o negativo desta mesma concepção, ou seja, a conclusão de que fica totalmente à disposição da intervenção restritiva do poder político tudo o mais que no direito fundamental se situe fora desse núcleo nunca verdadeiramente delimitado do conteúdo essencial, como se, afinal, a garantia do conteúdo essencial não servisse para garantir um tal núcleo, mas antes para *libertar* completamente o legislador restritivo em todo o *espaço* jusfundamental dito *não essencial*.

## 3. A ruptura com a anterior jurisprudência prenunciada no Acórdão nº 509/2002 sobre *rendimento social de inserção*

No Acórdão nº 509/2002, o Tribunal Constitucional considerou inconstitucional a norma que, aprovada nessa altura, retirava às pessoas entre os 18 e os 25 anos o direito ao rendimento social de inserção (anterior rendimento mínimo garantido) a que anteriormente tinham acesso, ainda que se mantivesse o direito subjectivo às prestações em causa por parte dos titulares menores de 25 anos que já estivessem a auferi-las.

O Tribunal considerou que a norma em questão atingia o "conteúdo mínimo do direito a um mínimo de existência condigna", pelo que, enquanto tal, constituiria uma violação do princípio da dignidade da pessoa humana e era por esse facto inconstitucional. Do princípio da dignidade da pessoa humana associado ao direito à segurança social decorreria, no entender do Tribunal Constitucional, a proibição de o Estado revogar, sem substituição, as normas jusfundamentais que prevêem a atribuição de prestações, pecuniárias ou em espécie, destinadas a assegurar os pressupostos materiais mínimos de uma existência condigna.

Tendo em conta tudo o que se disse sobre a primeira fase da jurisprudência constitucional portuguesa sobre direitos sociais, pode-se dizer que esta é uma decisão arrojada, até surpreendente; apesar da desrazoabilidade e do carácter excessivo da restrição ali concretamente actuada pelo legislador, apesar da violação ostensiva do princípio da igualdade, a própria decisão e a sua fundamentação extravasam da habitual condescendência do Tribunal Constitucional para com o legislador no domínio dos direitos sociais.

É certo que já anteriormente o Tribunal Constitucional[80], começara por acolher este *direito a um mínimo* no plano da observância do dever estatal de respeito, ou seja, a propósito da garantia legal de impenhorabilidade de prestações sociais com o fim de assegurar que o executado tivesse sempre acesso a um rendimento mínimo de subsistência, mesmo quando assim se sacrificavam os direitos patrimoniais do credor[81].

Na mesma lógica garantística, em decisões em que concluiu pela inconstitucionalidade, o Tribunal Constitucional considerou constitucionalmente ilegítima a norma que permitia a penhora de prestações da segurança social ou de salários quando tal possibilidade determinava para o executado a percepção de um montante inferior ao salário mínimo nacional[82] ou quando se traduzia na afectação de qualquer parcela de prestação recebida a título do então designado rendimento mínimo garantido[83]. Mais, o Tribunal Constitucional decidiu com tal alcance mesmo quando, como era o caso, a norma ordinária em questão, embora permitisse a penhora daquelas prestações, dava ao juiz a possibilidade de, através de ponderação casuística, poder decidir pela impenhorabilidade a fim de salvaguardar, na esfera do executado, aqueles mínimos de subsistência.

Em todo o caso, na decisão de 2002 o Tribunal Constitucional deu um passo da maior relevância quando transpôs o reconhecimento deste direito fundamental a um mínimo existencial para o plano da observância de um dever estatal de promoção. Ou seja, como se infere do Acórdão nº 509/2002, para o Tribunal Constitucional o Estado está não apenas obrigado a respeitar e proteger a garantia de um mínimo vital de que o particular já dispõe, e a que acedeu pelos próprios meios, como também, e essa a novidade, obrigado a promover, positiva e negativamente, o acesso a um tal mínimo através de correspondentes prestações estatais quando o particular está numa situação de extrema penúria

[80] Cf., para um panorama desta jurisprudência, Catarina S. Botelho, *Os Direitos Sociais...*, cit., págs. 339 e segs.

[81] Cf. Acórdão nº 349/91.

[82] Cf. Acórdãos nº 318/99, nº 177/02 e nº 96/04.

[83] Cf. Acórdão nº 62/02.

e não dispõe dos recursos necessários. Ou seja, segundo o Tribunal, o Estado está obrigado a fornecer prestações que garantam a todos esse mínimo existencial, bem como a não afectar negativamente a continuidade objectiva da garantia dessas prestações.

De certa forma, para chegar à decisão de inconstitucionalidade da lei que retirava o acesso ao rendimento mínimo a menores de 25 anos, o Tribunal optou pela fundamentação mais controversa e inesperada –a violação da dignidade da pessoa humana– quando teria podido fundamentar pacificamente a sua decisão de inconstitucionalidade na violação imediata do princípio da igualdade por força da distinção puramente arbitrária entre quem tinha mais ou menos de 25 anos. Note-se que, no fundo, e uma vez que a lei em causa não afectava a continuidade da prestação a quem, mesmo menor de 25 anos, já estivesse a recebê-la, a decisão de inconstitucionalidade implica que o Tribunal Constitucional considera que, por força de uma exigência directa do princípio da dignidade da pessoa humana, é dever do Estado português atribuir uma prestação com esta natureza a todos os maiores de 18 anos, o que significa dizer que, independentemente de circunstâncias e eventuais debilidades financeiras, há entre nós, um direito subjectivo público, de natureza positiva, a um *mínimo existencial.*

O arrojo da decisão provém do facto de a Constituição não consagrar expressamente um tal direito a um mínimo para uma existência condigna, em circunstâncias em que o Tribunal poderia ter facilmente identificado a existência de uma restrição inconstitucional ao direito à segurança social (artigo 63º) fundamentada quer na violação do princípio da igualdade quer na falta de justificação e desrazoabilidade da medida, vícios esses que, todavia, o Tribunal Constitucional prescindiu de apreciar.

De facto, para a retirada da possibilidade de acesso ao rendimento social de inserção aos cidadãos entre 18 e 25 anos, o Estado não foi capaz de fornecer uma qualquer justificação para a diferenciação de tratamento, pelo que a única justificação objectiva para a discriminação e a severidade da medida era, no fundo, a argumentação que havia sido desenvolvida na campanha eleitoral que antecedera a aprovação da lei em causa, ou seja, a razão ideológica de que a atribuição de um tal rendimento a maiores de 18 anos, mesmo em situação de penúria extrema, constituía um *estímulo à preguiça*. Porquê o *estímulo à preguiça* só se verificava entre os 18 e os 25 anos, o legislador não podia fornecer qualquer explicação razoável.

Nesse quadro, uma concepção dos direitos sociais como direitos fundamentais -no caso o direito à segurança social- constituiria a fundamentação mais imediata para a invalidação da norma restritiva em causa: o Estado não tinha justificação para restringir, já que, por outro lado, a relevância financeira da medida era praticamente inexistente. De alguma forma, pode-se pensar que, no seu arrojo, o Tribunal Constitucional se sentiu mais confortado na *criação* jurisprudencial de um direito fundamental, embora aí dispusesse do precedente de peso do Tribunal Constitucional alemão, do que no apelo à normatividade dos direitos sociais expressamente acolhidos na Constituição portuguesa[84].

Ou seja, foi um arrojo que, não obstante as consequências positivas em domínio de garantia da normatividade constitucional da dignidade da pessoa humana, continua a não dar a devida relevância jurídica à natureza constitucional jusfundamental dos direitos sociais, tal como se o nosso Tribunal Constitucional aplicasse, como o Tribunal Constitucional alemão, uma Constituição *sem direitos sociais*. Veremos como, em grande medida, essa continua a constituir uma deficiência significativa da jurisprudência constitucional portuguesa sobre direitos sociais, mesmo na nova fase de que tratamos a seguir.

## 4. A orientação pragmática do Tribunal Constitucional para a resolução de problemas de direitos sociais através da aplicação dos princípios estruturantes

*a)* Como referimos, podemos detectar na jurisprudência constitucional sobre direitos sociais duas linhas de desenvolvimento que, se bem que com excepções e decisões singularmente divergentes da tendência geral, se repartem genericamente por duas fases.

[84] Cf., igualmente com dúvidas sobre uma jurisprudência que, "sob a aparente solidez da dignidade da pessoa humana", acaba por colocar "entre parênteses os direitos sociais, como se não houvesse "direitos sociais autonomamente recortados, mas refracções sociais da dignidade da pessoa humana aferida pelos standards mínimos da existência", Gomes Canotilho, "Sedimentação dos direitos fundamentais e local incerto da socialidade" *in* Tajadura (org.), *La Constitución portuguesa de 1976*, Madrid, 2006, pág. 82.

Há um primeiro conjunto de decisões de autocontenção judicial e condescendência para com o legislador, apoiadas numa fundamentação que faz ressaltar a especificidade dos direitos sociais e a larga margem de conformação e auto-revisibilidade de que disporia o legislador ordinário e foi essa orientação que dominou a jurisprudência do Tribunal Constitucional sobre direitos sociais durante o século XX.

Já num outro conjunto de decisões, que passa a ser dominante nas duas últimas décadas, se bem que o Tribunal Constitucional assuma retoricamente as concepções tradicionais sobre distinção qualitativa entre direitos, liberdades e garantias e direitos sociais e sobre existência de um regime específico aplicável exclusivamente aos primeiros, na prática acaba a desmenti-las.

Esta última atitude desenvolve-se quando o Tribunal utiliza no controlo das restrições aos direitos sociais –mesmo que não as qualifique assim– exactamente os mesmos *limites aos limites* que aplica igualmente nas restrições dos direitos, liberdades e garantias: princípios da dignidade da pessoa humana, da igualdade, da protecção da confiança e da proibição do excesso. E, tal como acontece nos direitos de liberdade, recorre a esses princípios não de forma mecânica –de resto incompatível com a sua própria natureza–, mas antes num contexto de consideração dos diferentes factores relevantes nas circunstâncias do caso. No essencial, em nada diferem as metodologias a que o Tribunal Constitucional recorre para resolver casos difíceis que surjam no domínio dos direitos de liberdade ou envolvendo direitos sociais.

No entanto, como vamos verificar, na medida em que o Tribunal Constitucional dificilmente se liberta dos conceitos e do enquadramento desenvolvidos pela doutrina tradicional, esta jurisprudência acaba por padecer de vícios sérios de fundamentação que a privam de consistência dogmática e que, por vezes, lhe conferem a aparência, todavia enganadora, de alguma arbitrariedade.

Faltaria, para suprir essas insuficiências, que também no plano da fundamentação, e tal como o fez na prática, a jurisprudência constitucional se emancipasse plenamente dos preconceitos alimentados pela doutrina tradicional.

Tal passaria, em primeiro lugar, pelo reconhecimento de que as limitações aos direitos sociais são restrições a direitos fundamentais pelo que, em Estado de Direito, só são admissíveis quando há razões suficientemente ponderosas que justifiquem a restrição. Por outro lado, importaria fazer o reconhecimento de que o âmbito de protecção jusfundamental sobre que incidem tais restrições é constituído tanto pela norma constitucional de garantia quanto pelas normas ordinárias de concretização e conformação das normas constitucionais.

Em segundo lugar, lidando com direitos fundamentais e com restrições a direitos fundamentais –as afectações desvantajosas dos direitos sociais devem ser assim configuradas–, o controlo judicial que sobre elas incide deve ser um controlo denso, o que significa que o Tribunal Constitucional deve reflectir na aplicação dos princípios estruturantes um tipo de escrutínio intensivo e exigente.

Obviamente, não se pretende, nem o Tribunal Constitucional o deveria fazer, que a jurisprudência constitucional tome posição activa nas controvérsias doutrinárias associadas a estes temas. O importante não é, para a jurisprudência constitucional, uma fundamentação teoricamente elaborada como se de um ensaio doutrinário se tratasse, mas a construção de uma *rede* coerente de decisões fundamentadas, de onde resulte uma dogmática constitucionalmente adequada à natureza jusfundamental dos direitos sociais.

*b)* De qualquer forma, em termos práticos, de há muito o Tribunal Constitucional, embora de forma essencialmente pragmática, se afastou dos preconceitos ideológicos da teoria tradicional contra os direitos sociais. E, como dissemos, fá-lo quando, mesmo sem o reconhecer, aplica ao controlo jurisdicional das restrições aos direitos sociais os mesmos parâmetros e a mesma densidade de controlo que aplica aos direitos de liberdade.

Esta atitude encontra-se dispersa na jurisprudência sobre o direito social que mais tem convocado a intervenção do Tribunal Constitucional, o direito à segurança social, incluindo o direito a um mínimo para uma existência condigna, mas surge também associada ao direito à protecção da saúde ou ao direito ao trabalho e à assistência no desemprego.

Seguindo os *lugares comuns* da doutrina tradicional, o Tribunal Constitucional partia frequentemente da pretensa distinção essencial entre aquilo que no direito à segurança social (*maxime*, nas garantias previstas no artigo 63º da Constituição) tem natureza de direito social e aquilo que nele tem natureza análoga a direitos, liberdades e garantias.

Isto para concluir que quando se trate de direito de natureza análoga (como seria o caso da norma do artigo 63º, nº 4, que garante a contagem de todo o tempo de serviço para o cálculo das pensões de velhice e invalidez) se aplicam os *limites aos limites* previstos no artigo 18º da Constituição[85], mas, já quando se estivesse na presença de direito social, esses limites não seriam aplicáveis[86].

Porém, para o efeito visado, isto é, a aplicação dos princípios constitucionais estruturantes ao controlo das afectações negativas dos direitos fundamentais, a distinção de que fala o Tribunal Constitucional é puramente retórica ou absolutamente irrelevante. Princípios como os da igualdade, dignidade da pessoa humana, protecção da confiança, proporcionalidade, são princípios estruturantes de Estado de Direito, aplicáveis a toda a actuação estatal de relacionamento com os cidadãos, venha ela inscrita no domínio dos direitos de liberdade ou dos direitos sociais.

*c)* É precisamente neste plano que assume relevância sintomática, sobretudo porque feita de um modo *natural, insensível*, a forma como, mais recentemente, tanto no que respeita ao direito à segurança social (artigo 63º) quanto no domínio do direito à protecção da saúde (artigo 64º), o Tribunal Constitucional estabilizou uma jurisprudência constante de aplicação dos princípios estruturantes.

No Acórdão nº 88/04, o Tribunal Constitucional considerou inconstitucionais as exigências de prova que o Estatuto das Pensões de Sobrevivência no Funcionalismo Público impunha ao beneficiário da pensão de sobrevivência por morte de beneficiário da Caixa Geral de Aposentações que com ele convivia em união de facto, "por violação do princípio da proporcionalidade, tal como resulta das disposições conjugadas dos artigos 2º, 18º, nº 2, 36º, nº 1, e 63º, nºs 1 e 3, todos da Constituição da República Portuguesa".

No Acórdão nº 67/07, sobre o cartão de utente do Serviço Nacional de Saúde, estava em causa a constitucionalidade das normas legais

[85] Veja-se assim, a decisão de inconstitucionalidade do Acórdão nº 411/99 sobre contagem do tempo para efeitos de cálculo da pensão por aposentação.

[86] Cf. a afirmação clara desta posição no Acórdão nº 72/02 que, mesmo assim, conclui pela inconstitucionalidade da norma ordinária que distingue entre nacionais e estrangeiros para efeitos de constituição e manutenção da situação jurídica de aposentação.

segundo as quais é exigível aos particulares o pagamento das prestações de saúde quando estes não se identifiquem como utentes e não façam prova que são titulares ou que requereram o cartão de utente do SNS, que anteriormente era facultativo, nos dez dias seguintes à interpelação para pagamento. O Tribunal Constitucional julgou as referidas normas (do Decreto-lei nº 52/2000, de 7 de Abril) inconstitucionais.

Porém, para a matéria que agora consideramos, o importante não é o sentido das decisões referidas, mas os pontos a seguir ressaltados.

No primeiro caso (Acórdão nº 88/04), assumindo claramente o Tribunal que se movimentava no domínio de um direito social, o direito à segurança social no âmbito específico do direito a pensão de sobrevivência –ainda que com ligação ao dever estatal de protecção do direito a constituir família–, sujeitou, todavia, a afectação de tal direito por parte do legislador, não apenas ao controlo de observância do princípio da igualdade (estava em causa a diferenciação de tratamento entre beneficiário casado e beneficiário em união de facto), mas também a um controlo de proporcionalidade. De forma inequívoca, referiu expressamente que o princípio da proporcionalidade, enquanto expressão qualificada do princípio de Estado de Direito, tinha plena aplicação, não apenas nas restrições a direitos, liberdades e garantias, mas também nas limitações de todos os direitos fundamentais.

Ora, independentemente da justeza do sentido material da decisão –de resto contraditada em posterior jurisprudência do Tribunal Constitucional[87]–, o importante é que, e bem, o Tribunal se colocou integralmente na perspectiva de um controlo a restrições a um direito social tal como o faria relativamente a qualquer restrição a direito de liberdade, ou seja, com sujeição da lei que era arguida de afectação de direito social a um controlo de constitucionalidade operado segundo os parâmetros típicos do controlo das restrições a direitos de liberdade, isto é, os mesmos *limites aos limites* da igualdade e da proporcionalidade. Mais, o Tribunal Constitucional, que teve ocasião, como vimos, de voltar repetidamente ao caso, e ainda que tenha contraditado o sentido da decisão de inconstitucionalidade do primeiro Acórdão, de forma alguma viria a contestar seja a estrutura sejam os parâmetros constitucionais de controlo anteriormente utilizados, designadamente no que se refere à

[87] Cf. Acórdão nº 159/05 e Acórdão nº 614/05.

consideração das normas em causa como lei restritiva de direito social e à sua sujeição a um controlo de proporcionalidade.

No segundo caso (Acórdão nº 67/07), situando-se igualmente no âmbito de um direito social, o direito à protecção da saúde, o Tribunal Constitucional acolheu o recurso do Ministério Público segundo o qual a sanção pecuniária, imposta por incumprimento do dever de identificação como utente, constituiria "uma restrição desproporcionada e excessiva a tal 'direito social'". O que significa, no entender do Ministério Público e sem reparo, e bem, do Tribunal Constitucional, que, apesar de juridicamente enquadrados pelo direito social à protecção da saúde, estamos perante uma restrição aos direitos fundamentais e lidamos com os critérios e padrões de controlo –no caso o princípio da proibição do excesso– próprios dessas restrições.

Em segundo lugar, o Tribunal Constitucional, não apenas dá seguimento a esta lógica de restrições a direitos fundamentais e seu controlo, anunciando expressamente que vai utilizar "como parâmetro de constitucionalidade o princípio da proporcionalidade e o direito à saúde (artigos 18º e 64º da Constituição)", como expressamente fundamenta a sua decisão de inconstitucionalidade na violação dos artigos 2º, 18º e 64º da Constituição, combinando portanto, na garantia do mesmo direito social (artigo 64º), princípio de Estado de Direito (artigo 2º) e regras supostamente, de acordo com a doutrina tradicional, só aplicáveis aos direitos, liberdades e garantias (artigo 18º).

*d)* Sobretudo, a partir do momento em que reconhece aqui igualmente a aplicabilidade do princípio da proporcionalidade –e sabendo-se como este princípio, ou mais rigorosamente, o princípio da proibição do excesso é a chave de decifração do complexo tema dos limites aos direitos fundamentais–, está feito o essencial do trajecto de unificação no tratamento das restrições a direitos sociais e a direitos de liberdade.

De facto, se as restrições aos direitos sociais têm de observar –consoante jurisprudência firme do Tribunal Constitucional– os princípios da igualdade, da protecção da confiança, da dignidade da pessoa humana e, também agora, o princípio da proporcionalidade, nada afinal resta da invocada diferença de regime relativamente aos direitos de liberdade.

Aliás, uma análise mais fina da jurisprudência constitucional mostra que mesmo quando invoca formalmente os princípios da igualdade, da dignidade da pessoa humana ou da protecção da confiança como *standards* de controlo, no fundo as decisões do Tribunal Constitucional, em termos de resultado de inconstitucionalidade ou não inconstitucionalidade, são essencialmente determinadas (ou, pelo menos, esse juízo nunca está ausente) por razões atinentes à eventual desproporcionalidade da medida ou desrazoabilidade da diferenciação de tratamento. Exactamente como se passa, e bem, no controlo que o Tribunal Constitucional exerce sobre as restrições aos direitos de liberdade.

Por último, a presença implícita da mesma racionalidade de controlo judicial assente na razoabilidade ou desrazoabilidade da justificação para restringir, está também no apelo ao princípio da dignidade da pessoa humana que se encontra no derradeiro e mais interessante desenvolvimento da jurisprudência constitucional sobre direito à segurança social, ou seja, no plano da referida dedução jurisprudencial de um direito fundamental a um rendimento mínimo indispensável a uma existência condigna.

Sintomáticos da confluência de utilização dos princípios estruturantes aos direitos sociais e de uma sua aplicação intensiva, e a propósito desse mesmo direito a um mínimo para uma existência condigna, cabe referir o Acórdão nº 141/2015 (decisão de inconstitucionalidade do estabelecimento legal de um período de garantia de 1 ano de residência no rendimento social de inserção quando aplicável aos nacionais, por violação do princípio da igualdade de tratamento relativamente aos restantes portugueses) e o Acórdão nº 296/2015 (sobre o mesmo direito ao rendimento social de inserção, decisão de inconstitucionalidade da exigência de período de garantia de 3 anos a nacionais de países não membros da União Europeia, por violação do princípio da proporcionalidade).

*e)* Cabe, no entanto, não desvalorizar os potenciais efeitos negativos da tensão entre uma prática jurisprudencial de sistemático recurso aos princípios constitucionais estruturantes e uma fundamentação que, na aparência, se esforça por manter a inércia do alinhamento com as distinções teóricas correntes na doutrina tradicional portuguesa.

É, porventura, essa contradição que explica *recaídas* intermitentes do Tribunal Constitucional numa jurisprudência mais típica da primeira fase, isto é, do período de desvalorização praticamente integral dos direitos sociais na jurisprudência constitucional.

Não é, em qualquer caso, sem alguma decepção que, após o reconhecimento de avanços jurisprudenciais significativos no tratamento dos direitos sociais como verdadeiros direitos fundamentais, se assiste à *recaída* do Tribunal Constitucional num tipo de fundamentação sustentado em alguns dos velhos tópicos em que a doutrina portuguesa se enredou, sem proveito, ao longo de décadas de vigência da Constituição de 1976. Mais, o recurso a esses tópicos é tanto mais inconsistente quanto, simultaneamente, o Tribunal mantém, no essencial, a prática de um controlo feito segundo os parâmetros gerais aplicáveis ao controlo das restrições aos direitos fundamentais em Estado de Direito.

Veja-se, assim, o Acórdão nº 3/10, onde o Tribunal Constitucional aprecia, em fiscalização sucessiva abstracta, a constitucionalidade de alterações legislativas significativas ao regime de aposentação e cálculo das pensões dos trabalhadores da Administração Pública. Não estando aqui em causa a conclusão de não inconstitucionalidade a que o Tribunal chegou[88], importa-nos a mais que discutível caracterização que o Tribunal Constitucional faz do direito à segurança social do artigo 63º da Constituição enquanto direito social[89].

Nas palavras do Acórdão,

> *"O Tribunal Constitucional tem admitido que determinadas concretizações do direito à segurança social são resistentes ao legislador. Foi o que sucedeu, por exemplo, com o direito a um rendimento mínimo [...] Na verdade, naquelas circunstâncias típicas previstas no nº 3, do artigo 63º, quando esteja em causa a própria subsistência mínima e, portanto, a existência socialmente*

[88] De resto, o Tribunal remete aí, em grande medida, para o recente Acórdão nº 188/09, que, todavia, se integra substancialmente na linha jurisprudencial atrás assinalada de enquadramento das afectações ao direito à segurança social de acordo com um modelo típico de controlo de restrições com base nos parâmetros da igualdade, da protecção da confiança e da proibição do excesso.

[89] Praticamente na mesma altura, o que revela a inconsistência a que nos temos referido, no Acórdão nº 49/10, quando julga inconstitucional, por violação da proporcionalidade, a norma segundo a qual o requerimento do subsídio de desemprego fora do prazo determinaria a preclusão do direito às respectivas prestações, o Tribunal Constitucional confirma a significativa evolução positiva que aqui salientamos (de resto, com voto de vencido em que a Conselheira Lúcia Amaral, curiosamente a relatora do referido Acórdão nº 3/2010, considerava que o princípio da proporcionalidade seria aplicável à dimensão negativa dos direitos sociais, mas não à sua dimensão positiva e que, no caso, se estaria no *coração dessa dimensão positiva* onde o legislador deve ter total margem de conformação).

*condigna, o direito à segurança social adquire uma urgência e uma força vinculante que o tornam directamente aplicável e o subtraem, em ampla medida, ao poder de legislar.*

*Em geral não é, porém, assim.*

*Sendo o direito à segurança social um direito de carácter essencialmente económico e social [...] [é] ao legislador que incumbe fazer as necessárias ponderações que garantam a sustentabilidade do sistema e a justiça na afectação de recursos.*

*Deste modo, a mera sucessão de leis no tempo em matéria de segurança social não é, em geral, passível de afectar o próprio direito à segurança social "como um todo", salvo os casos em que esteja em causa o mínimo de existência condigna [...]*

*Assim, a protecção dos direitos a prestações sociais já instituídos opera, no essencial, através dos princípios fundamentais do Estado de Direito democrático, tais como a igualdade ou a confiança legítima, e não através do apelo ao direito à segurança social."*

Portanto, aparentemente, segundo a fundamentação deste acórdão, todo o conteúdo normativo do direito fundamental à segurança social –e, por analogia, todo o conteúdo normativo de todos os outros direitos sociais constitucionalmente elencados– se esgotaria no direito a um mínimo de subsistência condigna. Em tudo o que fosse para além desse mínimo, de resto já exigido pelo princípio da dignidade da pessoa humana, os particulares eventualmente afectados não poderiam fazer "apelo ao direito à segurança social" (e, logo, a quaisquer outros direitos sociais), mas tão só aos princípios fundamentais de Estado de Direito. Tudo se passaria, assim, como se a Constituição portuguesa não tivesse acolhido os direitos sociais na qualidade de direitos fundamentais, como se nada a distinguisse, nesse domínio, de uma *Constituição sem direitos sociais*, como a alemã.

Como que afivelando a máscara do *Bundesverfassungsgericht* que, todavia, interpreta e aplica uma outra Constituição, para o Tribunal Constitucional português, nesta decisão, tudo o que o direito à segurança social do artigo 63º garantiria enquanto direito fundamental seria o direito a um mínimo de existência condigna. Só esse *mínimo*, parece, seria *resistente à lei*, donde que toda a concretização legislativa que fosse para além de um tal mínimo de subsistência –mesmo que fosse essencial, como era no caso *sub judice*, para o regime e cálculo das pensões de aposentação– não beneficiaria da protecção conferida pelo direito à segurança social, mas tão só da actuação vigilante dos *guardas de flanco* do Estado de Direito democrático, a igualdade e a protecção da confiança.

Só que quando, por interposta recepção da doutrina tradicional, se assume desnecessariamente a pele do Tribunal constitucional alemão, chega-se, como evidenciámos, ao paradoxo seguinte: a Constituição portuguesa consagra um direito à segurança social na qualidade plena de direito fundamental, mas o Tribunal Constitucional não o reconhece nessa extensão; a Constituição portuguesa não consagra um direito fundamental a um mínimo de subsistência condigna, mas o Tribunal Constitucional conclui que ele vigora na nossa ordem jurídica, em toda a plenitude, na qualidade de direito negativo, mas também de direito positivo.

Porém, se a Constituição diz que "todos têm direito à segurança social" e que este é um direito fundamental, então, ao contrário do que se infere das palavras acima citadas do Tribunal Constitucional, este é um direito "resistente à lei". E é *resistente à lei* como um todo, e não apenas resumido à sua dimensão de direito a um mínimo de subsistência condigna. E é-o por definição, porque se não fosse resistente à lei em toda a sua extensão como direito à segurança social, então não seria um direito fundamental, não seria um direito constitucional. Ser norma constitucional num sistema de Constituição formal é "ser resistente à lei", quer se trate de direito de liberdade, de direito social ou de norma organizatória.

Se a Constituição diz que "todos têm direito à segurança social", então o direito à segurança social, como um todo, impõe-se ao legislador ordinário. Neste sentido, por definição, a lei não pode violar um tal direito em toda a extensão do seu conteúdo, e não apenas no que se confine aos contornos mais ou menos etéreos do *mínimo de subsistência*, do *conteúdo essencial*, do *âmbito nuclear* ou do *conteúdo radicado na consciência jurídica universal*.

Isso não significa que a lei não possa afectar, alterar, restringir, revogar, a actual conformação legislativa de um direito fundamental, seja ele um direito de liberdade ou um direito social. Mas, se e quando o faz, então a lei afecta, restringe, o direito fundamental e se restringe um direito fundamental, no caso o direito à segurança social, a lei tem de ter uma justificação *forte* e tem de respeitar os princípios estruturantes de

Estado de Direito. Se não tiver aquela ou não observar estes, não apenas restringe como viola o direito fundamental em causa, seja esse direito, por exemplo, a liberdade de religião, o direito à greve ou o direito à segurança social.

É isso que decorre de uma Constituição que consagra os direitos sociais como direitos fundamentais.

Que o Tribunal Constitucional alemão, interpretando e aplicando uma Constituição que rejeitou reiterada e intencionalmente os direitos sociais, tenha que construir a protecção constitucional do acesso individual à segurança social exclusivamente através da *criação* de um direito constitucional a um *minimo existencial*, através do direito de propriedade ou através da protecção conferida pelos princípios da igualdade e da protecção da confiança, percebe-se, justifica-se e é digno de enaltecimento.

O mesmo já não se pode dizer se, no quadro de uma ordem jurídica que, como a nossa, intencional e inequivocamente elevou os direitos sociais à qualidade de direitos constitucionais, o Tribunal Constitucional desperdiça e confunde esse legado pioneiro da Constituição portuguesa, sem qualquer proveito e com manifesto prejuízo da clarificação dogmática e da necessária *reabilitação* dos direitos sociais como direitos fundamentais.

Como frisámos, ao Tribunal Constitucional não cabe fazer doutrina ou construir uma teoria perfeita, mas, primacialmente, garantir jurisdicionalmente os direitos e comandos constitucionais. Porém, se na fundamentação das suas decisões se embrenha nos domínios da dogmática, então que ela seja *tão simples quanto possível*, uma dogmática que, tão só, faça jus ao reconhecimento constitucional dos direitos sociais na qualidade de direitos fundamentais. Se os direitos sociais são, entre nós, direitos fundamentais, então uma actuação dos poderes públicos que afecte negativa ou desvantajosamente um direito social deve ser simplesmente tratada por aquilo que é, uma restrição a direito fundamental, e deve ser jurisdicionalmente controlada como tal.

### 4.1. A chamada jurisprudência constitucional da crise

*a)* Ficou conhecida como *jurisprudência constitucional da crise* o conjunto de decisões do Tribunal Constitucional, tiradas de 2010 a 2014 em sede de fiscalização abstracta, em que foi avaliada a constitucionalidade de medidas governamentais de austeridade, normalmente integrando as leis do orçamento, que, justificadas pela necessidade de correcção dos desequilíbrios orçamentais e do peso da dívida no contexto da grave crise financeira que então se vivia, afectavam seriamente, entre outros, o direito fundamental à retribuição dos trabalhadores em funções públicas, o direito à pensão dos pensionistas e reformados e o direito à assistência no desemprego.

Num balanço que ainda padece de falta de distanciação, pode-se dizer ter sido a *época de ouro* do Tribunal Constitucional português, normalmente visto, até então, pelo cidadão comum, como o Tribunal de última instância para onde recorriam os advogados dos poderosos perseguidos pela justiça comum. Na época, quando declarou a inconstitucionalidade das medidas mais extremas, o Tribunal Constitucional afirmou-se como tribunal dos direitos fundamentais, como garantia única e última de preservação dos direitos sociais constitucionais ameaçados por um Governo apoiado por uma maioria absoluta na Assembleia da República e que, proclamando que a sua intenção política era *ir além* das medidas de austeridade preconizadas pela *troika*, beneficiava ainda, para tanto, do beneplácito cúmplice do Presidente da República da altura[90].

À luz dos princípios constitucionais estruturantes, as medidas em causa –referimo-nos às principais atrás mencionadas– eram, a nosso ver, evidentemente inconstitucionais. Para resolver um problema nacional com a dívida pública –atormentada e alimentada com os milhares de milhões que o Estado mobilizava para *salvar*os bancos da falência–, o Governo instituía, na prática e em termos materiais, tributos aplicáveis só a uma classe de cidadãos, os servidores públicos e os pensionistas, já que as medidas de austeridade que sobre eles recaíam eram oficialmente justificadas como medidas transitórias, não estruturais, não motivadas por necessidade de compensação estrutural de anteriores

[90] Como o Presidente da República não suscitava a fiscalização preventiva de constitucionalidade das medidas de austeridade que integravam as leis orçamentárias, elas entravam em vigor, estimando-se que a força do facto consumado seria garantia suficiente para garantir a sua sobrevivência, mesmo quando o próprio Presidente manifestava sobre elas dúvidas de constitucionalidade. O círculo vicioso foi quebrado, precisamente, quando, em fiscalização sucessiva abstracta desencadeada por grupo de Deputados, o Tribunal Constitucional veio a declarar a respectiva inconstitucionalidade já a meio do ano económico em curso.

injustiças relativas de tratamento ou outros privilégios. Assim que os problemas financeiros estivessem superados, dizia o Governo, essas medidas seriam progressivamente levantadas. Portanto, para resolver um problema nacional, criavam-se "impostos" durante alguns anos só para alguns[91].

Obviamente, havia aí, desde logo, uma ostensiva violação do princípio da igualdade; à medida que os sacrifícios se acumulavam de ano para ano, também violação da proibição do excesso, e, em qualquer caso, violação da protecção da confiança, já que o Estado simplesmente *rasgava*, unilateralmente, *contratos* que tinha celebrado com funcionários públicos e pensionistas.

No fundo, simplificando, aquilo que o Tribunal Constitucional fez e disse, com outras palavras, foi isso mesmo: em 2011 deixou passar as medidas de austeridade em causa; em 2012, quando elas se repetiram e agravaram, declarou a respectiva inconstitucionalidade, mas permitiu que elas se aplicassem excepcionalmente nesse ano e finalmente, em 2013, quando o Governo insistiu mesmo conhecendo já a posição do Tribunal Constitucional, declarou a inconstitucionalidade e impediu a continuação da aplicação só a alguns dos referidos *impostos*[92].

As decisões de inconstitucionalidade do Tribunal Constitucional desencadearam, na altura, uma bateria de críticas e, sobretudo, o desenvolvimento de pressões sem precedentes oriundas de outros poderes públicos, desde o Governo e a maioria parlamentaraté ao próprio Presidente (português) da Comissão Europeia, incluindo o inédito absoluto da ameaça de aplicação de *sanções* aos juízes do Tribunal Constitucional.

[91] Em termos técnico-jurídicos não se tratava de impostos, mas a natureza do efeito restritivo material era, para os que os sofriam, equivalente. Algumas destas medidas avulsas, com carácter temporal limitado aos anos do programa de assistência celebrado com a *troika*, eram verdadeiros tributos parafiscais, como a chamada *contribuição extraordinária de solidariedade* ou a *contribuição permanente de sustentabilidade*, mas também as designadas como *cortes* tinham carácter equivalente: por razões de interesse público de carácter geral, retinham-se a título definitivo partes do salário ou das pensões devidos pelo Estado aos trabalhadores do sector público e aos pensionistas. Obviamente, para estes, o sacrifício tinha exactamente a mesma natureza que teria a eventual imposição, durante alguns anos, de tributos fiscais só a eles.

[92] Na realidade, para além destas decisões, há vários outros acórdãos relevantes neste período. Poderão ser qualificados como integrando a *jurisprudência da crise* os seguintes acórdãos do Tribunal Constitucional: 399/2010, 396/2011, 353/2012, 187/2013, 474/2013, 602/2013, 794/13, 862/2013, 413/2014, 572/2014, 574/2014, 575/2014.

No entanto, e ao contrário das previsões catastrofistas do Governo da altura, a firmeza do Tribunal Constitucional na defesa dos direitos constitucionais não redundou em novo *resgate*nem no célebre *caldo entornado* de que falava o Presidente da Comissão Europeia. O funcionamento normal da democracia absorveu a conflitualidade exacerbada dessa época, as medidas de austeridade foram revertidas de acordo com programas políticos caucionados pelo eleitorado e as instituições de Estado de Direito funcionam com toda a regularidade.

*b)* Porém, para além do contexto político, interessam-nos sobretudo os reflexos desta controvérsia no plano da teoria constitucional e, especialmente, do tema que nos ocupa. Ora, nesse plano, este período é particularmente interessante porque a jurisprudência do Tribunal Constitucional desencadeou também, no *mundo* dos constitucionalistas portugueses, uma reacção de rejeição sem precedentes, sendo igualmente sujeita a um criticismo até então desconhecido.

Se a normalidade era, até aí, uma atitude de grande indiferença dos académicos perante o que se passava no Tribunal Constitucional, grande parte dos constitucionalistas acordou dessa letargia de décadas e sujeitou inopinadamente a jurisprudência constitucional da crise a uma crítica aturada, sistemática e pretensamente demolidora[93].

Ora, para o tema que aqui nos ocupa, esta controvérsia é tão mais importante quanto, precisamente, uma das principais crítica dirigidas ao Tribunal Constitucional incidia no facto de o Tribunal decidir questões relacionadas com direitos sociais através dos princípios estruturantes: princípio da igualdade, princípio da proporcionalidade (o que o Tribunal Constitucional designava de *igualdade proporcional*), princípio da protecção da confiança e princípio da dignidade da pessoa humana. Ou seja, um dos principais, senão o principal, fundamento das críticas era, no fundo, a aplicação aos direitos sociais dos mesmos parâmetros de controlo de constitucionalidade tradicionalmente aplicáveis aos

[93] Nesse sentido, foi marcante, na época, a publicação de uma obra que reunia contributos que traduziam as principais críticas feitas ao Tribunal Constitucional: AAVV, *O Tribunal Constitucional e a Crise –Ensaios Críticos*, Coimbra, 2014. Precisamente, em resposta a essas críticas, publicámos de seguida: *Em Defesa do Tribunal Constitucional –Resposta aos Críticos*, Coimbra, 2014. Assim, é possível, através da leitura das duas obras, ter uma percepção global de argumentos e contra-argumentos constitucionais sobre a jurisprudência da crise.

direitos de liberdade, logo, a consideração prática dos direitos sociais como direitos fundamentais por parte do Tribunal Constitucional. Algo que a doutrina tradicional tem muita dificuldade em aceitar, mesmo quando, no que respeita à aplicação generalizada dos princípios estruturantes, esse é um *acquis* já consolidado[94].

Do ponto de vista teórico esse foi um dos resultados mais eloquentes da jurisprudência da crise. Ficou evidente, como de resto já vinha sendo indiciado há anos, que, independentemente das particularidades do texto constitucional e apesar dos esforços gratuitamente esbanjados pela doutrina tradicional para *descobrir* as diferenças dogmáticas hipoteticamente relevantes entre direitos fundamentais constitucionais, a jurisprudência constitucional portuguesa é *forçada* a resolver os problemas de direitos fundamentais, sejam direitos de liberdade ou direitos sociais, exactamente da mesma maneira, segundo as mesmas metodologias e recorrendo aos mesmos parâmetros de controlo a que recorre qualquer outra jurisdição constitucional –o recurso aos princípios estruturantes de Estado de Direito.

E é assim porque essa é uma exigência estrutural de qualquer Estado de Direito dos nossos dias com Constituição em sentido formal. A alternativa é, simplesmente, não fazer qualquer controlo e *entregar*, de novo, os direitos constitucionais às maiorias políticas e aos poderes políticos constituídos. Felizmente, para a ordem constitucional portuguesa, durante este período crítico, o Tribunal Constitucional não abdicou das suas funções como, no fundo, advogavam objectivamente os seus críticos. Essa era a única possível escolha que se colocava, na época, ao Tribunal Constitucional –fazer fiscalização da constitucionalidade ou pres-

[94] Veja-se, assim, a curiosa tentativa de um dos expoentes da doutrina tradicional, C. Blanco de Morais, quando, ao mesmo tempo que se compraz num desejo que toma por realidade –o de que a dogmática unitária dos direitos fundamentais não teria obtido a mínima aceitação na jurisprudência constitucional–, procura vislumbrar uma diferença entre as duas categorias de direitos no facto de o princípio da proporcionalidade, supostamente, na sua visão, não ser aplicável aos direitos sociais. Cf., assim, C. Blanco de Morais, "De novo a querela da 'unidade dogmática' entre direitos de liberdade e direitos sociais em tempos de 'exceção financeira'" *in e-Pública*, vol. I, 3, Dez. 2014, págs. 75 e segs.
Porém, não restam dúvidas sobre a continuidade da aplicação que o Tribunal Constitucional faz de todos os princípios estruturantes, incluindo a proporcionalidade, tanto aos direitos de liberdade quanto aos direitos sociais. Veja-se assim, elucidativamente, nas mais recentes decisões, o Acórdão nº 660/2019.

cindir das funções para que foi criado. A pretensa necessidade de opção entre *doutrina tradicional* e *dogmática unitária*, essa teve a sua resposta há mais de duzentos anos, na América, e há mais de setenta anos, na Europa, precisamente quando, respectivamente, se aprovou uma Constituição ou se passou a aplicar a Constituição como norma jurídica.

*c)* Um exemplo prático da jurisprudência constitucional da crise ilustra, sem o menor vislumbre de dúvida, a inevitabilidade do único enquadramento dogmático possível dos problemas que o Tribunal Constitucional tinha para resolver.

Como dissemos, embora houvesse muitas questões jurídicas envolvidas, o principal problema para que se chamava o Tribunal Constitucional a decidir respeitava às medidas de austeridade que se traduziam nos *cortes* dos salários dos trabalhadores em funções públicas e nos *cortes* nas pensões. A questão para que chamamos a atenção surge porque, segundo a doutrina tradicional, e fazendo apelo às pretensas distinções constitucionais, o direito à retribuição seria, embora com dúvidas, um *direito de natureza análoga* a direitos, liberdades e garantias e o direito à pensão seria um direito social. Logo, o problema da constitucionalidade dos *cortes* salariais deveria ser resolvido, embora duvidosamente, segundo o regime dos direitos, liberdades e garantias, mas o problema dos *cortes* nas pensões já deveria ser resolvido de acordo com o regime dos direitos sociais que, infelizmente, ninguém sabe qual é.

Mas, é ainda mais complicado, porque se os *cortes* salariais fossem conceptualizados como tendo afectado o direito ao desenvolvimento da personalidade dos funcionários públicos, em vez do seu direito à retribuição, aí já nem haveria quaisquer dúvidas: tratava-se mesmo de um direito, liberdade e garantia. Em contrapartida, porém, se o corte nas pensões fosse qualificado como envolvendo uma afectação do direito de propriedade –na medida em que os pensionistas tinham feito descontos durante toda uma vida e adquiriram ao longo dessa vida de descontos a expectativa legítima de virem a auferir da pensão que acabou mesmo por lhes ser concedida e, assim, passou a integrar o respectivo património–, então aí já estaríamos, embora com dúvidas, na presença de um *direito de natureza análoga* e, logo, a beneficiar, ainda que duvidosamente, do regime dos direitos, liberdades e garantias. Mas, havendo dúvidas sobre se, no caso, se tratava ou não de um *direito de natureza análoga*, a afectação dos pensionistas não pode deixar de ser vista, de qualquer forma, como afectação do seu direito ao desenvolvimento da personalidade e, aí, não haveria quaisquer dúvidas de que lhe deveria ser aplicado o dito regime dos direitos, liberdades e garantias.

*d)* Perante estas dúvidas, um Tribunal que funcionasse segundo os cânones propostos pela *doutrina tradicional*, para a qual, como dissemos, é problema de capital, prévia e decisiva importância a qualificação de um direito constitucional como direito, liberdade e garantia, como direito de natureza análoga a direitos, liberdades e garantias ou como direito social, não poderia avançar sem esse tema prévio esclarecido. Sem a resolução desse problema –e a doutrina tradicional anda há quarenta anos a tentar esclarecê-lo sem resultados satisfatórios– não se poderia passar à questão da constitucionalidade, pois da resolução que se lhe desse dependeria o regime aplicável.

Já para a dogmática unitária, essa questão da qualificação dos direitos em causa é absolutamente irrelevante, inexistente como problema. Fundamental é: se se trata de um direito constitucional e a Constituição não tem norma específica que resolva o problema *sub judicio* de forma inequívoca, então precisamos de saber qual a justificação que pretende sustentar a restrição e, não sendo a justificação constitucionalmente inadmissível, verificar, em função dela, se foram ou não observados os limites constitucionais, ou seja, os princípios estruturantes.

Precisamente, independentemente das elucubrações desenvolvidas no plano da fundamentação, aquilo que o Tribunal Constitucional fez foi, relativamente a todas as dúvidas de constitucionalidade suscitadas, seja no caso dos *cortes* salariais, seja no caso dos *cortes* nas pensões, verificar se foram ou não observados os limites constitucionais, ou seja, os princípios estruturantes (princípios da igualdade, da proporcionalidade, da protecção da confiança). Não fez aí, e bem –de resto nem seria possível fazê-lo –, qualquer distinção entre o problema de constitucionalidade dos *cortes* salariais e o dos *cortes* nas pensões.

*e)* No entanto, se no plano dos parâmetros utilizados no controlo de constitucionalidade durante a *jurisprudência da crise* não há quaisquer reservas a colocar ao labor do Tribunal Constitucional, já no plano da fundamentação há graves insuficiências, contradições e debilidades a assinalar. Dir-se-ia que não é impunemente que a doutrina tradicional, ainda amplamente dominante, vem disseminando preconceitos doutrinários e ideológicos em gerações sucessivas de juristas e, como vamos verificar, contra tais efeitos o Tribunal Constitucional não está imunizado.

Em primeiro lugar, a aplicação dos princípios estruturantes foi mal fundamentada. Se é verdade que não é possível resolver problemas complexos de direitos fundamentais sem recurso a esses princípios, a densidade da respectiva aplicação é variável. No seu conjunto ou tomando em conta a aplicação de cada um deles, o resultado que se apura através do controlo feito com base nos princípios estruturantes nunca é unívoco, imediato, evidente. Dependendo da maior ou menor intensidade do escrutínio, isto é, das exigências ou comandos em que se traduz o respectivo conteúdo normativo, assim se chega a decisões de inconstitucionalidade ou de não inconstitucionalidade. Umas vezes apenas exigimos que a justificação apresentada pelos poderes públicos não seja arbitrária, outras vezes só a aceitamos se ela tiver um fundamento racional; por vezes as razões apresentadas para justificar as medidas em causa só precisam de ser defensáveis, mas já noutras elas devem ser de realização e de urgência premente e compulsiva para satisfazer os requisitos de conformidade ao princípio estruturante.

Ou seja, dado o inevitável grau de subjectivismo implicado na aplicação dos princípios estruturantes, o resultado do controlo acaba frequentemente por ser determinado ou substancialmente influenciado pela intensidade que colocamos no controlo exercido com base nos respectivos comandos. Naturalmente, a exigência varia em função da gravidade e natureza do sacrifício que se impõe ou da diferenciação que se introduz, da importância do bem afectado, da debilidade ou da capacidade de resistência dos atingidos. E, aí, como é natural, o maior grau de exigência colocado na aplicação dos princípios estruturantes opera quando estão em causa direitos fundamentais, *maxime* quando estão em causa restrições a direitos fundamentais e elas assumem uma gravidade que coloca em causa a capacidade de autonomia, a liberdade e o bem-estar dos afectados.

Nessas circunstâncias, quando estão em causa decisões do legislador democrático que restringem direitos fundamentais, todo o arsenal jurídico que a Constituição coloca à disposição do poder judicial deve ser utilizado e o controlo a exercer deve ser um controlo intensivo, não havendo aqui lugar a práticas de autocontenção judicial. Desde logo, todo o ónus de justificação, de argumentação e de fundamentação das medidas restritivas recai sobre os poderes públicos e o crivo do Tribunal Constitucional na apreciação dessas justificações é o mais fino possível. Só uma justificação suficientemente ponderosa e consistente pode pretender fazer ceder um direito fundamental e a concreta medida restritiva adoptada deve ser sujeita a um controlo de estrita observância dos princípios estruturantes.

Tudo muda, porém, quando não nos situamos no domínio dos direitos fundamentais, mas antes no domínio da prossecução de políticas públicas que resultam da livre expressão da escolha democrática e para as quais os poderes políticos, designadamente o legislador democrático, dispõem de ampla margem de conformação. Aí, nesse domínio aberto à alternância e à livre disputa política, não se pretende dizer que a verificação de constitucionalidade desapareça, não significa que o Tribunal Constitucional deixe de poder recorrer aos princípios constitucionais estruturantes na fundamentação das suas decisões, mas o controlo judicial rarefaz-se, os princípios constitucionais são aplicados no seu grau de contundência mínimo e a autocontenção judicial é o lema.

Doutrina e jurisprudência constitucionais de Estado de Direito reconhecem tipicamente que, nesses domínios, o princípio da igualdade se passa a identificar com proibição do arbítrio (só as medidas arbitrárias são invalidadas), princípio da proibição do excesso limita-se à exclusão daquilo que é evidentemente desproporcionado ou manifestamente excessivo e princípio da protecção da confiança identifica-se com proibição da retroactividade autêntica (só são proibidas as leis restritivas que ficcionem a plenitude da sua entrada em vigor no passado).

*f)* Ora, durante a jurisprudência da crise, pode-se dizer que o Tribunal Constitucional, e bem, colocou grande densidade no controlo de constitucionalidade feito ao abrigo dos princípios estruturantes, mas, surpreendentemente, rejeitou expressamente a ideia de que as medidas de austeridade que o Governo se propunha impor afectassem direitos fundamentais e constituíssem restrições a direitos fundamentais. Tal conclusão não tem, como se verá, o mínimo fundamento, mas, a ser levada a sério, pressupunha que, em consequência, e tal como lhe sugeriam os críticos, o Tribunal Constitucional se devesse ter limitado a um controlo de evidência, no sentido de que só deveria invalidar as medidas ostensiva e evidentemente inconstitucionais. É estruturalmente inconsistente partir da ideia de que as medidas de austeridade não são restrições a direitos fundamentais e, a seguir, invalidá-las com base na violação dos princípios estruturantes.

Porém, no caso em apreço, aquilo que está errado não é a densidade de controlo de constitucionalidade a que o Tribunal Constitucional recorreu; o que é totalmente destituído de fundamento é a ideia peregrina de que não se tratava ali de restrições a direitos fundamentais.

Como chegou o Tribunal Constitucional a conclusão tão surpreendente? Pois, fê-lo recorrendo a um dos cânones preferidos da doutrina tradicional, a ideia da existência de uma separação estrita e estanque entre norma constitucional de garantia de um direito fundamental e norma ordinária que o concretiza ou que conforma o respectivo conteúdo[95].

Aplicando ao direito à pensão posição análoga à que havia sustentado no Acórdão nº 396/2011 sobre direito à retribuição[96], e segundo a qual a redução salarial imposta pelo Governo não afectava o direito à retribuição constitucionalmente protegido no artigo 59º, nº 1, a), da Constituição, o Tribunal Constitucional assenta na ideia de que o direito à segurança social protege o direito a receber uma pensão, mas não o direito a receber um certo *quantum*. Assim, no Acórdão nº 187/2013, partindo embora do reconhecimento, pacífico, de que o direito à pensão de aposentação é uma manifestação no direito fundamental à segurança social a todos reconhecido pelo artigo 63º da Constituição, o Tribunal Constitucional considera, todavia, que o *"que está constitucionalmente garantido é o direito à pensão, não o direito a um certo montante, a título de*

[95] Para uma crítica desenvolvida desta concepção da doutrina tradicional, cf. Jorge Reis Novais, *Direitos Sociais...*, cit., págs. 168 e segs. Para uma crítica mais desenvolvida da jurisprudência constitucional no que se refere ao direito à segurança social, que aqui seguimos por vezes de perto, cf. Jorge Reis Novais, "O direito fundamental à pensão de reforma em situação de emergência financeira" in e-pública, Revista Eletrónica de Direito Público, nº 1, Janeiro, 2014.

[96] Dizia-se aí: "*Não pode, assim, entender-se que a intocabilidade salarial é uma dimensão garantística contida no âmbito de protecção do direito à retribuição do trabalho ou que uma redução do quantum remuneratório traduza uma afectação ou restrição desse direito*".

*pensão. Este resulta da aplicação de critérios legalmente estabelecidos, mas de valor infraconstitucional*"[97].

E, tal como acontecera com o direito à retribuição, também aqui esta afirmação insustentável condiciona toda a consistência da fundamentação posterior, já que uma diminuição, mesmo quando sensível, do montante da pensão deixa de ser perspectivada, como devia, por aquilo que é, ou seja, deixa de ser considerada restrição, e grave, ao direito à pensão, com uma consequência notável, mas quase absurda: a afectação mais gravosa, inédita, do direito constitucional à pensão não é abordada, pelo Tribunal Constitucional, enquanto questão de direitos fundamentais.

Esta posição é constitucionalmente infundada porque é óbvio que quando a Constituição consagra o direito à segurança social como direito fundamental, e exige ao Estado a garantia da protecção na velhice, da segurança económica e das condições materiais da autonomia pessoal dos idosos, não estaria simultaneamente a deixar constitucionalmente desprotegida, precisamente, a dimensão mais sólida destes direitos, o direito subjectivo mais consistente que a ordem jurídica lhes reconhece, e que é o direito a receber a pensão que o Estado lhes atribuiu e no *quantum* que foi legalmente estabelecido.

Dizer que a Constituição garante o direito à retribuição, mas que esse direito não protege o *quantum* de retribuição, ou que a Constituição garante o direito à pensão, mas que esse direito não protege o *quantum* da pensão, é tão absurdo como dizer que a Constituição garante o direito de propriedade, mas que esse direito não protege o *quantum* da minha propriedade (ou seja, se o legislador afecta sensivelmente a minha disponibilidade sobre um bem imóvel que, por determinação legal, entrou no meu património, não estará a restringir o meu direito de propriedade porque a Constituição não me garante, supostamente, aquele *quantum* determinado de propriedade); é tão absurdo como dizer que a Constituição me garante a liberdade de expressão, mas que esse direito não me garante um *quantum* da minha expressão (ou seja, se o legislador me proíbe de me pronunciar de forma completamente livre sobre um dado assunto, não estará a restringir a minha liberdade de expressão porque a Constituição não me garante um *quantum* determinado de expressão).

[97] Cf. ponto 59 da *Fundamentação.*

Há nesta jurisprudência, naturalmente, a influência da referida *herança* da doutrina tradicional, enquanto concepção que, quanto aos direitos sociais, parte de uma separação quase absolutamente estanque entre a consagração constitucional de um direito fundamental e a concretização legislativa desse direito, como se a norma de direito fundamental fosse exclusivamente aquilo que o enunciado constitucional diz e não a norma que resulta da interpretação do complexo constituído pelo enunciado constitucional e pelo enunciado legal que o concretiza.

Por último, esta concepção, acolhida de forma tão radical pela jurisprudência constitucional, significaria a adesão a uma concepção ultra-restritiva da previsão normativa dos direitos fundamentais, concepção que foi generalizadamente abandonada desde a crítica demolidora que lhe fez Alexy já nos anos oitenta do século passado e que, no caso concreto, significaria, além do mais, que se deixava fora da protecção jusfundamental aquilo que qualquer titular do direito considerará, sem dúvida, como a dimensão mais essencial e importante do seu direito à retribuição ou à pensão, precisamente o *quantum que leva para casa*, já que é esse *quantum* e não o direito à pensão ou à retribuição em abstracto que lhe garante a autonomia pessoal. O bem constitucionalmente protegido é a pensão ou a retribuição, mas estas só existem num *quantum*. Se este último não estiver protegido, a pensão e a retribuição também não estão. Se o *quantum* da minha pensão for *quase-zero,* a minha pensão é *quase-zero* e a *quase-zero* se reduz o meu direito constitucional à pensão. Se o *quantum* for restringido, é o direito fundamental que está a ser restringido.

O que ocorre é que, não filtrando criticamente a inspiração da doutrina tradicional, o Tribunal Constitucional acaba enredado no conhecido novelo emaranhado de equívocos e confusões laboriosa, mas infrutiferamente, entretecidos por aquela doutrina: a confusão entre protecção garantida por um direito fundamental e intocabilidade desse direito (e por isso se rejeita ali o direito fundamental a um *quantum* de pensão); a redução do direito fundamental a um indefinido conteúdo ou núcleo essencial (e por isso se reduz ali o direito à segurança social ao direito a um mínimo para uma sobrevivência condigna); a confusão entre direito social e sua suposta indeterminabilidade (mas, se é certo que a consagração constitucional de um direito social exige a sua posterior concretização legal, não é menos certo que após tal concretização o conteúdo desse direito é perfeitamente determinado e judicialmente exigível enquanto direito fundamental) e, finalmente, a confusão entre direitos sociais e suposta definitiva não aplicabilidade directa destes direitos (é que a não aplicabilidade só existe, e em geral parcialmente, antes da concretização legal, dado que, quando o legislador fixa o conteúdo do direito, o juiz passa a aplicar directa e prioritariamente a lei ordinária concretizadora, tal como faz com qualquer outro direito fundamental, desde que, obviamente, a lei concretizadora não seja inconstitucional).

*g)* Concluindo, a *jurisprudência constitucional da crise* foi um momento alto da história do Tribunal Constitucional, foi, substancialmente, uma fase decisiva na defesa e afirmação dos direitos sociais enquanto direitos fundamentais e, para o que aqui nos interessa especialmente, constituiu, na prática do Tribunal Constitucional, uma afirmação inequívoca da progressiva unificação dos parâmetros de controlo de constitucionalidade em torno dos princípios estruturantes, independentemente do tipo, sistematização ou classificação dos direitos fundamentais em causa.

Porém, padece, em geral, de deficiências sérias de fundamentação que enfraquecem a solidez e, eventualmente, a própria força de legitimação dos resultados. Na sua maior parte, as inconsistências assinaladas são imputáveis à influência teórica persistente da doutrina constitucional tradicional portuguesa sobre regime dos direitos fundamentais, designadamente aos seus preconceitos contra um pleno reconhecimento dos direitos sociais enquanto direitos fundamentais.

No futuro, a *sorte* da jurisprudência constitucional neste domínio dependerá principalmente da consolidação da primeira tendência –o reforço da utilização dos princípios estruturantes no controlo unificado das restrições aos direitos fundamentais–, mas também, no plano da fundamentação das suas decisões, da emancipação do Tribunal Constitucional relativamente aos *clichés* mecanicamente reproduzidos por uma doutrina que já era anacrónica nos finais do século passado.

# BIBLIOGRAFIA


ALEXANDRINO, J. MELO *Direitos Fundamentais –Introdução Geral*, 2ª ed., Lisboa, 2011

ALEXANDRINO, J. MELO *A Estruturação do Sistema de Direitos, Liberdades e Garantias na Constituição* Portuguesa, I, Coimbra, 2006

ALEXANDRINO, J. MELO *A Estruturação do Sistema de Direitos, Liberdades e Garantias na Constituição* Portuguesa, II, Coimbra, 2006

ALMEIDA, M. AROSO DE *Manual de Processo Administrativo*, 3ª ed., Coimbra, 2017

ANDRADE, VIEIRA DE *Os Direitos Fundamentais na Constituição Portuguesa de 1976*, 6ª ed., Coimbra, 2019

ANDRADE, VIEIRA DE *A Justiça Administrativa*, 16ª ed., Coimbra, 2017

ANDRADE, VIEIRA DE *Os Direitos Fundamentais na Constituição Portuguesa de 1976*, 1ª ed., Coimbra, 1983

BRYDE, B-O "Programmatik und Normativität der Grundrechte" *in* MERTEN/ /PAPIER, *Handbuch der Grundrechte in Deutschland und Europa*, I, Heidelberg, 2004, págs. 679 e segs.

CADILHA, FERNANDES/ALMEIDA, AROSO DE *Comentários ao Código de Processo nos Tribunais Administrativos*, 4ª ed., Coimbra, 2017

CANOTILHO, GOMES "Sedimentação dos direitos fundamentais e local incerto da socialidade" *in* TAJADURA (org.), *La Constitución portuguesa de 1976*, Madrid, 2006, págs. 73 e segs.

CANOTILHO, GOMES *Direito Constitucional e Teoria da Constituição*, 7ª ed., Coimbra, 2003

CANOTILHO, GOMES/MOREIRA, VITAL *Constituição da República Portuguesa Anotada*, I, 4ª ed., Coimbra, 2007

CANOTILHO, GOMES/MOREIRA, VITAL *Constituição da República Portuguesa Anotada*, 1ª ed., Coimbra, 1978

Dreier, Horst "Die Zwischenkriegszeit" *in* Merten/Papier, *Handbuch der Grundrechte in Deutschland und Europa*, I, Heidelberg, 2004, págs. 153 e segs.

Krüger, Herbert "Die Einschränkung von Grundrechten nach dem Grundgesetz" *in DVBl*, 1950, 3, págs. 625 e segs.

Lock, Tobias "Rights and principles in the EU Charter of Fundamental Rights" *in Common Market Law Review 56*, 2019, págs. 1201 e segs.

Matos, A. Salgado de *O Direito ao Ensino, Contributo para uma Dogmática Unitária dos Direitos Fundamentais*, Relatório de Mestrado na FDL, 1997/98

Medeiros, Rui "Direitos, liberdades e garantias e direitos sociais: entre a unidade e a diversidade" *in Estudos em Homenagem ao Prof. Doutor Sérvulo* Correia, vol. I, Coimbra, 2010, págs. 662 e segs.

Miranda, Jorge *Direitos Fundamentais*, Coimbra, 2017

Miranda, Jorge *Da Revolução à Constituição, Memórias da Assembleia Constituinte* Lisboa, 2015

Miranda, Jorge *A Constituição de 1976*, Lisboa, 1978

Miranda, Jorge (org.) *Fontes e Trabalhos Preparatórios da Constituição*, I volume, Lisboa, 1978

Miranda, Jorge (org.) *Fontes e Trabalhos Preparatórios da Constituição*, II volume, Lisboa, 1978

Miranda, Jorge/Medeiros, Rui *Constituição Portuguesa Anotada* I, 2ª ed., Coimbra, 2010

Morais, C. Blanco de "De novo a querela da 'unidade dogmática' entre direitos de liberdade e direitos sociais em tempos de 'exceção financeira'" *in e-Pública*, vol. I, 3, Dez. 2014, págs. 59 e segs.

Morais, C. Blanco de "Direitos sociais e controlo da inconstitucionalidade por omissão no ordenamento brasileiro: activismo judicial momentâneo ou um novo paradigma?" *in Estudos em Homenagem ao Prof. Doutor José Joaquim Gomes Canotilho*, Coimbra, 2013, págs. 579 e segs.

Morais, C. Blanco de "O controlo de inconstitucionalidade por omissão no ordenamento brasileiro e a tutela dos direitos sociais" *in Revista de Direito Constitucional e Internacional*, nº 78, Jan-Mar. 2012, págs. 197 e segs.

Novais, J. Reis *Princípios Estruturantes de Estado de Direito*, Coimbra, 2019

Novais, J. Reis *Direitos Fundamentais nas Relações entre Particulares*, Coimbra, 2018

Novais, J. Reis *Direitos Sociais – Teoria Jurídica dos Direitos Sociais Enquanto Direitos Fundamentais*, 2ª ed., Lisboa, 2017

Novais, J. Reis "O direito fundamental à pensão de reforma em situação de emergência financeira" in e.pública, Revista Eletrónica de Direito Público, nº 1, Janeiro, 2014

NOVAIS, J. REIS *Em Defesa do Tribunal Constitucional –Resposta aos Críticos*, Coimbra, 2014

NOVAIS, J. REIS "'Direito, liberdade ou garantia': uma noção constitucional imprestável na justiça administrativa?" *in CJA*, 73, 2009, págs. 44 e segs.

NOVAIS, J. REIS "O Tribunal Constitucional e os direitos sociais –o direito à segurança social" *in Jurisprudência Constitucional*, 6, Abril-Junho 2005, págs. 3 e segs.

NOVAIS, J. REIS *Os Princípios Constitucionais Estruturantes da República Portuguesa*, 1ª ed., Coimbra, 2004

NOVAIS, J. REIS *As Restrições aos Direitos Fundamentais não Expressamente Autorizadas pela Constituição*, Coimbra, 2003

RIBEIRO, G. ALMEIDA /COUTINHO, L. PEREIRA (orgs.) *O Tribunal Constitucional e a Crise –Ensaios Críticos*, Coimbra, 2014

SOUSA, M. REBELO DE *Direito Constitucional*, Braga, 1979

STERN, KLAUS *Das Staatsrecht der Bundesrepublik Deutschland*, III/1, München, 1988

VAZ, M. AFONSO "O enquadramento jurídico-constitucional dos 'direitos económicos, sociais e culturais'" *in Juris et de Jure, Nos Vinte Anos da Faculdade de Direito da Universidade Católica Portuguesa*, Porto, págs. 435 e segs.

